JN272568

《キャリアデザイン選書》

アントレプレナーシップ と シティズンシップ

小門 裕幸

法政大学出版局

はじめに

　私は今，欧米社会が生み出した Friendship（フレンドシップ），Entrepreneurship（アントレプレナーシップ），Citizenship（シティズンシップ），Stewardship（スチュワードシップ）という概念に関心を持ち研究を進めている。大学を卒業後，金融界に身をおき，産業金融，地域金融，国際金融に携わった。全国津々浦々を訪問した。先進諸国にも足を踏み入れた。金融関係の人たちを筆頭に，企業経営者，弁護士，会計士，コンサルタント，技術者，州政府関係者，連邦政府関係者，市長，議員，シティマネージャ，NPO役員，日本企業に働く地場従業員，そして（元）ホームレスの人たちなど，多種多様な人たちと話す機会をもった。齢40を過ぎて米国カリフォルニア州，とりわけシリコンバレーという地域の人々と出会い，彼らのコミュニティ活動を間近で観察する機会を得た。

　アメリカ西海岸は東海岸とは異なり，日本人には人種的垣根が低くコミュニティの一員として遇していただいたような気がしている。そこで，日本とは異質の世界を見ることができた。福沢諭吉が覚醒し夏目漱石が悩み抜いた欧米という世界の人々の心の営みを見てしまった。それは中世というしがらみから解放され，近代という時代を生き抜いた人たちであった。個の認識，人間というものの理解の仕方，公共の世界，地域のマネージメントに対する姿勢，市場についての捉え方，競争の意味，すべての点において，それまで私が経験した知識や理解とは異なるものであった。自分の意思で自由に生きるということを前提にしてフレンドシップをもって人との出合いをつくり，アントレプレナーシップに溢れ，シティズンシップを実践し，スチュワードシップを忘れない人たちであった。今になって思えばキャリアをデザインする生き方を学ばせてもらったように思う。

　ロサンジェルス一円に展開するハリウッド映画産業，IT産業・ネットビジ

ネスの発祥の地であるシリコンバレー，ウォール街やシティなどの国際金融センターで仕事をした。クランボルツ（J. D. Krunmboltz）のいう計画的偶発性（planned happenstance）的生き方やバウンダリレス・キャリアを生み出す就業環境，そしてアントレプレナーシップが継承されるキャリア・インプリンツと呼ばれる現象，それらはすべて私の日常業務で出会う人たちの生活空間の中で起こっていた。私の仕事はできるだけ多くのアメリカの人たちと面談し，日本という国を理解してもらい，日本とのビジネスや日本への進出を検討してもらうことであった。

　私は年功序列終身雇用の世界で日本的ビジネスマンを全うした。しかし，これらの貴重な米国地域社会での現場経験が私の価値観を変えた。働き方と生き方の新しいモデルがそこにあったように思う。その私がキャリアデザインに照準を合わせフレンドシップ，アントレプレナーシップ，シティズンシップとスチュワードシップというテーマで本書を書くことは，私の義務でもあると考える。混迷の度を深めつつある日本社会の中で，そのしわ寄せが若者に向かっている。彼らに新しい生き方のヒントを提示すること。それが個の変容につながり社会変革への原動力となるのであれば，それは私の使命ではないかと感じている。

　2011年3月11日，日本列島をマググニチュード9.0の大地震が襲う。それに伴い発生した大津波は日本経済を揺るがす甚大な被害をもたらした。とりわけ原発からの放射能の漏洩は短期間に収束することのない大事故に発展した。この事件は，すべての江戸システムの改変を断行した明治維新，そして国土が焦土と化し焼け野原となり価値観の180度転換を迫られた第二次大戦に匹敵するものだと思う。それは，欧米近代という器をひたすら学び日本人なりに営々と築き上げてきたシステムの見直しが迫られていると考えたほうがよい。失われた20年に閉塞し，微調整では未来が描ききれなかった日本が，ゼロベースで新しい社会づくりを真剣に考えるときがきたのだと思う。

　物質文明偏重で東京一極集中型の土地利用や，東京に人材を収奪し，人材を画一化し，リーダーや英雄の輩出をきらう日本的教育システムと社会風土など，戦後の成功体験の中でつくりあげられた日本的なものに対し，ことごとく大きな疑問符が投げつけられているのである。革新的（イノベーティブ）でわくわ

くするような経済社会の構築や持続可能（サステイナブル）な地域社会づくりは，従来の延長線にない異なる発想をもつ若々しい頭脳で早急に検討されるべきである。君たち若者の出番だと考える。3.11を奇貨として百年の計を組まないといけない。

　経済学者青木昌彦は，「制度とは人々が共通してもつ期待と信念である」と言っている[1]。日本でも若者が新しい文化を生み出し制度を変えることができるのではないか。本書は君たちに厳しい時代に臨むに当たってのものの見方や捉え方，つまりは行動原理と呼ぶべきものをここに提示するものである。

　本書は『キャリアデザインという自己変革・社会変革——文化を創り制度を変える』（泉文堂，2012年）の続編として書いたものである。前書では，自己認識の理論や自立/自律の概念を学び，そして個を取り巻く問題について「時代」や「日本人」という切り口で相対化を行った。善いキャリアデザインとは何かについて考えてもらうためである。参考にしていただければ幸甚である。

　　2012年5月　　　　　　　　　　　　　　　　　　　　　　　　小門裕幸

1) 塩沢由典編『経済思想　経済学の現在1』（日本経済評論社，2004）p.154

目　　次

はじめに　iii

第 I 部　新しい行動原理への挑戦

第 1 章　新しい行動原理としてのフレンドシップ　5

1　ギリシア哲学におけるフレンドシップ　5
2　アメリカにみるフレンドシップ　6
3　われわれがめざしたい行動原理であるフレンドシップ　11

第 2 章　新しい行動原理としてのアントレプレナーシップ　15

1　アントレプレナーシップを理解するために　17
　1.1　起業という営為　17
　1.2　起業と仲間・集団・組織——仲間をつくるということ　18
　1.3　起業とライフコース　21
　1.4　起業と整備される起業環境　22
　1.5　起業と雇用構造の変化　22
　1.6　起業と女性　24
　1.7　起業と地域経済　24

2　アントレプレナーシップを発揮する企業，ベンチャー企業　26
　2.1　起業家/企業家（Entrepreneur）とは　26
　2.2　ベンチャー企業の定義　27
　2.3　ベンチャー企業の発展プロセス　28
　2.4　資本政策とベンチャー企業の出口　29
　2.5　ベンチャーファイナンス　30
　2.6　ベンチャー企業の受け皿としての株式会社とそのチーム　33
　2.7　知的財産　34
　2.8　ビジネスプラン　35

3　アントレプレナーシップの地平　36
　　　3.1　起業家支援システムとしてのアメリカ型ベンチャー企業統治　36
　　　3.2　アントレプレナーシップと企業／法人　40
　　　3.3　アントレプレナーシップと経済システム　44
　　　3.4　アントレプレナーシップと日本人　50

　　4　アントレプレナーシップとイノベーション　52
　　　4.1　イノベーションとは　54
　　　4.2　　創造的破壊　55
　　　4.3　ドラッカーとイノベーション──七つの機会とは　55
　　　4.4　イノベーションジレンマと大企業の陥穽　57
　　　4.5　イノベーションと産業構造・産業組織　58
　　　4.6　日本の製造業の成功体験とその後のデジタル革命　62
　　　4.7　モジュール化と新しいイノベーションの形としての「疎結合」
　　　　　　──「個の自律と組織の自律」という喫緊の課題　65
　　　4.8　個・組織とイノベーション──デザイン思考をもつために　69

第3章　新しい行動原理としてのシティズンシップ　87

　　1　シティズンシップを自覚するために　88
　　　1.1　われわれの住んでいる地域コミュニティを相対化してみよう　88
　　　1.2　生活空間にいる人を相対化してみよう。　90
　　　1.3　時代を相対化してみよう　92
　　　1.4　他者との関係性　95
　　　1.5　秩序を求めて　97
　　　1.6　地域とは何か，国とは何か　99
　　　1.7　シティズンシップと日本の地方制度　102

　　2　シティズンシップの地平　105
　　　2.1　シティズンシップの系譜　105
　　　2.2　シティズンシップを発揮する生活空間の考え方　110
　　　2.3　シティズンシップと自由　114
　　　2.4　シティズンシップ教育　120
　　　2.5　日本人と公・公共　123
　　　2.6　アメリカの地域コミュニティの風景と地域のガバナンス　129
　　　2.7　シティズンシップとソーシャルキャピタル　138

第Ⅱ部　理想とする社会を求めて

第4章　キャリアの先進国アメリカ人の　めざすまち・めざす社会　153

1　アメリカのまちづくりの思想
──エッジシティからサステイナブル・コミュニティへ　151

2　アメリカ人がめざす社会，そしてEU　164
2.1　社会学者ベラーたちの描く未来　166
2.2　新しい社会づくりに向けた地域市民の実践　168
2.3　そしてEU　171

第5章　日本はこれからどうすればよいのか　175

1　近代に翻弄される前の江戸というサステイナブル社会　176

2　現代の日本が認知する日本の未来像　181
2.1　『「21世紀日本の構想」懇談会報告書』　182
2.2　「司法制度改革審議会意見書」　183
2.3　新教育基本法　185

3　近代という枠を越えようとする3人の経済学者の考え方　186
3.1　定常型社会　187
3.2　成長呪縛からの解放と地域主義　187
3.3　Small is beautiful.　190

4　究極の行動原理としてのスチュワードシップ　192

Case Study　市民起業家についての考察Ⅰ　199
　　　　　　地域蘇生のために彼らは何をしたのか

Case Study　市民起業家についての考察Ⅱ　213
　　　　　　NPOを組成して彼らはどのようにプロジェクトを遂行したのか

第Ⅰ部

新しい行動原理への挑戦

日本社会は混迷の度を深めている。集団主義のしがらみに閉塞している。日本人は，とりわけこれからの日本を背負う若者は，新しい時代を創造するために，従来のものとは異なる明確な行動原理を身につけることが必須である。私はそのための四つの行動原理を提示したい。第Ⅰ部ではそのうちの三つについて論を進める。「第1章　新しい行動原理としてのフレンドシップ」，「第2章　新しい行動原理としてのアントレプレナーシップ」，「第3章　新しい行動原理としてのシティズンシップ」である。

　フレンドシップ（friendship）は個が他者とつながりを持ち，最終的には自律した個のネットワークを形成するための行動原理である。アントレプレナーシップは理性を発揮して個と個を，さらにそれらとモノやカネなどの資源を結びつけ価値を生み出し，経済空間を善くしようとする行動原理である。シティズンシップは個によって形成される生活空間をより善いものにしていく過程でルールをつくりルールを守り秩序を創世してコミュニティを守っていくための行動原理である。

　とりわけアントレプレナーシップとシティズンシップは，ヨーロッパの人々がその集合体としてのEU（欧州連合）という新しい政治経済形態を模索し創造していくなかで，中核的理念として教育の柱に据えているものである。そして，それらは，アップルやグーグルを生んだ先端産業の地であり，常に新しい時代の息吹を吹き込んでくれるアメリカ西海岸にあるシリコンバレーの人たちの生活理念である革新（innovation）や包摂性（inclusivity）と符合する。彼の地には世界中から人材が結集する。彼らは母国との濃密なネットワークの中で生きている。

　ヨーロッパの人々は自由を求めた。宗教の呪縛を取り払い科学と法を中核に据えた社会を創ろうとした。宗教革命と啓蒙主義である。そのとき以来彼らは人間の尊厳を強く意識するようになった。科学主義は技術に革新をもたらし彼らは世界に飛躍する。新天地を求め，命を賭して旅にでた人々はアメリカで自由と民主主義を共通の理念とする多民族国家を誕生させた。これら三つのシッ

プはそのような歴史を刻んできた欧米近代の人々が，つまり自由という孤独と闘いながら自律してきた人々が生み出した概念であり，さらに彼らは前に進もうとしている。

　世界で活躍する中国人やインド人を典型とするアジア人は，自分の人生を賭して欧米文化に飛び込み，孤独に耐え，辛酸をなめ，お互いに支え合いながら，そこで新しい自律した生き方を獲得しているようにみえる。自律的にキャリアデザインを実践しているように映る。翻ってわれわれ日本人は，文明化はしたものの欧米文化の精神を十分消化できず，遠方指向性を失い，心地よいガラパゴス集団の中でなお安穏と過ごそうとしているのではないか。

　フレンドシップ，アントレプレナーシップとシティズンシップのいずれも，「沈黙は金」，「長いものには巻かれろ」，「出る杭は打たれる」などの諺で代表される日本文化に内在した，従来の日本的行動原理——つまり物静かで発言はあまりせず思慮深く見える，言い換えると消極的で臆病で，当たり障りのない行為をよしとする日本人の行動原理とは異なる。しかし，私は異物を飲み込めと言っているのではない。日本の歴史をひもとけば，共同体の中で自律的個であろうと試みた鴨長明[1]のような人物が多く存在し，また，場をよく読み人間関係を円滑に保ちながら，必要な場合には合理的判断を下して方向性を変えようとした人たちもいたという事実が浮かび上がる。彼らは「場に水をさし空気を変える」という手法を心得ていて，その手法を巧みに発動してきたのではなかったか。その手法は，フレンドシップ，アントレプレナーシップとシティズンシップの考え方と基本において同じであるように思える。

　視点を変えて，既存の学問との関係でみると，この新しい行動原理は，集団との関係性においての個の行動を対象とする意味では社会学，心理学，政治学と，目的ある集団組織におけるヒトとヒトとの関係性を対象としているという意味では経営学，組織心理学とも重なるものである。また日本の文化特性を見つめているという点では文化人類学とも重複する。もとより，ここでは実証分析を行うものではない。先達の文献と私の経験知の中からいくつかの論点を私

なりに提示したいと考えるのみである。

　本書は，守ってくれると信じていた城壁が突如とり払われ呆然と立ちつくすかもしれない人たち，あるいは大企業という城に入れると期待して裏切られた人たち，とりわけ若人に対して，激励のメッセージを送ろうとするものである。また，企業のコアの人材となるべき人たち，あるいは自ら事業を立ち上げようとする人たち，さらには，新しいルールや規範を創造し地域コミュニティを再生しようとする人たちにもエールを送るためのものある。

1) 荒木博之は，共同体のなかにおける自律的個性であった鴨長明が集団との同調を願いつつも，ついに共同社会を棄てて用なきもの，無頼の徒となることによってその個性を全うしたとする。鴨長明の述懐「人を頼めば身他の奴となり人をはごめくば，心恩愛につかはる。世にしたがへば身苦し，またしたがはねば，狂へるに似たり。いづれの所を占めて，いかなるわざをしてか，しばしもこの身を宿し，たまゆらも心を休むべき」に，次のような現代語訳をつけ，「人を頼りにすれば，他のいいなりになる他律的人間になってしまう。人に頼られれば逆に恩愛の絆によってみずからの自由を失なう。集団の論理に従うということは（自分のような個性の強い人間には）苦しいことである。かといって，集団の論理に従わねば，まるで気狂い扱いされて世間から疎外される。いったいどこに住んでなにをしたらわずかな間なりとも，心を慰めることができるのであろうか」と説明している（荒木博之『日本人の行動様式』現代講談社新書，1973，pp.185-186)。

第1章
新しい行動原理としてのフレンドシップ

> ニューヨークではお金が絶対に必要という人がたくさんいるけれど，決してそうではない。このまちで必要なのは，何よりも友達をつくるちから。友達をつくるちからがあれば，世界中どこに暮らしても，きっと幸せになるだろう。
> ジェイムズ・スティーブンソン[1]

　古来，フレンドシップをめぐっては哲学的に議論され，アメリカにおいても社会の基本として位置づけられているものである。ここでは，フレンドシップという概念について，歴史を振り返り，キャリア社会となった現在のアメリカにおける認識を確認し，その上で，われわれの新しい行動原理としてのフレンドシップについて考察してみたい。

　そしてその延長線上にある人と人との関係性を示す言葉ソーシャルキャピタル（social capital）を学ぶ。

1　ギリシア哲学におけるフレンドシップ

　古代ギリシアでは愛（love）について三つの概念に分類している。agape, eros, そして philia である。agape はいかなる対象物に応えることなく，その代わりに愛されるものに価値をつくりあげる愛のことで，神からの愛・神への愛へ，そして博愛と意味が拡大している。eros と philia は対象物の特質（merit），つまりは愛されるものがもっている善や美に対する愛のことで，eros は対象物に対する情熱的な欲望で，典型的には性的なものである。philia は好意を持つがゆ

えに関心がある、あるいは友好的な感触をもつことで、精神的に同じアイデンティティを持ちたいとする欲望とされ、フレンドシップは、そもそもphiliaに由来するといわれる[2]。そしてloveは特定の人に対する情緒的な態度（evaluative attitude）であり、それが相互に応酬的であろうとなかろうと、確立した関係になろうとなかろうと関係はない。一方、フレンドシップは、お互いが特別な関心を寄せ合う関係性であり、相互になんらかの見返りがある。片思いの愛はあるが、片思いのフレンドシップは意味がないといえる。したがってフレンドシップは、互酬的愛のケースであると同時に、意義ある相互作用が起きることが必須要件と理解されている[3]。

　また、哲学的議論ではアリストテレス[4]がフレンドシップの語源となったphiliaという概念を提示した。philiaには三種類、つまり快楽（pleasure）ゆえのフレンドシップ、有用（utility）ゆえのフレンドシップ、善（virtue）ゆえのフレンドシップがあるが、快楽と有用のフレンドシップは本物ではない[5]。真のフレンドシップは、友の卓越性に動機づけられる善ゆえのフレンドシップである。

　さらに、哲学的に深く議論される問題として、相互ケア（mutual caring）、親密度（intimacy）、行動共有（shared activity）がある。相互ケアは友人のために共感（sympathy）し行動（action）として現れるものである。親密性については、親密性の浅いフレンドシップ（acquaintance friendship）、親密性の高い（sense of a bond）フレンドシップ、自己開示（self-disclosure）、信頼の絆（bond of trust）、結束（solidarity）、感情移入（empathy）などの論点があり、さらに、行動共有についても、フレンドシップにより動機づけられているのか、関心領域の共通性や親密性の証といえるのかなどの問題がある[6]。

2　アメリカにみるフレンドシップ

　キャリア（career）という言葉を生みだしたアメリカ社会では、フレンドシップについて、どのような認識をもっているのだろうか。ここでは、アメリカの著名な社会学者、東海岸のハーバード大学の教授と西海岸のカリフォルニア大学バークレー校を中心とする学者グループのフレンドシップにかかわる捉え方を紹介しておきたい。

「機会があれば自分を見せて自分のことを主張する（show&tell）」を信条として人に対して愛想良くフレンドリーに接しよう努めているようにみえるアメリカ人が近代という時代が深化するなかで，新しい人間関係の取り結び方についても悪戦苦闘している。人の心を支える種々のやり方・作法が模索され，それが社会現象となる。それは社会学者リースマン（David Riesman）が戦後のアメリカ社会を称して「他人指向社会」[7]となったとしたが，当時よりセラピー文化が形成されていたのだととらえるべきであろう。

　ソーシャルキャピタルの研究で高名なハーバード大学の社会学者，ロバート・パットナム（Robert D. Putnam）は，アメリカの伝統コミュニティの衰退と未来にむけた新しいコミュニティの再構築をテーマにした『孤独なボウリング』（*Bowling Alone: the Collapse and Revival of American Community*）[8]を 2000 年に上梓した。

　米国人は仕事を終えると友人の家を訪ね（統計的には 3 分の 2），年に 14 〜 15 回にわたりパーティーなどをして友人たちをもてなす。働く場では，カジュアルで楽しい環境をつくり，互いに助け合いギブアンドテーク（相互応酬的）の友人間係をつくる。それが規範化（当たり前の慣習化）している。そして彼らとの間にコミュニティ感覚（sense of community）が醸成されている，と述べている。親しさの程度は一昔前に比べて減少しており，親密で深く互いに支えあう関係性にまでは至っていない[9]が，親密な友人は最低 1 人いるという統計結果を紹介している。

　パットナムは，「伝統的地域コミュニティが衰退し，それが都市空間に入れ替わる過程で，フレンドシップは伝統社会の宿命的なものとはならず，逆に自由度を得て種々のコミュニティの中に住処を見つけ，個々のコミュニティが併存するモザイク的な多様性が保証されることになり，昔の親族的強いかかわりではなく，教育を受けた，昔に比べれば視野の広がりのある人たち同士の新しい形のフレンドシップが形成され，そこには，友人として濃密な関係にはならないが緩やかな絆で結ばれた新しいタイプのコミュニティが誕生した」と表現している[10]。しかしながら，フレンドシップについては，社会的絆の源泉であるものの，その後のアメリカ社会が味わった企業のダウンサイジングやリストラクチュアリングなどで雇用の安定性が失われるなかで減退しており，昨今のアメリカ人は総じて漠然とではあるが人と人のつながりが薄れてきていると感

じていると統計データで証明したのである。

　それゆえ彼は，われわれアメリカ人は市民的関与を高め，お互いに信頼ができケアしあえるコミュニティ再生意識を高めるべきであり，同時に，だからこそ，そこでのフレンドシップが重要であるとする。そして，その場合の人の働き方にまで言及してパートタイム方式の方が，個として自由な時間を確保でき社会的ネットワークが形成される[11]と危機意識をもってアメリカ社会に対し強い問題提起を行ったのである。

　アメリカ社会を深い洞察力で分析したロバート・ベラー（Robert N. Bellah）を代表とする西海岸の研究者らは1985年,『心の習慣』（*Habits of the Heart: Individualism and Commitment in American Life*）を上梓する。彼らによれば，アメリカ社会では家族や宗教が社会的な人間関係の重要な基盤としても働き続けているが，米国史の初期に比べて，宗教が中心的な場から去り，市民的伝統から生まれる交際（アソシエーション）やフレンドシップに重心は移動する。そして，そこでのフレンドシップのイメージ自体は，植民地時代以来のアメリカ人の間ではきわめてポピュラーなものであったと指摘した上で，既述のアリストテレスのフレンドシップの三つの要素に触れ，次のように述べている。

　　現在の私たちは，フレンドシップの第一の要素である「ともにいると楽しい」のが友人であるというふうに考える傾向がある。第二の要素である「自分の役に立つかもしれない」人間とは「フレンドリー」にしておくことが大切であるとはっきり考えているにもかかわらず，何よりも自由で自発的なものであるべきフレンドシップの関係において，有用性の話をするのは何かしら場違いなことのようにも感じている。そして三番目の要素である善へのコミットメントについては，あまり理解しているとはいえない。むしろこれは，フレンドシップの概念にとってまったく異質なもののように思われている。……しかし，よく考えてみると，アメリカの伝統的見解からすると，フレンドシップと切り離せない徳こそアメリカ人の心の習慣の根幹に関わるものであり，……フレンドシップと徳とはたんに私的なものにとどまらず，それは公共的なものであり，政治的なものとさえ言える。なぜなら，市民的秩序（都市コミュニティ）とは，何にもまして友人関係

のネットワークのことであるからだ。市民的フレンドシップがなければ，都市は公共的連帯のいかなる仲立ちもないままに，利益団体の闘争の場へと退化してしまうことだろう[12]。

　そして，ベラーらはアメリカ人の心的状況について，古典的な善には明確に至らないとしても，その考え方を理解することは，彼らにとって難しいことではなく，独立戦争時，地域を越えて結ばれていたジョン・アダムズとトーマス・ジェファーソンとのフレンドシップはとりわけ有名であるが，独立戦争時代には異なる地域共同体の人間が集まり，相互の緊張，敵対，競争を越えて，注目すべきフレンドシップの関係性が構築されていたとする[13]。その後のアメリカ社会は飛躍的発展を遂げる。地域のコミュニティで成立していた職の機会は地域圏に拡大し，全国規模の労働市場が形成されるにいたる。個は，教育のレベル・居住の自由度・競争能力の程度に応じて，不確実な世界に特段の準備なく放り出されることになったのである。

　新しく出現した個は，移動性の高い，ミドルクラスを形成し，彼の自尊心と将来の見通しとは，ひとえに他者に対する己れの売り込みと交渉の能力とにかかることになった。ベラーはこのような状況について次のように述べている。

　　自律的個は他の自律的個と取引をしてゆかなければならない。このような条件のもとでは，しばしば密度の濃い社会的相互作用が生じるが，しかしそれは限られた一時的なものである。こうした相互作用がもたらす軋轢を和らげる手段として「フレンドリー（友だちらしく）」に振る舞うようになる。……古典的な意味におけるフレンドシップはますます困難になってきた。他者の役に立つことは可能であるというよりは，人は，みな他者の役に立たねばならなくなった。また，他者とともにあることに楽しみを見いだすことも可能である。しかし，交友を通じて公益につくすことは，個人がもっぱら私的利益や自分の勤める組織の利益を追求するこうした世界にあっては，時とともにますます不可能になってきたのである。女性もまた，ためらいがちにではあるが職場に進出するようになるにつれ，あるいは夫や子どもたちの競争戦線における成功に気をもむようになる。……フレン

ドシップを取り結ぶことも維持することも非常な努力を要する，濃密だが限定的な対人関係の世界が出現したこと，そして，かつての伝統的な人間関係，すなわち，はじめから当たり前のものとして受け取ることのできる協力的（サポーティブ）な人間関係の世界が衰退したことは，個人にたいへんな緊張を強いることになった[14]。

地域コミュニティがしっかりしていてお互いに助け合う関係性の崩壊は，アメリカ人をして相手に対して神経を使う状況へと変化させたようである。人を強く意識するほど優しく対応するような心的状況（ベラーたちはそれをナーバスネスと表現しているが）に悩むことになった。そしてそれが，アメリカ人特有のセラピー的な人間関係を生んだとベラーは説明している[15]。実は，この時期に，ミドルクラス（中産階級）が台頭し，同時にキャリアという言葉が出現する。

続けてベラーは，アメリカのセラピー的行動様式について，次のように結論づける。

> 個は（自立し自律し，自発的に）自らに規律を課し競争心旺盛で，夢や野望を懐いて，環境の急速な変化に巧みにかつ柔軟に対応し，就学や職業上の昇進のために進んで家を出て，独立することになった。そのような状況下アメリカ人は精神の健康[16]をむやみに気遣うようになった。そしてセラピー的な種々の妙薬も現れた[17]。

アメリカに住んだ経験のある人たちは，アメリカ人がやたらに親切であることに驚く。ショッピングセンターの駐車場などでぼんやりとしていると，"Can I help you?" と必ず声をかけられる。重い荷物を持っていると助けてくれる。誰彼となく目が合うと「ハーイ」といって親愛の情を示す。このような光景がいたるところで展開される。セラピーと愛やフレンドシップとの混在，そのようなセラピー的人間関係が，アメリカでは文化に昇華されているとも言えるのではないだろうか。

3 われわれがめざしたい行動原理であるフレンドシップ

われわれ日本人がフレンドシップという行動原理をとるに当たってのいくつかの留意点をのべてみたい。

① 今われわれ日本人に求められるものは，日本的集団の中で無意識のうちに守られている自分に気がついて，その集団から出てみる，そして手を伸ばして，他者とつながりを持とうとする意思であり，そのためのスキルである。その時，他者とは，広くあまねく国内外の多くの人であり，決して排他的なものであってはいけない。それは，自主的に主体的に他者とまじわり，集団に閉じこもらないでその集団の殻を破って行動しようとする意思である。今の日本人にとってとりわけ重要なのは，世界に目を向け，つながろうとする遠方指向的意識[18]であり，さらに重要であるのは，同質化を求めがちな日本的コミュニティで守られているからこそ，お互いに多様で異質な個であることを認めあおうとする良い意味での個人主義的な覚悟である[19]。そのためには，遠くにある世界を捉えようとする時に遭遇するさまざまな事象を咀嚼して，高次の自分へと高めてゆく精神が必要である。翻って考えると，異質を認め合おうとすることは，表層的な「良い人間関係」を越えた「本当の人間」関係が形成される可能性が高いのではとも思われるのである[20]。

グローバル化が進むなかで，われわれはさまざまな人たちから貪欲に情報を摂取し，アンテナを高くし変化を察知せざるをえない状況にある。そのような中で，自らが手を伸ばして集団をつくりその集団を管理していく能力が求められる。ここでは，そのような精神のあり方や行動原理をフレンドシップと呼びたいのである。

② 人と人とが向い合うときは，当然ながら，お互いを自由で自律した個性ある人間であることを認めあう。お互いがかけがえのない存在であり，つまりは「人間の尊厳」を認め合う。そしてお互いが貴賤の差別なく「偉い偉くない」という日本的序列関係性概念から解放されて，年齢・出自は，もちろん性別に関係なく「対等」であるという憲法に定められた基本理念を肌感覚で持たなければいけない。

③　そして，個は，独立独歩を強く意識するがゆえに，しょせん孤独であり一人では生きていけないことを理解し，フレンドリーなつながりを求め，お互いにケアする心的状態にたどりつくのではと考える。

④　その時の人のつながりには大別すると二種類ある。一つは伝統社会の親族などの近親空間やカトリックの教会区で展開されるようなコミュニティにおけるつながり，よくいえば強い絆，悪くいえば拘束的な重い関係 (bonding) となるものであり，もう一つは，工業化・知識産業化が進むなかで，都市空間で展開されるようになった多種多様な人たちが重層的に織りなすコミュニティのネットワークである。混沌としながらも，そこには自生的秩序が形成されている。弱くて緩やかで軽やかなつながり（ここでは bridging と呼ぶ）が存在する。われわれは，この二つのつながりを使い分けることになるのだと考える。

⑤　そのとき重要なのは，自律した個の集団や組織では自らがリーダーシップをとること，そうでないときは，集団の一員として自律した判断を行える主体としての責任ある行動をとるフォロワーシップをもつことである。決して癈見(べしみ)のごとく口を閉ざしてしまう日本的従属構造にはまってはいけない。集団における自分の役割を明確化し，その責務はきちんと果たすという考え方である。

⑥　日本人は，集団に価値をおいてその動きを的確に察知する共感性，いわゆる空気を読むことに神経を使う（ここではコミュニタリアン的態様と呼ぶ）。日本的フレンドシップはコミュニタリアンに染まりがちであるが，あくまで自分は自分であるという自己主張を内に持つことが大切で，山本七平のいう，集団の中にいても「水をさす」という自由度を確保するマインド（ここではリバタリアン的態様と呼ぶ）を併せてもっておくことがきわめて重要である。われわれは，宿命的に，この「コミュニタリアン的態様」と「リバタリアン的態様」を使い分けなければいけないのである。日本語には「間」という言葉がある。「つながり」が共通性を意味するのに対し，「間」はそもそも違いを暗示している[21]。日本人はそのような意識で集団を的確にとらえていたのではないか。

⑦　多種多様な集団やコミュニティで自分を演じるとき，その時の心性は一面

的ではなく多面的な個，ペルソナを使い分けることになるのではないかと思う。以上のようなフレンドシップに基づく人間関係性のありようが，会社であり地域コミュニティであり，その集団の価値に影響する。あとで述べるソーシャルキャピタルという概念に繋がるのである。

1) James Stevenson　ニューヨークの絵本作家，"Herb & Dorothy"(2008)，映画パンフレットより。
2) スタンフォード大学の『哲学事典』(http://plato.stanford.edu/entries/friendship/)の次のくだりを翻訳している。
　　"Agape is a kind of love that does not respond to the antecedent value of its object but instead is thought to create value in the beloved, ... By contrast, eros and philia are generally understood to be responsive to the merits of their objects to be beloverd's properties, especially his goodness and beauty. The difference is that eros is a kind passionate desire for an object, typically sexual in nature, whereas 'philia' originally meant a kind of affectionate regard or friendly feeling. ..."
3) 同上『哲学事典』を参考にしている。
4) 同上『哲学事典』およびアリストテレス／高田三郎訳『ニコマコス倫理学　下』(岩波文庫，1973, pp.71-72) を参考にしている。
5) "deficient mode of philia"
6) 注2『哲学事典』を参考にしている。
7) 1950年アメリカの社会学者デイヴィッド・リースマンが『孤独な群衆』(David Riesman, *The Lonely Crowd: A Study of the Changing American Character*) を著した。それは予期せぬベストセラーとなったと伝えられている。彼は，伝統からの拘束から解放され，国家の規制も緩和され，個性が発揮でき，権威に頼るのではなく，自己に内在する規律を意識し，その規律に基づいて自分で判断・行動する，自律する近代の個とでも言うべき19世紀型人間を，頑固な人間類型(「内部指向型社会」における性格)として捉える一方で，新中産階級と呼ばれた専門職や管理職などの給与生活者について分析し，新しいタイプの人間類型を提示する。戦後の豊かな消費社会の出現の中で埋もれていく個人が安定志向となり，同時に周りに対する関心が高じて逆に他人にセンシティブにならざるをえなくなったとし，リースマンはそれを「他人指向型」と称した。そこでの個人は，他者への同調性に配慮し他者からの信号に敏感で，しかし他利主義・連帯主義(solidarity)にまでには至らず，他人の反応を考慮して自己の判断をくだす。知らず知らずに(雰囲気的に)自律性が同調性に巻き込まれる，そのような「他人指向型」人間類型を生みだしたとした(デイヴィッド・リースマン／加藤秀俊訳『孤独な群衆』みすず書房，1964, 序文 x および山田八千子『自由の契約法理論』弘文堂，2008, p.128 などを参考に作成)。
8) ロバート・D.パットナム／柴内康文訳『孤独なボウリング――米国コミュニティの崩壊と再生』(柏書房，2006)
9) Robert Putnam, *Bowling Alone*, Touchstone, 2000 p.87

10) 同上　Putnam, p.96
11) 同上　Putnam, p.407
12) ロバート・ベラー／島薗進・中村圭志訳『心の習慣——アメリカ個人主義のゆくえ』(みすず書房，1991) pp.139-141
13) 同上　ベラー，pp.140-141 を原書 pp.115-116 を参照しつつ修正している。
14) 同上　ベラー，p.143 を原書 p.118 を参照しつつ修正している。
15) 同上　ベラー，pp.142-143
16) 『アメリカにおける心の健康』(*Mental Health in America*) の著者 (Veroff, Kulka, and Douvan) は，セラピー的人間関係のもつ独特な性格を次のように書いている。「現代の英雄は，契約によって結ばれた人間関係のなかで，体験を生き直すことによって自己を追求する。こうした契約による人間関係とは，その定義上，「現実の生活」から切り離されたものであり，人工的なものである。すなわちその関係のなかで現われる感覚や感情や情緒はそれに固有のものではなく，現実の世界における他の第一次的な人間関係に本来属するものにすぎない。……精神分析 (と精神医学) は，人々を社会や人間関係から引き離すことによって治療を試みる唯一の心理治療の形態である。他のすべての治療法シャマニズム，信仰治療 (フェイス・ヒーリング)，祈りは，治療の過程に共同体を持ち込む。実際それは，患者と他の人々との相互依存の関係を治療の過程における中心的な仕掛けとして用いる。現代の精神医学は，問題を抱えている個人を感情的な相互依存関係の流れから切り離し，知的な／言葉による議論・解釈・分析を行ないながら，問題から距離を取り，それを巧みに操ることによって問題に対処するのである」(同上　ベラー，p.146)。
17) 同上　ベラー，p.145 を原書 p.120 を参照しつつ修正している。
18) 早坂は sensitivity (外へ広がった感受性)，but sensibility (自分の世界にこもりがちな敏感さ) と区分して，遠方指向の重要性を説いている (早坂泰次郎『人間関係の心理学』講談社新書，1979，p.201)。
19) 認識とは統合的主観において世界を捉えようとする努力，科学とは素朴な主観を客体との遭遇を通じて高次の主観へと統合してゆく努力 (同上　早坂，p.128)。
20) 同上　早坂，p.189 を参考にしている。
21) 同上　早坂，p.188

第2章
新しい行動原理としてのアントレプレナーシップ

勇気をもって崖っ淵に立ちなさい。彼は遂に意を決して前に進み絶壁の上にたった。ギリシアの神アポリネールは軽く彼の肩を押した。すると，彼は大空へ羽ばたいていった。　　　　　　　　　　　　レッド・バーンズ[1]

起業家社会においては個人はチャレンジの連続である。そのチャレンジは機会として最大限利用されるべきものである。それは生涯学習であり，たゆまぬ再学習を意味している。　　　　　　　　　　　　ピーター・ドラッカー[2]

　不確実であること，それが人生の本質ではないか。だからこそ，君たち若者には無限の可能性がありチャンスがある。チャンスを得るための行動原理はアントレプレナーシップ（entrepreneurship）である。英語の辞書にもアントレプレナーシップとは一般には企業家である状況あるいは企業家によって連想される諸行動とある[3]。精神面では自分の殻をやぶってチャレンジする意欲，そして行動面では冷静に着実に実行に移す能力ということになる。そして，本書の冒頭で述べた通り，キャリアデザインを志す君たちにとっては経済空間において合理的に革新的に生きるための行動原理である。
　英語には"Challenge makes change, change makes chance"，そしてチャレンジしあうお互いの幸運を祈る"good luck"という表現がある。その背景にはアントレプレナーシップ文化があるからだろう。日本語にも七転び八起きということわざがある。失敗を肯定的に捉え挑戦する努力を称揚する文化がないわけではない。
　キャリアデザインが人生論と異なるのは，自身のエンプロイアビリティ（雇用されるための技能や能力）やマーケッタビリティ（外部労働市場で評価がされる技能や能力）を，常に頭の片隅に置いておかないといけないという点だ。キャリアデザインするためにアントレプレナーシップという行動原理が求められる

所以だ。アントレプレナーシップは自分の価値を高める努力をするということであり、常に市場という経済合理性の世界を意識しておくことである。

1989年のベルリンの壁の崩壊以降、世界の経済地図は大きく塗り替えられた。ソビエトや東欧などの社会主義国家が瓦解し、市場経済システムが導入される。また90年代、ICT革命が加速しインターネットが普及する。ほとんどの国で1人当たりGDPが増加した。その時代、共通して重要な役割を果たしたものがアントレプレナーシップである。各国はこぞってアントレプレナーシップ教育・アントレプレナーシップ涵養のための制度設計を行ったのである。

アントレプレナーシップはヒト・モノ・カネという経営資源を理解し、うまく使いこなす行動原理といってもよい。

人のエクスパートをめざすキャリアデザイン学部で学ぶ者にとっては、ヒトをよく理解しヒトという経営資源を研究するという点で相通じるものがある。アントレプレナーシップは、将来に向けて日々怠らず行動していれば光明がみえるというクランボルツ（J. D. Krumboltz）の計画的偶発性（planned happenstance）理論にもつながるものである。クランボルツはアメリカ西海岸のスタンフォード大学の心理学の教授である。その地域はシリコンバレーと呼ばれ、起業家精神が横溢し、起業家の聖地と呼ばれるところだ。多くの起業家が生まれ、同時に世界から起業家が集まってくる。インターネットのブラウザ、モザイク（NCSA Mosaic）を開発したアンドリーセン（Marc Andreessen）もイリノイ州から、リナックス（Linux）を仕掛けたトーヴァルズ（Linus B. Torvalds）も遠くフィンランドから、そしてフェイスブック（Facebook）のザッカバーグ（Mark E. Zuckerberg）もボストンから結集している。そのようなところでクランボルツが計画的偶発性理論を生み出した。

本章では、アントレプレナーシップについて日本人として理解しておかなければいけないことやアントレプレナーシップにかかわるいくつかの論点を提示したい。日本という風土の中で生まれ育った若者がアントレプレナーシップを新しい行動原理として認識することがきわめて重要だと考えるからである。

1 アントレプレナーシップを理解するために

1.1 起業という営為

アントレプレナーシップの発露として起業がある。起業とは文字通り事業を起こすことであり，ビジネスを始めることである。

すでに出来上がった組織においても起業的行為は組織を活性化し新しい価値を生む。その積み重ねは新しい産業を誕生させ雇用を増やし，ひいては国を富ますものと理解されている。起業機会が公平に与えられているアメリカでは，社会の底辺にいる人たちや，ゆえあってアメリカに移り住んだ異邦人の起業が跡を絶たず，経済の成長要因のひとつになっている。もちろんビル・ゲイツ（Bill Gates）やスティーブ・ジョブズ（Steven P. Jobs）やマイケル・デル（Michael S. Dell）のような生粋のアメリカ人たる若者の成功物語も山とある。自由な人生にはロール・モデルが散りばめられている。アントレプレナーシップは国を発展させるために必要不可欠なものである。そのようなコンセンサスが形成されている。

起業という営為は個に対して常に決断を迫る。そして当然のことながらその責任は個に帰着する。つまり個の自立なくして起業的行為はありえない。他人に頼り他人の支持を仰いで行うものではない。ダイナミックに変化する環境の中で柔軟に自らが意思決定をするのである。組織では組織の長としてリーダーシップをとり，長とならない場合でも責任あるフォロワーシップを発揮しないといけない。このような状況の中で前向きに行動する。そこには喜怒哀楽があり生きているという実感があるのではなかろうか。またそれは，自分自身で何かを生み出し自分で未来を切り開きたいという人間の本源的欲求でもある[4]。そしてもちろん成功すれば相応の富を得ることができる。社会への恩返しも目に見える形で実行できる。

アメリカの中小企業白書には[5]，起業という営為はさまざまな障害を乗り越えることにより達成感や満足感，そして幸福感が得られ，自信や誇りが芽生えるものであると指摘されている。

起業という営為は日本には無縁というわけではない。日本人が忘れてはいけないのは，自然界は基本的に弱肉強食・自然淘汰の世界であり，組織に守られ

て安穏と過ごしえた戦後という時代は，人類の長い歴史からみるときわめて稀なことであったということである。

　起業という営為は利益や効率だけを求めるものではないが，資本主義という時代に生きているわれわれにとっては，市場において貨幣価値との交換に結びつけなければいけない。価値とか利益とか競争という言葉の意味を自分なりに昇華して生きていかなければいけない。その時その背後に自由という崇高な概念があることにも気がつくだろう。起業という営為はこのような哲学的な思考も要求されることになるのである。

　さらに，キャリアデザイン的にいうと，起業という営為は自分自身を市場というシステムに自らの決断で直接はめ込もうとする行為でもある。それは，瞬間瞬間の意志決定を自分の責任において行う覚悟であり，市場を介して相手との関係性を常に意識することでもある。起業という営為にはクランボルツの指摘する五つの属性がよく当てはまる。それらはいろいろなものに目を配り関心を持とうとする好奇心（curiosity），あきらめないしつこさ（persistence），とにかくなんとか対応しようとする柔軟性（flexibility），努力すれば光明が見えてくるという楽観（optimism），勇気をもってリスクを取る決断（risk-taking）である[6]。

　なお，投資という営為も自ら責任をとるものである。起業と投資を比較すると，起業は自己の責任のもと未来を主体的に切り開こうとすることであるのに対して，投資は未来という不確実な世界に対して冷徹な目で未来から現在価値を見つめようとする営為である。その価値実現を自分でなく他人に委ねる，言い換えれば未来を自分でない誰か他の人に賭けることである。とりわけ若者を育て若者に賭けることが最も重要な投資ではないかと私は考える。

1.2　起業と仲間・集団・組織——仲間をつくるということ

　一人でスタートしてもよい。みんなと一緒になって起業してもよい。その時の自分は自立している強い個である。強い個であるがゆえに孤独を理解し，自ら手を伸ばし仲間をつくろうとする。強い絆ができれば何か新しいものを生み出したいと思うのだろう。その仲間は同じ組織にいる必要はない。むしろ違っている方がよい。気の合う仲間が5時以降，定期的に集まって角つき合わせて事業プランを練り，起業に漕ぎつけるのも面白いではないか。アメリカではそ

のような働き方をムーンライト・ワーキング（月の下での仕事）と呼んでいる。

　少人数でスタートするということは組織が限りなくフラットであることだ。大企業のような社長を頂点とした上下関係で考える必要がない。想像力や創造力を発揮して新しい価値を生み出す。身の丈にあった対等でカジュアルな人間関係が保たれる組織が大切なのだと考える。仕事はそこに参加する人たちが楽しくて熱中するものでなければ真の価値創造は起こらないからである。

　人のエキスパートをめざすことがキャリアデザイン学部のひとつの大きな目的である。君たちは人が能力を発揮しやすい環境をつくり，人を人材としてマネージする能力を養うことも大きな目標になる。異文化にも対応し，人に対して適度な感情移入ができ，リーダーシップを発揮し，みなをまとめる能力も期待される。企業は価値を生み出す起業家的集団を育て新規事業を牽引することができる資質や能力を兼ね備えた人材を渇望している。

　日本人はチームによるコーポレーション（協同）が上手だ。同質で画一的な人材に育てられている日本人は命令一下整然と作業を効率よくこなす。しかし，創造にはコラボレーションが重要である。コラボレーションは協働と訳されているが，その意味するところは異なる分野のあるいは異質で個性的な人材の遭遇による作業である。それは予想もつかぬ創造的なものを生み出す可能性があるといわれている。コラボレーションを行うために大切なことは，同じ場所に一緒にいて長時間話し合い共同の作業を続けるということではない。個性的なメンバーが時間をシンクロ（同期）させて同じ時間，同じリズムで動いているということである。その時みなが同じリズムを刻むための方法を生みだすことが非常に大切である。決めた時間に決めた作業を行い，みなが離合集散を繰り返す。そうすることによりコミュニケーションが進み，チーム全体がシンクロして動けるようになる[7]。

　縦軸に能力，横軸にチームメンバーをとり図形にすると図1のようになる。能力は個人の総合力と考えてもらいたい。A型はみなが同じ能力で対等。これでは意思決定ができないチームになってしまう。Bは大企業型である。多数の人を前提とした組織である。能力差が大きい場合は組織運営自体に大きなエネルギーを使うことになる。無駄な作業が発生し組織の活力が著しくそがれる。難しいテーマを解決するためのチーム編成はベンチャー企業のようなC型で

図1　組織の形状

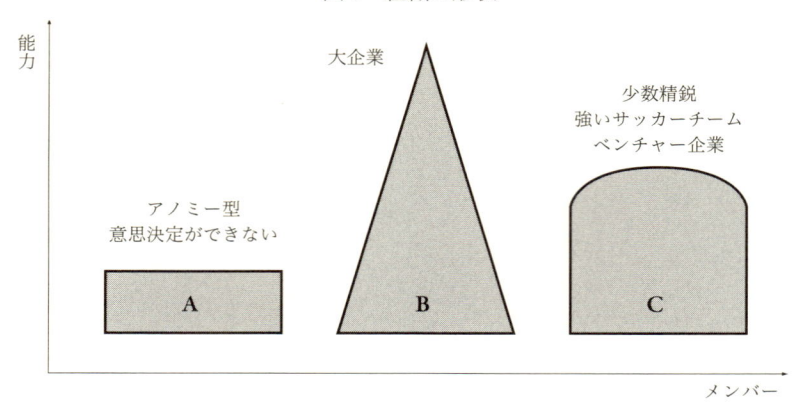

能力 ↑

アノミー型
意思決定ができない

A

大企業

B

少数精鋭
強いサッカーチーム
ベンチャー企業

C

→ メンバー

出典：宮田秀明『プロジェクトマネジメントで克つ』(日経 BP 社 , 2002) p.246 より作成。

なければならない。少数精鋭でしか困難なテーマに対処することができない。リーダーはおのずと現れる。C 型が個に秘められた能力が最も効率よく燃焼するチーム編成である[8]。

　起業の受け皿としての組織は日本語では会社，英語ではカンパニーと呼ばれる。カンパニーのそもそもの意味は「仲間」である。初めから会社を設立する必要はもちろんない。個人事業（個人企業，青色申告）からのスタートで十分である。アメリカも大半は個人事業である。アメリカはスモール・プレーヤーが輝く国といわれる。決して大企業の国ではない。わが国ではこの十数年間，個人が活動するための受け皿としての法人のあり方が審議され，起業に関してもさまざまな工夫や新しい法人形態が用意された。株式会社の資本金制限（1000 万円以上）も撤廃され 1 円からでも会社は作れるようになり，会社の統治方法（ガバナンス）も多様化し，株式の種類も普通株に加えて自由度の高い種類株が導入され，俗にストックオプションと呼ばれる新株予約権の発行が可能になった。また，社会的起業の受け皿となる NPO（特定非営利活動法人），そして一般社団法人や一般財団法人という法人形態も誕生した。特定の目的を完遂するためには LLP(Limited Liability Partnership：有限責任事業組合) や LLC(Limited Liability Company：合同会社) という受け皿も準備された。これらは例えば産官

学連携で見られるような有期のプロジェクト組織や大学発ベンチャーなどに適している。LLP は有限責任でそこに参加する構成員各々に対しての課税が可能で，LLC は法人格があり所有権などの権利関係を保持しながら機動的に運営できるもので，株式会社への移行も簡便である。2005 年商法から会社法が分離独立した。1998 年特定非営利活動促進法（NPO 法）が制定され，2006 年公益法人全般についていわゆる公益法人改革と呼ばれる一連の法体系の再編・整備が行われた。一般社団法人，一般財団法人という法人が創設され登記により設立できるようになっている。これらの法人は監督官庁をもたない。アントレプレナーにとってはその活動受け皿としての法人設立が従来に比べれば格段に簡易な手続きで行えるようになったのである。

1.3　起業とライフコース

アメリカではアントレプレナーシップという概念が社会に膾炙しており[9]，起業が最大の仕事満足度や自己実現度を与えるものと認識されている。そのため，起業能力をつけることがキャリアの目標となり[10]，起業がキャリアの重要な選択肢のひとつになっている。アメリカの高校生向けの経済学の教科書には随所にコラムを設け種々のキャリアが紹介されている。その教科書の冒頭に経

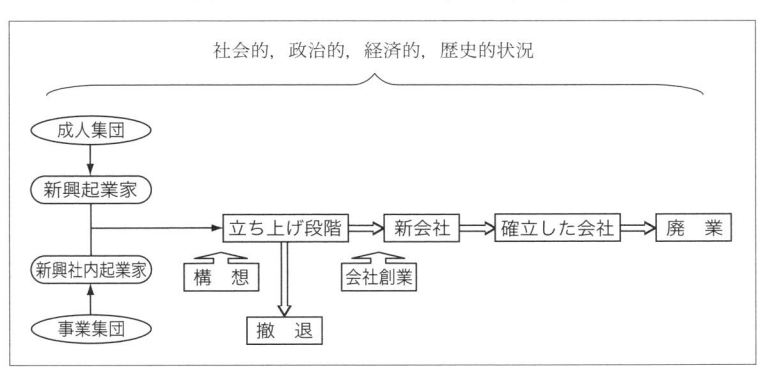

図2　ライフコースと就業・起業の可能性

出典：（財）中小企業総合研究所訳編『米国中小企業白書 2008・2009』（同友館，2009）p.210, p.271 より作成。

済を動かす重要なプレーヤーとして起業家が登場する。ページをめくるとアメリカの有力経済誌である『ビジネスウィーク』(Business Week)の起業家特集の記事が，まるまる1ページにわたり収録されている。また，アメリカの中小企業白書にも図2の通り起業から廃業までのプロセスがライフコースとして示されているなど起業への関心の高さがうかがえる。

EUでもアントレプレナーシップ教育は産業振興策として不可欠なものとなっている。20数カ国の統合という大命題を果たすためには経済発展段階の異なる国々の成長は必須であり，起業に期待するところが大きいのである。彼らは起業を原動力として経済再生を果たしたアメリカを範としている。

1.4 起業と整備される起業環境

君たちは新しい時代に生きている。起業するのに多額の資金がなければできないということはなくなった。個人でも少人数でも会社を立ち上げられるようになった。資本金は1円でもよいのである。また有能な人には資金を提供する人（エンジェル）も現れる。将来有望な企業に投資することを業とするベンチャーキャピタルという業態も確立した。創業者の血と汗の結晶は汗の資本（sweat equity）と呼ばれ，資金はなくても会社の株式を持つことができるようになった。原材料をたくさん仕入れて立派な工場（有形固定資産）を稼働させて付加価値を生み出す大資本による工業化の時代は終わった。情報やノウハウ，知恵（無形資産，知財）が成功の鍵を握る。個人の時代が到来したのである。個人のネットワークが価値を増殖させる。スモールオフィス・ホームオフィス（SOHO）という言葉が生まれて久しい。会社で仕事をしなくてもよい。アメリカでは自宅にデン（den）と呼ばれる部屋が用意されていて，そこがオフィスになる。またガレージが新しい技術のタネを開発する場所を提供してくれている。アイデアが溢れ会社を立ち上げたい若者には準備のためのスペースを安く提供してくれるインキュベーターと呼ばれる場所も用意されている。

1.5 起業と雇用構造の変化

日本経済は就業構造に大きな変化が起きている。終身雇用制度が揺らぎ雇用の流動化が始まっている。

図3　日米の働き方（組織志向・市場志向）の相違

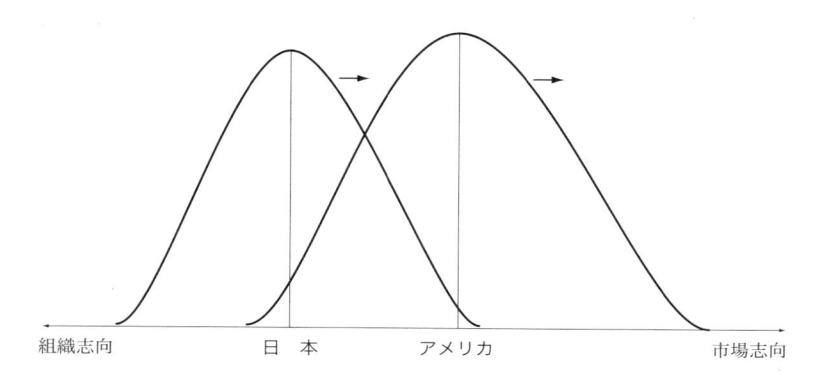

組織志向　　　　　　　日　本　　アメリカ　　　　　　　市場志向

出典：サンフォード・ジャコービィ／鈴木良始他訳『日本の人事部・アメリカの人事部──日本企業のコーポレート・ガバナンスと雇用関係』（東洋経済新報社，2005）p.20 より作成。

　アメリカでは70年代後半以降，企業の雇用制度は市場性を強めた（図3）。90年代に入り，それは加速する。日本でも80年代の後半から，ゆっくりではあるがその傾向が現れている。個人が自分の能力を活かして組織の枠を越えて就業するバウンダリレス・キャリア（会社や組織の境界のない働き方）を標榜する人たちが現れつつある。変革による新産業の創出をまつのではなく，自ら就業機会を求め，あるいは自ら働く場を生み出したほうが早いと考える人も増えてきている。キャリアデザイン的にいうと，組織内のキャリアプランに頼るのではなく自らがキャリアデザインを主体的に考える時代になっている。

　わが国もアメリカのように能力の高い管理職や役員は職場を数カ所変わることが常識化する時代が近いのかも知れない。「ビジネスキャリア」はピラミッド組織の梯子を登り出世するというリニア型からノンリニア型やさまざまな選択肢をもつポートフォリオ型，そしていかなる時局にも対応できるプロテアン型も視界に入ったようにみえる。個の自立意識や自己実現意識が高まれば高まるほど，起業（自営・個人起業も含む）というキャリアパスが現実のものとして浮上するだろう。それはアメリカが証明しているように起業が究極のキャリアデザインと考える人が多いからである。

1.6 起業と女性

日本は少子高齢化が進み，人口が減少に転じた。女性が貴重な労働資源として積極的に労働市場に参入しないと現在の経済規模を保てない。彼女たちの多くは男性とは異なり，一度就職し結婚し育児をし，再度就業する，あるいは仕事と育児を両立させるという「ライフキャリア」でものを考える。従来とは異なるキャリアデザインが必要だ。社会システムもそれにあわせ変化する。育児期間はキャリアを構想する，あるいは起業を構想する貴重な時間となるかもしれない。とりわけ地域コミュニティのニーズに敏感な女性は社会的起業に踏み切る可能性も高い。アメリカは日本に比べると人材の流動性が高い。外部労働市場が存在する。大企業から他の大企業へ，大企業から中小企業やベンチャービジネスへと組織の壁を越えて人材が動く。

1990年代に入り，ICT革命[11]も手伝って，女性の社会進出が加速化した。女性の労働市場への進出が従来の大企業中心の時代のキャリア概念を変化させた。女性はビジネスキャリアよりもライフキャリアの重要性を感じ取っている。彼女らは結婚し，子供を育て，家庭をマネージし，地域コミュニティでのつきあいを生活の一部として強く認識できる。人生の一時期，職場を離脱することを前提として人生を考えている。彼女らのキャリアの発想は基本的に多様で柔軟だ。一人ででも仕事を続けられるようにしておきたいと考えるのは自然の成り行きだ。キャリア理論では従来の外部環境（社会や制度など）が個人に対して規定するキャリアを客観的キャリア（objective career）と呼び，一方，自分で判断して自分で決めていくキャリアを（自分なりに自分のキャリアを解釈する）主観的キャリア（subjective career）という言葉を使って区分している[12]。アメリカは戦後，ベンチャー企業の勃興により大企業中心の国から中小規模の企業中心の国へと重心を移したといわれるが，女性の進出によってますます，大企業の国ではなく，個人を中心とするスモール・プレーヤーの国としての相貌を強めている。

1.7 起業と地域経済

起業という営為は地域コミュニティの協力のたまものであり，地域の人々のネットワークの所産といっても過言でない。地域の歴史の中で培われた人と人

の繋がりやその中で伝承されてきた技術が生きて続いている場合も多い。それは地域の特色ある産業が時代の風雪を乗り越えて変容を遂げた結果ともいえる。世界の有名な産業の地（産地とか産業クラスタとか呼ばれる）には，そのような地域のネクサスが存在し，それがエネルギーに転換しそして秩序が形成される。人間が生息する地域もエコシステムの一部である。そこには常に成長や発展と呼ばれる生命の進化が起きているのである。

　起業の本場はアメリカの，とりわけシリコンバレー地域やボストンのルート128地域が有名だ。これらの地域は起業的地域風土の点で際立っていた。若き起業家に率いられたマイクロソフト（ニューメキシコ州からワシントン州へ）やデルコンピュータ（テキサス州）やヤフー（カリフォルニア州），そしてグーグル（カリフォルニア州）などの企業が株式公開（going public）する。それらの企業は急成長を遂げ地域に万単位の雇用を生み出す。上場により広くあまねく資金を集め，一大産業の集積を創る。地域は発展する。と思えば，その一方で，従業員が1万人をこえる規模の会社で自分の株式のほとんどを経営陣，従業員と取引先に放出する慈愛に満ちた創業者もいる。カリフォルニア州サンディエゴにあるSAICというリサーチ・エンジニアリングの会社である[13]。会社の株式はみんなで所有し，あえて上場していないのである（going private）。しかし，働くモチベーションが上がるように，社内に自分たちだけのための株式市場（ファントムマーケット）を用意している。会社を去るものは株式をその時の株価で売却する。価格設定は中立的な証券会社に委託してある。自由の国アメリカだからこそできる試みだ。ステークホルダーだけでみんながwin-win（自分も勝ち，相手も勝つ）となる理想の世界を創造しようとしている集団もあることは記憶にとどめるべきだろう。

　人間が地域コミュニティという生活空間で人間らしく対等に，公正公平に楽しく生きがいのある仕事をしようとする。そのようなところには地域の将来像が見えている。

　アメリカは50州からなる分権国家で，地域に個性豊かなスモール・プレーヤーが溢れている。アントレプレナーという言葉が浸透している。地域に個性があり，地域の情熱と郷土愛に由来する強靭さがある。そこから新しいビジネスが生まれる。そのようなしなやかでくじけない（resilient）力をもっている。

アメリカは各地で産業の集積がおこる。イタリアも歴史と伝統ある小さな地方都市が働く場としての輝きを見せる。地域の産業が独自の進化の歩みを止めないからである。

2 アントレプレナーシップを発揮する企業，ベンチャー企業

2.1 起業家/企業家（Entrepreneur）とは

先に述べた通り，起業家とは起業する人のこと，事業を始める人（a person who sets up a business）のことである。企業家という言葉もよく使われる。起業家と同様にアントレプレナーシップを実践している人のことである。両者ともよく使われる。一般的には企業をゼロから立ち上げる人を起業家と呼ぶ。一方で大会社にいても起業家的に事業を展開し事業の革新を行う人，さらには一匹狼で企業再生のプロとなる人や，ベンチャー企業の役員にリクルートされるような人材も企業家といえる。彼らはまぎれもなくイノベーションの担い手となるからである。以下，起業と企業家を総称して「企業家」を用いる。

会社のオーナーといった場合，一般に会社を自分の資金で所有する人，直接的には汗を流さない人のことをいう。従業員は，他人のビジネスのために働き（給与を得て）生計を立てる人，労働という時間を提供する人である。起業家は自らの資金を投資することが多く，あるいは自らの知的資源を持つことから，会社のオーナーシップを握ることが多い。その意味では起業家はオーナーであり同時に従業員であるともいえる。

「企業家」の語源はフランス語にある。entreprendre（アントルプランドル）という動詞があり，その意味は，①始める，取りかかる，②しようとする，企てる，③無理やり説得する，である。そして，その名詞形が entrepreneur で，①請負業者，②（起業家）企業家，企業の創業者を意味する。entreprise（アントルプリーズ）という言葉もあるが，それは①企て，試み，②企業，会社，事業，③請負という意味で使われる。英語の enterprise[14] は，①企業，②何か新しくて難しくて重要なこと，③会社やビジネスを管理して新しいことを始める諸行動，企画，④新しくて効果的なものを一生懸命になって考えることである。

Entrepreneur（アントレプレナー）という言葉を初めて「企業家」という意味

として使ったのは，19世紀のフランスの銀行家で学者でもあったリチャード・カンティヨン（Richard de Cantillon）であるといわれる。彼は，「リスクを冒して潜在的経済利益をとろうとしている人たち」にこの言葉を当てた。アントレプレナーにより市場裁定（アービトラージュ）が行われ，その結果として資源配分が行われる。カンティヨンはアントレプレナーの役割をそう理解していた[15]。

経済学では「企業家」という言葉は，経済学の父アダム・スミス（Adam Smith）の時代以来，常にある役割を担ったプレーヤーとして登場してきた。スミスは資本家の意味で用い，最大多数の最大幸福を唱えたジェレミー・ベンサム（Jeremy Bentham）は請負人として理解し，古典経済学を集大成したアルフレッド・マーシャル（Alfred Marshall）もマネージャや産業界のリーダー的存在として用いている。大恐慌時代に経済再生の救世主となったメイナード・ケインズ（John Maynard Keynes）も経営者の代名詞のように使っていたようだ[16]。

経済学者たちは「企業家」を経済を駆動する重要な概念としては認識してはいなかった。アメリカの学生向けの教科書には「生産要素は土地・資本・労働力の三要素である」と長きにわたって記述されていた。最近になって生産要素は四つあり，「企業家」が追加されている。それは経済学が主として静態的な経済を対象とし均衡的分析に重点が置かれたからであった。躍動する資本主義を動態的に捉え，経済の駆動力としての「企業家」の存在が認知されたのは戦後になってからといってもよい。その功績に与ったのはオーストリア学派のシュンペーター（Joseph Alois Schumpeter）である。彼は，経済は価格メカニズムでどこかに収斂し安定するのではなく，イノベーションを繰り返すことにより発展していくという理論を展開した。経済発展のダイナミズムは不均衡にあるとしたのである。最適性や序列などの均衡の破壊にこそ成長の源泉がある。有名な創造的破壊（creative destruction）という言葉でイノベーションの重要性を説いた。イノベーションについては後で詳述する。

2.2　ベンチャー企業の定義

ベンチャー[17]という言葉は1970年代に日本に持ち込まれた言葉である。1971年，この分野における先駆的著書『ベンチャー・ビジネス――頭脳を売

る小さな大企業』[18]) が刊行される。この中でベンチャービジネスの定義がなされることになる。すなわち,「小企業として出発するが従来の新規開業小企業と違うのは, 独自の存在理由を持ち, 経営者自身が高度な専門能力と才能ある創造的な人々を引き付けるに足る魅力ある事業を組織する起業家精神を持っており, 高収益企業であり, かつこの中から急成長する企業が多く現れている」と説明され, 一般の中小企業とは異なる新しい概念として紹介された。そして, 90年代のICT革命の進展により多くのベンチャー企業が誕生し, ベンチャーという言葉が広く普及することになった。現下の日本経済を変革するためにはベンチャー企業の誕生が必須である。それらにはいわゆるベンチャー企業のみならず, 従来の経営から脱皮して創業時の初心に戻ろうとする企業も含まれる (第二創業)。いずれにせよ, ここでは, 創業者がアントレプレナーシップを持って企業体にまで高めたもの, 経営陣のアントレプレナーシップが持続している企業, 経営陣があらためてアントレプレナーシップを注入している企業のことをベンチャー企業と呼びたい。イノベーションの担い手となるべき存在である。

2.3 ベンチャー企業の発展プロセス

ベンチャー企業の成長過程は, 起業までのシード期, 起業から製品やサービスの販売を開始し, 事業が軌道に乗るまでのスタートアップ期, 市場や顧客に受け入れられ規模が急拡大する急成長期, 市場や製品が成熟化し, 規模拡大が鈍化する安定成長期の四つのステージに分けられる。起業までの助走期間がシード期だが, 日本では起業教育への取り組みが遅れていることも手伝って, 経済的自立志向がアングロサクソン諸国に比べ乏しく, 20歳代の若者の起業が少ない。ベンチャーの中でも技術開発を行うベンチャーはその開発中は収入がなく, 準備した資金が尽き (burn out) 倒産の危機を迎える。このような状態のことをアメリカの西部開拓時代の言葉を用いて「死の谷」(Death Valley) を越えなければいけないといわれる。技術開発を行う場合は国の補助金や大学との連携, さらには関連する事業会社や創業期に投資をするベンチャーキャピタルからの資金調達など, 万全の準備を行うことが必要である。仮に技術開発が成功しても製品が市場で受け入れられるかは不確実である。ここにも大きな壁がある。

アングロサクソンは進化論になぞらえて「ダーウィンの海」(Darwinian Sea) を乗り切るという表現を使う。

　商品が市場で受け入れられ，組織整備も進み，そして社会的認知も高まり，企業規模が急拡大をしている期間を急成長期という。スタートアップ期に比べて従業員も増え，売上高も増大し，ビジネススピードは加速される。この時期はトップのリーダーシップが重要であることは言うまでもない。そして，経営陣が適材適所に配置されることが必須となる。経営局面の変化は旧経営陣の新陳代謝を求める。上に立つ経営者は自分自身を含め更迭という荒業をふるわなければいけないこともある。

　類似製品や競争相手が現れる。既存製品の改良・改善，そして品質・価格・納期・サービスなどで常に競争優位に立つべく継続的な努力が必須である。また，この時期は，経営者には数字が見えにくくなる時期でもある。慢心せず経営実態を正確に把握し，管理システムの向上を図らなければいけない。そして財務責任者（CFO）を登用し中長期の戦略を描かないといけない。また，従業員の増加は組織の階層化をもたらし，トップマネージメントと末端の従業員とのコミュニケーションが希薄になる。経営者たるものは裸の王様にならないように留意する必要が出てくる。

2.4　資本政策とベンチャー企業の出口

　投資家はその投資が成功することを期待している。投資資金を上回る資金回収が目的だ。一方，起業家にはベンチャーが軌道にのると，また新しいアイデアで会社を立ち上げたいと考える人も多い（シリアル・ベンチャー）。企業規模の拡大は個々の従業員の顔を見えなくする。マネージメントが煩わしいものになる。起業家のなかには創業者利潤を得て会社は他の人材に任せたいと思う者も出てくる。株式公開（上場）させて株式の流動性を高めることができれば，あるいはまた大手の企業に会社を丸ごと購入してもらうこと（M&A）ができれば，株主は自分の株式を売却することが可能になる。創業者を含め投資家は売却益を得ることができる。この二つの方法，上場と M&A はベンチャー企業にとっての出口（exit）と呼ばれる。もちろん起業家には心変わりして上場を忌避するものもおり，その場合には投資家は会社に対し株式の買い取りを請求す

ることもある。

　新しい株主を募り資金調達を行うことを第三者割当増資と呼ぶ。第三者割当増資を行うと株数が増え，創業者は自分の持ち分が減少する。そのとき株式数が増えることにより1株当たりの価値が下がる場合，その現象を株式の希薄化（ダイリュージョン）という。

　創業経営者にとってメルクマールとなる株式シェアには1/3以上，1/2以上，2/3以上がある。1/3以上持てば株主総会で拒否権を発動できる。1/2以上を持たないと取締役選任などの（普通）決議を行うことができなくなる。他者に2/3以上を持たれると取締役解任や会社の解散などの特別決議を行う権利を与えることになる。したがって，創業経営者は第三者割当増資により資本を増強する場合には，自分がどのような立場になるかについて留意をする必要がある。創業者グループの血と汗の結晶である会社の価値を主張して，自分たちのシェアの低下を食い止めることを忘れてはいけない。

　しかしながら株式を公開するという行為は文字通り，公の会社（公器），言い換えればみなの会社になる（going public）ということである。それは広くあまねく資金を集め，スピーディな企業規模の拡大を想定し，雇用を増やし社会に貢献することを意味する。わが国では上場後も50％以上のシェアに固執する経営者もいる。しかしながら株式公開ということは本来経営者交代の自由度を高めるということでもある。ちなみにアメリカの事例では，通常ベンチャー企業の株式公開時の創業経営者のシェアは2〜3割に落ちている。

2.5　ベンチャーファイナンス

　ファイナンスとはお金を，とりわけ巨額の資金をマネージすることである。日本語では財政・財務とか金融や資金調達などという言葉があてられる。したがってベンチャーファイナンスといった場合，ベンチャー企業に特有の資金調達のことを指す。

　一般に資金調達はdebt（デット）によるものとequity（エクイティ）によるものの二通りの方法がある。デットとは借入のことで，弁済期限を設定しその間は金利を支払うことを予め約束する。エクイティによる調達とは，投資家から資金を募るものである。事業の収益に応じて将来配当金という形で利益が配分

され，投資家に支払われる。

　ベンチャー企業の場合，リスクが高いので借り入れはなじまない。株式に対する投資という形が望ましい。成功した場合には企業価値が増大し，投資家は株式の売却によりキャピタルゲインを得ることになる。エクイティ投資は成功すれば数倍から時に数十倍の価値を生み出すことがある。しかし，失敗すればゼロ。ハイリスク・ハイリターンである。

　エクイティにより得た資金はもとよりベンチャー経営者の私物ではない。スポンサーからの寄付でもない。投資家が起業家の事業計画に賛同し，その経営を起業家に託したものである。起業家は誠心誠意，計画を遂行しなければいけない。このような場合，起業家は投資家から受託責任（スチュワードシップ）を負っているという。事業を遂行し，その途中経過についても誠意をもって正確に報告する義務がある。説明責任（アカウンタビリティ）と呼ばれる。起業家は個人からエクイティの形態の資金を募ることにもなる。そこには貸付とは異なる人間関係が形成される。リスクの高い段階で投資を個人的にお願いするわけであるから，その信頼に応えたいという感情が湧く。背後にある深い人間関係に気づかないといけない。

　ベンチャーファイナンスは通常エクイティによる資金調達により行われる。リスクに敏感な銀行などの賢明なる貸し手は収支見込みが立ち回収の目途がたたない限りベンチャーには貸付を行なわない。

　わが国では草創期から銀行借入が行われることがある。それは国や地方公共団体が政策的に資金援助を行っているからである。政府は補助金を使って民間銀行に対して融資保証を行う。ベンチャーが倒産しても政府が100％ではないが，その債務を肩代わりしてくれる。そのことにより銀行はリスクを回避することができる。また政府系の金融機関が政策的に貸付を行っている。ベンチャー融資は補完的措置を講じない限り基本的に採算にはのらない。

　自力で民間銀行からの借り入れが射程に入っても，銀行は債権の回収が至上命令なので，担保を要求する。会社に物的担保がない場合には社長個人の土地や建物などを担保として要求される。また社長（代表取締役）の個人保証を徴求されることが多い。

　株式に投資をする場合，通常は普通株式に投資する。議決権がない株式など

異なる権利を有した種類株という投資の形態もある。また当初は借入であるが将来株式に変換できるというオプションをもつ転換社債と呼ばれるハイブリッドなものもある。

　ベンチャーとは未知の分野にチャレンジすることであり，事業計画通りにことは運ばない。投資家のサイドに立てばきわめてリスクが高いものである。ベンチャーにとっての当初の資金調達は，既述の通り，起業家の自己資金や家族や友人，知人からの資金が中心となる。事業内容が魅力的な場合には一般の個人投資家からの資金も期待できる。このような投資家は（ビジネス）エンジェルと呼ばれる。資金を提供するだけでなく，自身の専門知識やネットワークを提供してくれる協力者である。その分野の専門家であれば自ら役員になって経営に直接関与することもある。

　リスクマネーを集めファンドを組成し，ベンチャー企業に投資することを生業とするプロ集団としてベンチャーキャピタルがある[19]。戦後，アメリカにおいて発生した業態である。自ら起業し成功した経験をもつ起業家や実績を重ねた百戦錬磨の企業家がベンチャーキャピタリストとなる。彼らの多くは理系修士を取得してビジネス界で活躍し，通常 MBA（経営修士）を持っている。彼らはキャピタルの業務を遂行するための組織としてパートナーシップという法人組織をつくる。多くて 10 人程度。少数精鋭の組織だ。そして彼らが投資家を募ってファンドを組成する。そのファンドもパートナーシップという法人形態をとる。キャピタリストは自らも個人としてそのファンドに投資する。顧客と同じ船に乗り投資を行う。顧客と同様にリスクをとって業務を行うのである。その場合にファンド資金を使って投資決定するキャピタリストのことをジェネラル・パートナーという。単に投資をする顧客のことをリミテッド・パートナーと呼ぶ。キャピタリストの報酬は，ファンド手数料（年 2～3％）に加えて，通常利益（キャピタルゲイン）の 2 割のパフォーマンス・フィー（キャリード・インタレスト）を得る。

　これに対し日本のベンチャーキャピタルの組織は株式会社である。自らは決してリスクを負わないサラリーマン・キャピタリストである。アメリカのキャピタリストとはまったく異なるキャリアである。営業マンとなり投資先を探し出す。投資の決定は，同様に直接リスクを負うことのない株式会社の役員で構

成する投資決定委員会などで行う。意思決定は銀行の貸付決定手続きと同様時間がかかる。日本のベンチャーキャピタルは金融系と呼ばれる証券や銀行の関連会社が主流である。最近は独立系と呼ばれるアメリカ的なベンチャーキャピタルも現れた。

2.6　ベンチャー企業の受け皿としての株式会社とそのチーム

上場を意識するベンチャー企業は法的には株式会社形態をとる必要がある。株式会社の経営組織には現在三つのタイプがある。

(i) 監査役（会）方式，(ii) 執行役員方式，(iii) 委員会方式である。(i) に関しては1899年以来数度にわたる法改正が行われ日本的慣行として定着している。(ii) は1990年代に急成長するIT企業がアメリカ企業のやり方を模してこぞって採用したもので，その後大企業にも普及した。(iii) は英米の株式会社の仕組みに近似したもので2003年の改正で新たに追加されたものである。

小規模のベンチャー企業は短期間の成長をめざすことから，執行部隊の責任を明確化するやり方を好む傾向があり，(ii) の仕組みを導入しているところが多い。しかしこの方式は法律で認知されたものではなく，取締役でない執行役員は法的には単なる従業員であり，彼に対して取締役や(iii) の執行役と同様の執行責任を追及することは困難である。

(iii) は取締役会における意思決定と執行役による執行を明確に分離することを法的に規定している方式である。事業経営の機動性や執行責任の明確化，監査機能の充実という点では理想的なやり方といわれているが，日本ではさほど普及していない。なお執行部隊の名称としてはCEO（最高執行責任者），COO（業務執行役員），CFO（財務執行役員），CTO（技術執行役員）がよく使われる。

株式会社の（意思決定）機関としては株主総会と取締役会がある。株主は取締役に経営を委託する。取締役会が経営にかかわる意思決定を行う。ベンチャー企業の場合は創業チームが大株主になることが多く，いわゆる所有と経営の分離[20]は起こらない。しかしながら取締役の責任として善管注意義務（duty of care），忠実義務（duty of royalty），そして，経営判断の原則は適用される。善管注意義務とは経営者はしかるべき環境で賢明な人（reasonably prudent person）が行う注意レベルでもって行動しなければいけないとするものである。忠実義務

とは会社の利益のために最善を尽くすこと（best interest of the corporation）を意味している。経営判断の原則（business judgement rule）とは経営上の判断がたとえ会社に損害をもたらす結果が生じてもその決断の当・不当につき裁判所は関与しないとする会社法上の法理で、具体的には忠実にかつ合理的注意義務をもって健全な判断を行ってなした行為[21]については仮に失敗しても責任を負わないとするものである。ベンチャー企業統治のところで詳述する。

2.7　知的財産

　ベンチャー企業はモノにしろサービスにしろ、あるいはその組み合わせにしろ、それらを使って新しい価値創造をめざす。ベンチャーキャピタルにとってはそこにビジネスチャンスがある。ちょっとしたアイデアから発したものが知的作業により具体性を帯びていく。このような作業により創造されたものが知的財産である。それは将来にわたって効果が及ぶものである。法律で保護される知的財産となるものは速やかにその手続きを行わなければいけない。

　知的財産[22]には知的創造物と営業上の標識のようなものに大別され、知的創造物には、発明、考案、デザイン意匠、著作物、商品の形態および顧客リストなどの営業秘密などがあり、それぞれ、特許法、実用新案法、意匠法、著作権法、不正競争防止法によって権利が守られる。営業上の標識類については商号や商標（シャンパンやスコッチなどの地理的表示も含む）などがある。

　いずれにせよ、企業活動と知的財産とは関係が深い。知的財産については精緻に検討が行われているか、保護する計画を実施しているかどうかは投資家の重大な関心事である。なお、特許出願を行っても必ずしも認められるわけではないこと、特許権など有期のものが多いこと、法人名など各種の理由により利用できないこともあること、国によって制度が異なることもあること、などに留意すべきである。また知的財産権を売却したいと考えた場合、それにお金を支払う人がいなければ意味がない。また半導体のようにきわめて短期間に技術の陳腐化が予想される場合には、その権利確保に要する時間とコストを天秤にかける必要がある。

　なお、フランチャイズ契約のような有償で購入した契約も知的財産である。会計上は知的財産として取り扱われる。フランチャイズは一店舗で開発された

ビジネスモデルを多店舗に容易に展開することができるベンチャービジネスの手法である。

2.8　ビジネスプラン

　ビジネスを構想すること。それは主体的に何かをしようとすることで，人間にとって崇高で本源的な営みである。そこには「企業家」の哲学があり思想がある。ビジネスプラン（事業計画）はあいまいで抽象的なアイデアを発想するところから始まる。そのアイデアをベースにして事業の骨組みを構想し，コンセプトに煮詰める。そもそもコンセプトとは，語源的には孕むということである。アイデアを胚胎させ，それを大切に育てるということだ。もちろん綿密な調査検討を行って可能性を蓋然性に高めなければいけない。

　ビジネスプランを別の側面からみると，それは計画の工程（milestone）を示すものであり，チームで情報を共有することであり，それを共有することでチームメンバーの「かすがい」にもなっている。また資金調達のときにはそれをベースに「説明資料」に仕上げなければいけないものでもある。

　綿密な調査については商品の市場性や競争相手の状況を把握し販売方法や商品のコアコンピタンス（ビジネスの優位性）を確認することが求められる。

　マーケティングとは簡単に言ってしまえば，商品を顧客に知ってもらい顧客をして商品に遭遇させることである。「企業家」の商品に対する思い入れを顧客に伝えなければいけない。宣伝・広告，その他さまざまなプロモーション手段を講じて顧客に商品を認知してもらわないといけない。そのとき考慮すべき要素として四つのPがある。プロダクト（シーズ）志向なのか顧客（ニーズ）志向なのか（product：製品政策），マージンやリベートなどをどうするのか（price：価格政策），広告，コマーシャル，キャンペーンなどをどのような手段で行うのか（promotion：広告販促政策），そして流通チャネルや販売チャネルの検討も必要である（place：チャネル政策）。

　この事業を継続的に行うには経営資源（ヒト・モノ・カネ）をどうするかという大きな問題がある。会社形態で事業を行う場合は，まずは人と組織の問題（法的形態），資本金などの規模の問題，資本金などをどのように募集するかという問題，資本金に関しては会社の最終的な意思決定を行うことになる株主の

構成の問題（資本政策），資本金以外の資金が必要で借り入れを起こす場合にはその調達先の問題など種々の問題を同時並行して進めなければいけない。それらを決めるのは創業者とそのチームである。彼らは当初からどのような役割を法的にも事務的にも問い行うのかを決めておかないといけない。ひとりで始める場合は周囲に協力者や相談相手をおきながら進めていかなければいけない。当然のことながら，計数的な問題がある。数字に落とし込んで収支の見込みや計画（売上原価，総損益，営業費用，営業損益など）は常に頭に置いておかないといけない。必須事項だ。

なお，ビジネスプランの考え方は基本的には株式公開時の株式発行目論見書の内容を構成するものである。そこに証券会社や弁護士のチェックが入り，当局に届け出ることとなる。

3　アントレプレナーシップの地平

3.1　起業家支援システムとしてのアメリカ型ベンチャー企業統治
（ベンチャー・バックト・ガバナンス）

アメリカと日本のベンチャー企業の企業統治の仕組みは異なる。証券市場を揺るがし四大監査法人の一角を占めたアーサー・アンダーセンを倒産に追い込んだエンロン事件の直後，シリコンバレー最大の弁護士事務所を訪問した。ウイルソン・ソンシーニ法律事務所である。アメリカ式資本主義の企業統治に大きな疑問符が付いていた時だ。同事務所のクライン弁護士から「ここシリコンバレーで行われているベンチャーに対する企業統治の仕組みが理想的である」と開口一番告げられて驚いた。彼は地元のサンタクララ大学で教鞭もとっている。ベンチャーキャピタリストは取締役会（ボード）に入り，執行取締役のみならず社外役員にも適材を投入し，全体のバランスをうまくとる。適材適所そして適時の新陳代謝が図られる。このやり方はベンチャー・バックト・ガバナンスと呼ばれている。冷徹な人事のイメージを受けるが，よくよく聞いてみると，キャピタリストは人間関係の機微にも気を遣いつつ，合理的で機能的な形態をめざしているという印象であった。

3.1.1 社外人材の登用

アメリカの起業の教科書には冒頭,「会社設立時にはまずアドバイザリーボード（顧問団）を立ち上げよ」とある。ベンチャー企業には応援団が必要と指導されている。それは地域コミュニティに深く根付いているメンターシステムの存在が大きいからだ。成功させるためには協力者や賛同者が必要である。若者はメンター（mentor）に叱咤激励される。メンターはアドバイザーになる。また，他のアドバイザーを紹介する。上場をめざす本格的ベンチャーを立ち上げるときも同様である。起業家はアドバイザリーボードを設置する。さらに起業家はボードにも社外役員として有力な人材を招聘しようとするのが常である。有力者が非常勤の社外役員としてボードに名を連ねてくれることは，未熟なベンチャー企業にかけがえのない価値を与える。社会に認知（ビジビリティ）され信頼（クレディビリティ）される存在になる。eビジネスがブームとなった頃，スタンフォード大学教員の多くがボードに座った。また，地域コミュニティの有力者がさまざまな形でベンチャーを支えた。将来性の高いベンチャーの経営陣は時に地域のベスト＆ブライテスト（最も優れ有能な布陣）となるのである。

3.1.2 ベンチャー企業の企業統治の構図

もちろん，アメリカでも起業的企業でない中小企業のボードは家族や友人で構成されるのが一般的である。企業の支配権を失うようなボードにはしない。ボードも小企業では取締役と執行の役割分担は実態は不明瞭かつ不十分であるといわれている。

しかし株式公開をめざすベンチャー企業は中小企業とは異なる。目的がスピーディな企業価値増殖にある。ボードは業務執行を行うCEO（時にCOOを加えた2人）と業務の執行は行わない社外の取締役により構成される。ボードは大企業と同様，人事・報酬・監査機能の三つの機能を担っている。上場をめざすベンチャー企業の特徴はボードが支援という四つ目の機能を持っていることだ。社外取締役がその任を負うのである。ベンチャーキャピタルは出資先のボードのメンバーとなる。ベンチャーキャピタルの人脈は多岐にわたる。その中から有能な人材に白羽の矢が立てられ社外取締役に就任する。ベンチャー企業の戦力がアップする。また事業経営はベンチャーキャピタルと社外取締役から

の厳しいチェックを受ける。社外取締役は会社が苦境のときは支援というアクセルを吹かし，業況好調なときなど随時ブレーキを踏む。業況が悪化したときは，ボードとして経営者の出処進退を決定し，執行部隊の更迭・交代を断行する。

上場をめざすベンチャー企業のボードの役割は次の通り。
① 大局的な見方を持ち込む。
② CEOを補充・補完するスキルを提供する。
③ 内部的発想では決して得られないビジョンや洞察力を与える。
④ 長期の計画の重要性を了知させる。
⑤ 長期的で広範な戦略策定に知見を提供する。
⑥ 執行部隊を中心に企業に緊張感と規律の枠組みを提供する。
⑦ 必要な人材を紹介する。
⑧ 内部チェック機能を果たす。
⑨ CEOに対するメンター（エモーショナルサポート）となる。
⑩ 企業に信頼性を与えファイナンスを可能にする。

ボードの構成メンバーは，普通株を持つ創業者，優先株を持つ投資家（コントロールグループ，主としてベンチャーキャピタル），社外の専門家（雇われCEOを含む）の三種類に別れる。優先株とはわが国でいう優先株ではなく，ケースに応じ，優先性・議決権性など自由度・裁量度が高い株式のことをさす。

ボードのメンバーは法的に忠実義務と善管義務[23]を負っている。また，いわゆる経営判断不介入のルール[24]の適用も受けることは先に述べた。

ボードの人数は奇数が望ましい。5人から10人程度。5人が最頻値である。ボードの頻度は規定されていないが，月に1回程度，カジュアルな会話のできるランチタイムをはさんで3〜5時間である。丸1日行われるケースもある。日常性を離れて集中議論するために，会社の会議室ではなくてオフサイトで3日間の会議を6カ月毎に実施している企業もある。オフサイト会議は理想的であるが，兼務経営者が多く難しい。

社外取締役は金銭的な報酬をもとめるものではない。ベンチャーの成長プロセスを楽しんでいると言った方が正確である。斯業界の動向に関心があって参加しているものもいる。成功した起業家はスタートアップ企業にアドバイスし

経験を共有したいという想いがある。非常勤だが事前に資料に目を通したり，個別に相談を受けたり，かなりの時間を提供している。彼らに対する報酬は時給見合いではとても支払いきれない。1回につき実費として500ドルから1000ドルが支払われている。ストックオプションを付与することが多い。スタート時0.5%，資金調達のステージごとに0.1%，0.2%程度が目安だとされている。

　ボードメンバーはグループとしての結束が必要である。人格・性格なども重要である。特定の人物が突出して強引に議論を展開しボードを支配してはいけない。会長はその場合警告を発することができる人でないといけない。ボードの多様性は大切であるが，その結果専門性に固執してそれが足枷となって企業を拘束するようではいけない。CEOの年齢や年齢構成（シニアばかりでなく同輩も）も考えた方がよい。理論や技術に優れるよりむしろ，知恵を臨機応変に提供し柔軟に対処できる人がよい。寄せ集め集団のボードと健全なボードとでは結果に大きな差がでる。なお，NPOの役員の資質として四つのW：知恵（wisdom），時間的貢献（work），富（wealth），影響力（wallop）が指摘されるが，ベンチャー企業のボードメンバーにも同様なことが期待される。

3.1.3　経営陣の交代

　投資家には「ベンチャー企業は成長のステージに応じて経営者は適材適所で」との強い意志がある。例えば，技術系の創業者には製品・商品が完成するまではCEOを認めるが，完成後CEOは交代するのが望ましい。商品をいかに多く販売するかというところに経営の焦点が移っているからである。その任にふさわしい人材を社外からリクルートすることになる。その場合，創業者は取締役になるか，あるいは取締役にはならずCTO（技術担当執行役員）に専念するか，シニアの場合には取締役会長に就くといった態様がとられる。1980年代スタンフォード大学の学生夫婦が起業したシスコシステムズ（Cisco Systems）は売上げが一桁上がるごとにCEOが交代するという興味深いケースを提供している。自動車のギアに例えてギアチェンジ経営と称されている。

　創業直後からしばしの間は，創業者および創業者関係者がボードに座り（通常3名），創業者がCEOとなる。ベンチャーキャピタルなどの他人資本が入ると，50～60%に所有比率が下がる。そのとき，ストックオプション枠が設定さ

れ役員・従業員に配分されるが，将来の執行役員や従業員などのために 20% 程度リザーブするのが標準的なやり方である。ボードは，ベンチャーキャピタリスト（1 名）を含め社外の専門家グループが参加する。社外役員として，専門性（経験豊かな経営者，業界の有力者，セールスの専門家など[25]）のある人材をリクルートするが，現役の実業家に兼務で依頼するのが望ましい。社外役員の業務については明確なジョブディスクリプション（job description）が取り交わされる。CEO はベンチャー企業成功の鍵を握っている。ベンチャーキャピタルは，「CEO インザレジデンス（in the residence）」と呼ばれる経験豊かな候補者を社内に抱え，投資先企業の CEO に就任させる事例も少なくない。ボードの重要な役割は人事である。とりわけ CEO の交代には精力を注ぐ。適性がないと判断される CEO に対しては膝詰め談判で辞任を説得する。能力のない CEO を温存すると，取締役は善管義務違反として損害賠償の責を負う。アメリカの CEO は銀行借入の保証人になっているわけではなく，代表権の委譲は難しいことではない。創業者にとっては自分の株が無価値になるか大化けするかの分岐点である。CEO 交代はスマートに穏便にとり行われる。しかし，人間的に問題な CEO に対しては株式を強引に買い取って排斥することもある。

3.2 アントレプレナーシップと企業/法人

　企業/法人とは英語で corporation という。そもそもは corpus，つまり，目的を共有する一つの体のことである[26]。歴史的には法人はその目的が共同体的・宗教的なもので，具体的には自治都市やギルドなどが原初的な形態であった。その後の資本主義社会のなかで経済活動を行う主体として重要な役割を果たすことになる。20 世紀には巨大化し所有と経営の分離が進み多国籍化する。しかし，1970 年代以降の経済の脱工業化はイノベーションのあり方を変えた。モノに具現しないイノベーションの世界が拡大する。そこでは大量生産方式の優位性が喪失する。個人や小規模の組織のスピーディな人々の離合集散により人の接触が自由自在に奔放に繰り返されるなかでイノベーションが起きる。そして 1990 年代に起きたインターネット革命は PC 1 台でイノベーションの一翼を担うことを可能にした。それは個人が供給者として市場に打って出ることを容易にし，結果として法人の数を増やした。e ベンチャーが世界各国で多数誕

生し,SOHO と呼ばれる働き方も生まれた。企業/法人が個人にとって身近な存在として引き寄せられた。

　キャリア概念を生み出したアメリカ。そのアメリカの大学生向けの教科書[27]には企業/法人について次のように説明されている。

　企業/法人とは人の本源的欲求や衝動を満足させてくれるところである。人は何かをやりたい，成功したい，そして安心して生活したい。そのような気持ちを企業/法人という場が受け止めてくれる。そこでは創造性が表出し競争心が掻き立てられる。個人の人生という意味では，予想を越える大きなフィールドを与えてくれる。キャリアデザイン的にはより大きな自己実現（夢の実現）の場が与えられるということだろう。企業/法人が与えるフィールドは地域を越え国を越える。ボーダレスでグローバルな，さらに言うと多文化の機会を提供してくれる。とりわけ営利を目的とする企業/法人では，異なる才能が集まればコラボレーションにより大きな価値を生み出すことになる。また，そこでは個人のスキルや経験が活かされる。個はより競争的な環境のなかで切磋琢磨される。そして，信賞必罰，それぞれの貢献に応じて，価値が配分される。企業/法人には多くの才能と資金が集められる。種々のプロジェクトを仕組むことが可能である。個はその気になればそこで富を創造するチャンスを得ることも可能である。

　ついで企業/法人は，協力して専門性を高めるための場である。いずれにせよ，長続きする堅固な社会的構造物であるといってよい。マネーの保管や増殖のために存在することも可能だ。

　第三に，企業/法人は人に効能感を与え効率性を実現することを可能にする。企業人に対しビジネスライクとかプロフェッショナルという形容詞が使われる。それは企業人が専門性を活かして価値を生み出すからである。アイデアを巧みにモノやサービスに転換することができるからである。その創意工夫の積み重ねが経済を成長させる。

　第四点は，普遍性と柔軟性である。企業/法人には時空間の制約はない。企業/法人はトップがリタイアしても存続する。居所を変えることができる。ビジネス拠点を閉鎖し別途異なる所にオープンすることもできる。法規制の変化や金融情勢の変化にも対応する。個人では取りたくないようなリスクも企業/

法人という形態であれば意思決定できるかもしれない。個人は叱責や恥，そして多額の負債を負うことを恐れる。どこかに落とし穴があって投獄されるリスクも無いわけではない。企業/法人の場合は罰せられるが牢に入ることはない。企業/法人は自ら負った社会に対する負の資産を変換し事態を切り抜ける知恵もある。雇用が武器になることもある。

最後はアイデンティティである。企業/法人にもそれがある。人間のように個性があり権利主体になる。財産は勝手には奪われないし，言論の自由があるといってもよい。

法人には明確な定義がある。自然人ではないが法律上の権利・義務の主体となりうるものである。人間が持つ権利の一部を法人という集団そのものが持つ。したがって法人には名前があり取引主体となり財産を所有することができる。ただし，法で定められた一定要件のもとに設立され存在するもので必ず目的（定款）を定めなければいけない。また，その目的の範囲内でしか行動できない。さらに登記によりその存在を公開しなければいけない。

法人の中でもとりわけ株式会社が重要である。それは資本主義発展の大きな原動力となったからである。株式会社は，リスク社会，近代の生み出した偉大な発明である。

株式会社の特質を日本的適用の実態と比較して理解しておくことが必要だ。第一は，株主の有限責任性である。株主は自らの出資額を超えて債務の返済をする必要がない。出資額においてのみ責任を負う。1602年設立のオランダの東インド会社が有限責任方式での巨額の資金集めに成功したのが嚆矢であるとされる[28]。リスクマネーの調達の仕組みが工夫されたのである。わが国の株式会社も有限責任である。しかし資金の調達は銀行等の金融機関からの借り入れに依存することが多い。償還の確実性が審査され資金は提供される。しかも借入額を上回る担保を徴求されることが常である。また経営責任として社長の個人による連帯保証が元本のみならず利息部分についても要求される。金融機関は経営者に対しては無限責任制度をとっている。

第二点は株式所有権の移転性である[29]。わが国では株式会社は従業員のものであるという意識が強い。会社法の定めるところは株式会社は株主が所有するものである。株式上場を行うということは公の市場で資金を広くあまねく集め

ることを可能にする。と同時に，不特定多数が売買に参加することを許すことである。したがって，株式の太宗を買い取られる場合もありうるし，株式が他の会社の株式と交換されることも想定されている。企業が売買対象になるということである。日本人の集団主義的文化にはなじまない概念である。敵対的買収でさまざまな問題が起きる[30]。

　ベンチャー企業は将来の上場あるいはM&A（第三者からの買収）を前提に起業している。上場により市場での売却が可能となる。あるいは上場しなくともM&Aにより現金化が可能となる。M&Aが株式交換により行われ，かつ購入先の企業が上場している場合には，交換された株式の市場での売却が可能になる。アングロサクソンの資本主義では株式会社は貨幣のような存在であるといってもよいのかもしれない。

　第三点は委任という権限移転の関係性である。会社のオーナーである株主は，役員選任などの一般事項を除いては，取締役会に経営を委任する。株式会社はパートナーシップを典型とする多数決やコンセンサス形成型のものとはまったく異なる決定方式をとる。取締役会は意思決定を迅速に行う。そしてその執行はCEOやCFOなどの担当役員に委任する。わが国は取締役会の経営の意思決定と執行にかかわる執行責任区分を明確にしないことが多い。会議の頻度が高く，稟議方式による集団責任体制になることが多い。

　企業/法人は自立した自由な個人が集まる場である。個人に対しては何かを行うための場を提供している。企業/法人は契約の束であるともよく言われる。個人が主役で法人は仮の姿であると考えることができる。このような考え方を法人擬制（説）と呼ぶ。アングロサクソン社会が典型である。そこでは個人の企業/法人への出入りは自由である。大企業をやめて起業するケースも多い。あるいは大企業から小さなベンチャー企業へと転職することも多い。彼らは失敗しても個人的能力を買われて再度大企業に戻る。あるいは逆に大企業でのかつての同僚がベンチャー企業に引き寄せられることも多い。

　キャリアデザイン的に考えれば，大企業への転職時には先端的ベンチャーで培われたキャリアが評価される。技術者に限らずさまざまな職種で有能な人材は組織間を行き来する。キャリアは組織の境界（バウンダリー）を越える。そこでは，クランボルツの五つの属性をもつ人材が多い。彼らが新しい地域文化を

つくっている。そのような地域では中核的な存在となった組織（企業），例えばシリコンバレーのヒューレット・パッカードやインテルなどを巣立っていく人たちにはその出身母体の文化が継承される。そしてまたアントレプレナーシップあふれる組織が立ち上がる。それが繰り返される。地域に多くのベンチャー企業が誕生するところではそのような仕掛けがある。このように大組織（企業）の良き文化が伝わっていくさまをキャリア論ではキャリア・インプリンツと呼んでいる。大組織を離れてベンチャーを立ち上げることを spin-out（スピンアウト）や spin-off（スピンオフ）と呼ぶ。スピンオフが連続して起こることをスピンオフの連鎖といい，その地域には特有の産業の集積が起きる。アメリカ，カリフォルニア州のシリコンバレーやサンディエゴ，そして欧州ではイタリアの中小都市群でそれぞれ特徴ある産業の集積の形を見ることができる。

　他方，わが国の企業/法人をみてみると，大企業を中心とした法人の存在が大きく個の影が薄い。日本の大企業は戦後複数の大企業間で相互に株式を持ち合うという現象が起きた。これを株式の持ち合いという。株式を持ち合うことで株主総会を支配しようとした。経営陣の一部の人たちにより法人組織全体を操ることができるような権力構造を生み出したことがある。法人/企業が個人の集合体ではなくあたかも法人自体が実在しているような存在となった。このような法人の形態を法人実在（説）[31]と呼んでいる。権力構造をつくりたいというセンティメントを容認する文化が背後にある。

　株主は経営陣に信認を与える。受託者たる経営陣はその信認に応える義務がある。株主の信認に応えることがアングロサクソン社会でいうアカウンタビリティである。

3.3　アントレプレナーシップと経済システム

　シュンペーターは，アントレプレナーシップはいつの世もどのような経済システムにおいても必要であると指摘する。しかし，伝統主義から抜け出し分業化された資本主義の時代の方がよりアントレプレナーシップを発揮できるのではなかろうか，とりわけ個人の自由が保障される市場経済システムにおいてではないだろうか，と私は考えてしまう。ここでは経済システムを分類する。経済システムは歴史とともに変遷する。現在のシステムは複数のシステムを併存

させている。そのそれぞれのシステムでわれわれがどのような役割を果たすことができるのかを考えてみよう。

経済学では経済の仕組みをシステムとして捉え分類を試みている。ここでは、イギリスの経済学者ジョン・ヒックス (John R. Hicks) の『経済史の理論』(*History of Economic Theory*)[32]およびドイツの経済学者ヴィルヘルム・レプケ (Wilhelm Röpke) の『ヒューマニズムの経済学』(*Civitas humana*)[33]に従いまとめてみたい。

経済はヒト・モノ・カネのみで動くものにあらず、文化や伝統、道徳や倫理、そして人間の生命力などさまざまな要素の上にのって駆動している。社会は変化する。しかし毎日革命が起きるわけではない。われわれの命と同様、社会の恒常性（ホメオスタシス）が維持されているからこそワークしている。経済が合理化され組織化され社会が硬直的になると、それはもはや人間社会ではない。長期に維持することはできない。

どの時代をとっても経済は、伝統・市場・命令（指令）のいずれかの、あるいはその組み合せである混合の形態により存在している（表1）。

伝統経済（traditional economy）は慣習経済とも呼ばれ、自らの需要を満たすために生産し、生産者も消費者も同一の人であり、働き方は共同所有による共同作業であった。地球環境的にはサステイナビリティ（持続可能性）が高いシステムである。

市場経済（market economy）は、私有財産制度や対等な（人間）関係を前提として、競争原理[34]と価格メカニズムにより需要と供給が調節されるように設計されているシステムである。市場経済では企業が自由に活動できる自由企業制度と呼ばれる仕組みが存在する。そして、このシステムの最大の特徴は、個

表1　経済システムの変遷

分業の有無	経済システムの名称	適　要
分業前	伝統経済（traditional）	自給自足
分業後	市場経済（market）	競争制度　切磋琢磨
	命令経済（command）	社会主義を典型とする官僚的制度
	混合経済（mixed）	伝統・市場・命令の三つのシステムが併存する現代の社会

人の自由が最大限保障されるためのシステムである。そしてレプケの言うように文明の創作品[35]であり決して完成品ではないということ（ベストではなくセカンドベストを目指さざるをえない）である。したがって常により良い（善い）レベルを希求する意思と改革・変革のための勇気を前提とするシステムだといえる。日本人はとりわけこのことを認識しておく必要がある[36]。

　レプケは，「市場経済を正常に機能させるためには自由放任の思想[37]を全面的に受け入れるわけではない。国が経済政策により真の競争秩序や市場経済のフィールド（ルール）を設定し同時に審判機能を果たさなければいけない[38]。しかも，個人の財産の分配や企業の経営の規模や都市のあり方についても基本は国が定め経済構造政策として実施すべき」と主張する[39]。彼はそれを経済ヒューマニズムと呼ぶ。組織は，全体がみえ，節度があり，人間的で，個人の能力に応じて参加・貢献できるものであり，そのためには中小規模による経営が望ましいとする。都市についても[40]，パリは最悪の街であると断じ，大都市は経済の独占が生じやすく中央集権的傾向を強める。都市は膨張し始めると膨張に歯止めがかからない。都市は田園地帯と共存する5～6万人の規模がよいとしている。レプケはそれが集団主義化を防止することに繋がると考えている。市場経済システムにおいては何よりも自立した個人が自由に活動できる空間を確保することが重要である。これは，後述する情報化社会の自律分散の概念と一致する。

　また，彼は自由放任的経営にはノマドやアノミーとなる人たちを生み出す可能性があると警鐘を鳴らす。すなわち「物質的にも非物質的にも生活の根がなくなり，いざというときの準備がなくなり，しっかりした足場を失って，さまよい歩く遊牧の民となり，最後には機械的な集団保障や保護のもとに身をおくこととなる」ノマド現象[41]や「個がばらばらとなり自分だけをたよりにして生きていかねばならなくなる」アノミー現象[42]が起きないようにすべきと主張している。

　命令経済（command economy）[43]では，ものの配分と価格があらかじめ決められる。ピラミッド構造の組織，一方的な決定システムで，身分的な上下関係を暗示する。全体主義や社会主義がとった経済システムがこれにあたる。また農業は国の保護という名の下に集団主義に陥りやすい[44]。レプケは命令経済とな

る集団主義体制に導こうとする人たちの動機として，支配したいという甘美な習慣がそこにあるとする。そしてそれらは人類がもつ名誉欲や支配欲や科学や技術を万能とする気質で，さらには芸術的人工的な美に酔いしれるロマンティシズムであり，平等や正義を振りかざす人道至上主義的高揚であるとする。これらは一見魅力的であり一定の環境下では説得力を持つが，最終的には人間から自由を奪い去るもので，このシステム一色に染まることはきわめて危険である。人間性の甘さや弱さは集団性を求める。そして集団性は野獣性に転化するのである[45]。

歴史上の事実として1917年ロシア革命は命令経済への移行宣言であった。1936年，ドイツも政治的理由から命令経済に変わる。ナチスの一党独裁である。一方，当時のフランスは明確なる見識をもって市場システムを機能させようとしたといわれる[46]。いずれにせよ20世紀の前半は多くの自由主義の国が戦時体制たる命令経済を経験することに結果した。自由の国アメリカもその例外ではなかった。

戦後，世界はソビエトに見られるような命令経済国家とアメリカを典型とする混合経済国家との対立構造を生み出す。混合経済とは市場経済を主体としながらも命令経済も一部併存させる経済システムである。いわゆる冷戦と呼ばれる時代が続く。

1989年，歴史は大きな節目を迎えることになる。中国は天安門事件を契機に市場システム導入を加速化する。東欧社会主義諸国はベルリンの壁の崩壊後，雪崩を打つかのように市場経済システムを導入し資本主義国家の道を歩む。1991年，インドも通貨危機をIMFからの救済措置により切り抜けるなか，ナラシマ・ラオ政権が経済自由化政策への大転換を実現する[47]。その後世界は市場システムが主たる地位を占め，そしてまたたく間に台頭したBRICsが巨大経済国家となり，世界の経済地図は様変わりとなる。

現在世界各国は，なお市場システムに命令経済（公共部門）を併存させる混合経済システムをとっている。しかしそれらの混合比率は多様で，例えばアメリカは市場システムの比率がきわめて大きいのに対し，日本は市場システムの比率が想像以上に小さい。市場システム導入に積極的なインドや中国の人たちから「日本は恐竜のように生き残った社会主義国である」と揶揄されているこ

とをわれわれは肝に銘じなければいけない。

　ネットワーク経済システムと名づけられた新しいシステムが経済の成熟とICT革命の進展に伴い登場している。表2は，命令システムと市場システム，そしてこのネットワークシステムについてまとめたものである。

　ネットワーク経済はNPOを主たるプレーヤーたらしめんとする経済システムである。ネットワークシステムの原理はアダム・スミス以来の経済学が主張する個の利益追求が全体最適に結びつくという理論とは逆の主張をする。全体最適を指向することによって個人の便益も最大化されるというものである。取引に参加する関係者一人一人が他の関係者やグループ全体の最適化を目的にすることで，個人の便益（interest）も最大化されるという考え方である。

　ボランタリーの経済を提唱する人たちもいる。金子郁容らは，日本の伝統的村落コミュニティにそのネットワーク経済の原型があるとし，コモンズと呼ばれる共同知を蓄積してシステムが機能していたと指摘する。江戸時代には村落共同体にルールとしての「もてなし」（hospitality），ロールとしての「ふるまい」（performance），そしてツールとしての「しつらい」（device）が存在していたと説明する[48]。コミュニティのネットワークの中で自然発生的に自律的な自主的な経済システムが形成されていたとしている。

　現代の経済社会は，公的部門（public），民間部門（private），そして第三の部門としてのサードセクターに分けて，それぞれの特徴を整理してみる必要があるだろう。

　個人が最大の恩恵を受けるために，これら3部門をどのような組み合せで駆動させると効率的なのかを考える必要がある。アングロサクソン社会ではそのような視点で3部門を合理的に使い分けようとする意志が見られる。

　公的部門（public sector）は命令システムで運営され，民間部門（private sector）については市場システムが機能しうる。公的部門は政府が担い，民間部門と第三の部門は個人を含めた民間が担う。

　公的部門は，経済学的には市場の失敗をカバーするのがその役割である。価格メカニズムが働かない外交・防衛・環境問題などの公共財を扱う。公共財の供給にかかる企画・立案・意思決定は政治プロセス（民主主義）により決定される。公共部門は決定された事業の執行のみを委託されている。その資金は税

金で賄われる。政治プロセスには直接民主主義と代議制による間接民主主義による二つの方法がある。アメリカでは公共工事（public works）は当該地域の住民による直接投票で決せられる。代議員を選出する議会制度をとるが，議会には傍聴者が多数参加し，彼らが主役であるがごとき運営がなされる。限りなく直接民主主義に近い運営である。まちのプロジェクトの企画立案には市民が参画することも多い。決定事項の執行は公僕（public servant）たる役所の職員が行う。彼らは執行の責任者であり，日本の官僚のような企画立案機能は持っていない。

翻ってわが国の状況をみると，とりわけ特別会計関連事業は，官僚に企画立案と決定権，そしてその後の執行まですべて委ねている。官僚はわれわれに対し説明責任を果たしていない。

サードセクターという言葉はピーター・ドラッカー（Peter Ferdinand Drucker）の命名であるが，GDPのかなりの部分を占めるようになったという。1980年代から90年代にかけて，イギリスやアメリカでは，地域の再生のため，publicとprivate sectorの両部門が協働してプロジェクトを立ち上げ成功させた。この

表2　経済システム比較表

	命令経済	市場経済	ネットワーク経済
人と人の関係	ヒエラルヒ（上下）	相手が見えないことが多い・対等	相手が認識できる・対等
手段（インセンティブ）	命令・強制	競争・利潤追求	協働・信頼関係
組織主体	役所・官僚組織	企業	NPO
対象とする財サービス	公共財	一般の財サービス	共通財
分野	行政サービス	産業	教育，老人介護
調達資金	税	市場	寄付
資源配分メカニズム	一方的配分	最適配分・選択の自由	一方的配分
組織の執行責任者	シティマネージャ・首相，市長など	CEO	EO（執行理事）
監視（モニタリング）	市長・議会	取締役会	理事会
関係者（ステークホルダ）	市民	株主・顧客・従業員・取引先	会員
行動基準	従順原理	競争原理	協力原理
公正性の保証	困難	審判・情報公開	個々人の正義感

やり方を PPP（Public Private Partnership）と呼んでいる。地域コミュニティの人たちが，経済界の人たちと一体になって，言い換えれば，経済人がコミュニティの一員であることを強く意識して，経済効率に配慮しつつ，プロジェクトに参画して成功に導いている。コミュニティの議論は第3章「新しい行動原理としてのシティズンシップ」で詳述する。

3.4　アントレプレナーシップと日本人

「日本人は農耕民族ですから」とよく言われる。「アメリカのような企業家社会とは違います。農耕民族ですからベンチャーなどできません。シリコンバレーなんてとんでもない」というコメントをもらうこともある。

網野善彦という歴史家は，農民ではない元気な日本人の歴史を描いている。網野によると，権力者側が語る日本の歴史には登場しないが，自主自尊自発の精神をもって活発に日本中を動き回る人たちがいた。海に出る冒険心に富む海洋的な人たちも多数いた。公権力からはなれたところで，自立して自由に闊歩していた人たちが存在したようである。網野は，「十三世紀後半から十四世紀にかけて，貨幣経済がさらに一段と発展してきますと，金融・商業の組織や，廻船のネットワークは，前よりもずっと規模が大きく，また濃密になってゆきます。供御人，神人，寄人の組織は，さらに広域的に広がり，緊密の度合も強くなって，公権力の枠をこえて独自な動きを強めていかざるをえなくなってきます。こうして，交通路，流通路を管理する人びとの組織の新しい活動がこの時期に目立ってくるのですが，このような人びとの動きが，権力の側から悪党・海賊といわれたのだと思います。……当時の尾張，美濃の地形はいまとは大変ちがって，海が深く入りこんでいますので，悪党の中に海や川にかかわる海賊もいたと思うのですが，そのような海賊，悪党たちが，権力とかかわりなく自立的に高札を立てて，……交通路の安全を保証しているわけです」[49]と述べている。アントレプレナーシップを発揮する空間が存在していたことを窺わせるのである。網野は続いて，「この組織の中には女性もいたことは確実で，この時期の金融業者・商人の中には女性が多いことは明らかですし，遊女がかかわっていたことも考えられます」[50]と，自由に生きる女性の存在も暗示する。

また，現在のわれわれは町に比べて小さな行政単位を村と呼ぶ。しかし，歴

史的には非農民からなる集落を村と呼んだようである。さらに米を作らない民を水呑百姓と区分した。水しか飲めない極貧の農民のことではない。これも今の私たちのイメージするものとは異なる。

網野は次のように言う。

> 百姓は決して農民と同じ意味ではなく，農業以外の生業を主として営む人々（水呑百姓）を，つまり非農業民を非常に数多くふくんでいる[51]。そして村という単位も中世にさかのぼると，非水田的，非農業的な集落，郡，郷、荘のような公的な行政単位からはずれたところを意味し，江戸時代に入っても，能登の輪島や宇出津，周防の上関，和泉佐野のような，明瞭な中世以来の都市が制度的には村とされていた。基本的に大名の権力とかかわりのない都市は，すべて制度的には村と位置づけられている[52]。

村と呼ばれる地域や水呑という農耕的社会の埒外に，独立の民が多数いたのである。彼らは船に乗り，山に入り，自らリスクを背負って交易を行っていた。農耕社会とは異なる社会通念の中で生きる人たちがいたようである。アントレプレナーシップ的行動原理をとっていた人たちが確実に存在したのだと思わせる。

江戸時代に入ると士農工商という身分制度のもとで社会秩序が保たれ，鎖国により海外からの影響を抑え，太平の世が長期にわたり実現する。経済システムも秩序に組み込まれ安定する。商い道も，上下の階層的な序列と集団秩序への忠誠，そして欧米的一神教ではなく祖先を崇拝する伝統が強固な三つの価値体系の中で御用商人の世界が構築されていく。その時期に，変化を好まず，安定を求め，リスクを嫌い，アントレプレナーシップが希薄化する農耕的文化が浸透したといえなくもない。しかしながら，この時代にも「企業家」の存在は読み取ることができる。1673（延宝元）年，伊勢松坂出身の三井高利が江戸に呉服小売店（三越の前身）を開業，京都に呉服仕入れ店をオープンし，その後両替商を始める[53]。また1831（天保2）年には麻を扱う新興問屋の近江商人である小林吟右衛門が江戸に店舗を開く[54]。彼らは買い切りのリスクをとる商人で冒険的商人（のこぎり商い）と呼ばれたようである[55]。彼らは19世紀半ごろ

から旺盛な商業活動を始める。明治に入った1870（明治3）年，「北国商売」を行う小杉屋元蔵（近江商人）などの有名商人が台頭する[56]。維新時には伝統的問屋の新陳代謝が起き，新興問屋が経済の一翼を担うようになった[57]。伊藤忠もこの時代に誕生している。日本人が農耕民族だからベンチャーには不向きであるとは断言できない。

　しかし，今の日本のビジネス倫理がこの江戸時代に定着したという説がある。組織の論理が優先する，欧米とは（絶対的正義）異なる文化である。組織のための非道徳的行為も自分の役割遂行のための手段であれば良心の呵責をおぼえないというものである。戦後一時期に，それが日本人の「恥の倫理」[58]であると美化された。しかしその実態はひたすら集団内の自己保身であり，「恥の倫理」とは似ても似つかぬ，自己中心的な「役割期待の倫理」でしかないというきわめて厳しい指摘がある[59]。

4　アントレプレナーシップとイノベーション

　アントレプレナーシップは人間の心情において自由と親和性があり，変化する経済の中ではイノベーションという言葉とは切っても切れない関係があると述べた。経営学の泰斗ピーター・ドラッカーは1984年『イノベーションと企業家精神』（*Innovation and Entrepreneurship*）を著した。その冒頭，ドラッカーはアントレプレナーシップとイノベーションという言葉は心理学（psychology）や人間特性（character traits）について語るものではなく，人間の行動（action）や行動様式・行動原理（behavior）[60]について語るものであると明言している[61]。

　アメリカの近代はイノベーションの歴史と言っても過言ではない。経済的にも社会的にもイノベーションが繰り返され，アメリカ資本主義は劇的な発展を遂げた。そのスピードはICT革命のなかで今なお衰えていないように見える。

　1970年代からドラッカーがこの書籍を著した80年代半ばの時期，大企業は衰退し，経済はゼロ成長に移行すると言われた。しかしドラッカーが指摘するように，その時期のアメリカ経済はむしろ数多くの中小規模の組織が生まれ[62]，草の根的に歴史上最大の雇用を生みだした[63]。イノベーションが進行したのである。ドラッカーはこの時代にアメリカは，（大組織の）マネージャ主体の経済から「企業家」中心の経済へのシフトが起こったのだとしている。その現象は

きわめて経済的・技術的であるが，同時にきわめて文化的心理的な事象でもあったとも付言している。

この時期は「企業家」の持つアントレプレナーシップが発揮された。その背景にはアメリカ社会における価値観やものごとの受け止め方（perception），あるいは人々の行動の仕方に変化があり，さらには人口構成も制度も変わった。当然教育にも大きな変化があった。なかでも私が強調しておきたいのは1970年から1984年頃までの十数年の時間帯において，若者の態度，彼らの価値観や野心になんらかの変化があったのだろう，とドラッカーが述べている点である[64]。

ドラッカーは，この間の雇用増を可能にしたのはマネージメントという考え方が広くアメリカ社会に普及したからである，とする。マネージメントこそが一つの大きな新技術であったと告げるのである[65]。マネージメントという新技術は次のような事業に適用されたとドラッカーは指摘する。第一に新しい事業（マネージメントとは既存の事業のためのものであった）であり，次いで小さな事業（マネージメントとは大企業ためのものであった）であった。そしてノン・ビジネス（医療や教育など）や事業とさえ呼べないような業態（小規模食堂など）であり，さらには，人間の欲求とニーズを満たすための機会の探求と機会の最大限の活用を行う分野，すなわちイノベーションそのものに適用されたとするのである[66]。

またドラッカーは，脱工業化・サービス化・情報化が進行しているといわれたこの時代を，脱機関化（deinstitutionalization）という言葉で説明する。大企業中心の社会から大組織ではない中堅・中小の組織中心の社会へと重心が移りつつあるとしたのである[67]。したがって，就業機会も1960年代の後半から新しい部門にシフトをし始め，終身雇用（permanent job）も1970年に入るとフォーチュン500社（大企業トップ500社）に占める割合でみることになるが，着実に縮小し雇用形態に変化が起きた[68]のである。

1980年代はアメリカの苦難の時代であった。現在の日本と同様大規模製造業が衰退する。時のレーガン共和党政権下「ヤング・レポート（産業競争力報告書）」[69]やMITの *Made in America* が発表されるなど，さまざまな政策提言や徹底した日本企業研究が行われていた。そして1990年代，アメリカはインタ

ーネット革命の大波を見事に捉えてみせた。双子の赤字と揶揄された累増する経常収支赤字と財政収支赤字はいとも簡単に解消される。国の競争力でも世界トップの座に返り咲く。ベンチャー企業を中心にさまざまな勢力が澎湃として湧き上がり，旧態依然としていた大企業もリストラが断行され，M&AやLBOを含めさまざまな経営革新が進んだ。アメリカの製造業は日本解剖・日本分析の成果を結実させた。ドラッカーのいうイノベーションの実践が行われたのである。

アメリカの21世紀は9.11で幕が開く。イラク戦争が始まる。ITバブルも崩壊する。アメリカの世界覇権に危うさが見え始めた。暗いムードが漂うなか，2005年，「イノベート・アメリカ——挑戦と変化の世界での成長」(*Innovate America: Thriving in a World of Challenges and Change*) と題する報告書（パルミサーノ・レポート）が発表される。彼らの関心事は，なおイノベーションである。イノベーションを「社会的経済価値の創造につながる発明と洞察力」(the Intersection of Invention and Insight) と明確に定義した。技術革新がイノベーションであるという偏った見方を払拭した。大切なのは最終的に社会が進歩し経済価値が増殖すること。イノベーションの重要性を広く米国民に膾炙させんとしたのである[70]。それを担うのは人間である。その人間には，協業の文化を理解し研究と商品化の流れを有機的に結びつける能力，そして，生涯にわたって新しい能力を身につけることができる生涯学習能力が求められるとされる[71]。

この節では日本経済再生のためのキーワードであるイノベーションについてその概念を整理する。イノベーションを一般経済，企業および企業経営，産業論・制度論から概観する。さらに，アメリカにおける個と組織を巡るイノベーションの新しい考え方を紹介したい。

4.1 イノベーションとは

イノベーションとは新機軸・革新と辞書にある。技術革新という狭い意味の言葉では決してない。ドラッカーがいうように，それは技術的な言葉ではなく経済的あるいは社会的なものである[72]。

4.2　創造的破壊

イノベーションについて語るとき，まず想起しなければいけないのは異端の経済学者ヨーゼフ・シュンペーターである。彼は『資本主義・社会主義・民主主義』（*Capitalism, Socialism, and Democracy*）のなかで，「創造的破壊（Creative Destruction）の過程こそが資本主義の本質的事実である」[73]と書いた。創造的破壊という言葉を使って，イノベーションが経済ダイナミズムの源泉であり資本主義そのものの発展の原動力であると説いた。それは当時の古典経済学に大きな波紋を投げかけることになった。古典派の経済学者は均衡を前提とした静態的経済の土俵に経済学をおいていたからである。彼は「経済が受動的《適応》か能動的《革新》かどうか」という過程[74]を問題にした。そして，動態的に変化する経済について，その「発展」は生産手段の「新結合」を通じて「非連続的」に現れる，こうした「新結合」の担い手が「企業家」であり，それを遂行することが「イノベーション」（革新）であるとしたのである[75]。

シュンペーターは，「新結合」の内容について，次の有名な五つの場合をあげた。

① 新しい生産物または生産物の新しい品質の創出と実現
② 新しい生産方法の導入
③ 産業の新しい組織の創出（例えばトラスト化）
④ 新しい販売市場の開拓
⑤ 新しい買い付け先の開拓

シュンペーターのいうイノベーションを個のレベルに落としてみると，その資本主義社会には，社会通念として，リスクを冒すことや失敗の可能性のある事業を行う者には成功すれば高い報酬が約束されるというコンセンサスがなければいけない。日本人は豊かさの中でこのことを忘れ去ろうとしているようにみえる。リスクをとらないことを良しとする社会には夢ある未来を構想することができない。シュンペーターに従えば資本主義の本質とは社会にリスクをとってみたいとさせるセンチメントが存在することではないか。

4.3　ドラッカーとイノベーション——七つの機会とは

シュンペーターはイノベーションを資本主義の発展の原動力として位置づけ，

それを行う主体を「企業家」と呼んだ。一方，既述の通りドラッカーはイノベーションの意義は強く認識するが，社会の構成員がアントレプレナーシップを持つことのほうにより重心が置かれているようにみえる。彼の想定するアントレプレナーシップは，アメリカの社会構造上の問題，つまり人間の文化的・心理的なものと密接な関係にある。したがってイノベーションが駆動し経済を進歩させる社会にはアントレプレナーシップにふさわしい文化的・心理的な変化が求められるとするのである[76]。

　ドラッカーは前述の *Innovation and Entrepreneurship* の中で，20世紀後半のアメリカにおいて，多くの人たちがアントレプレナーシップを身につけ「企業家」となった事実を発見し驚いている。そしてアントレプレナーシップの必要性をより広く世界に訴えるのである。したがってドラッカーにとってはイノベーションは「企業家」のツールであり，最大限使いこなさなければならないもの（対象物）である。イノベーションというツールを生み出すのは変化がもたらす機会である。「企業家」は変化を探し，あるいは変化を起こし，ビジネスの機会を生みだす。そしてそれを最大限利用するのである。ドラッカーは「企業家」の対象物となったイノベーションは学問として体系化できるものであり，学ぶべきものであり，実践されるべきものとする[77]。そして変化の機会を次の七つに分類して分析している。

① 予期せぬことの生起である。予期せぬ成功，予期せぬ失敗，予期せぬ出来事である。
② ギャップの存在である。現実にあるものと，かくあるべきものとのギャップである。
③ ニーズの存在である。
④ 産業構造の変化である。
⑤ 人口構造の変化である。
⑥ 認識の変化，すなわち，ものの見方，感じ方，考え方の変化である。
⑦ 新しい知識の出現である[78]。

そして次のように説明している。

　これら七つのイノベーションの機会は明確に分かれているわけではなく，互いに重複する。それは，ちょうど七つの窓に似ている。それぞれの窓から見え

る景色は隣り合う窓とあまり違わない。だが部屋の中央から見える七つの景色は異なる。

　七つの機会それぞれが異なる性格をもち，異なる分析を必要とする。いずれが重要であり，生産的であるかはわからない。（さして意味のない製品の改善や，価格の変更によって生じた）変化の分析がイノベーションにつながる。それは偉大な科学的発見による新しい知識の華々しい応用よりも大きなイノベーションとなることがある。

　これら七つの機会の順番には意味がある。信頼性と確実性の大きい順に並べてある。発明や発見，とくに科学上の新しい知識に信頼性があるわけでも成功の確率が高いわけでもない。新しい知識にもとづくイノベーションはめだつが，最も信頼性が低く，最も成果が予測しがたい。これに対し，日常業務における予期せぬ成功や，予期せぬ失敗のような，不測のものについての平凡でめだたない分析がもたらすイノベーションのほうが可能性が高い。失敗のリスクや不確実性ははるかに小さいのである。そして概して，成否は別として，事業の開始から成果が生まれるまでのリードタイムがきわめて短い[79]。

4.4　イノベーションジレンマと大企業の陥穽

　ハーバード大学のビジネススクール教授であるクレイトン・クリステンセン（Clayton M. Christensen）は 1997 年，*The Innovator's Dilemma: When New Technologies Cause Great Firms to Fail* を上梓した。副題には「新技術が偉大な企業を衰退させるとき」とある。それは，大企業が新技術・新製品開発では最先端を走り経営効率も高いがゆえにはまる陥穽のことである。大企業の技術開発のための組織はマーケットが求めていることよりも技術においてオーバーシュートしてしまう。そして大企業は衰退していくのではないかというのが彼の大胆な説であった。

　シリコンバレーに詳しい一ツ橋大学名誉教授・スタンフォード大学シニアフェローである今井賢一は次のような説明を加えている。

　クリステンセンのいう（大企業が大企業になるときに築いた）破壊的技術はやがて成熟して「持続的技術」になるのであり，当該企業の成長と共に，破壊性を失っていき，やがて新しい技術ないし企業にとって代わられるということに

なる。彼は均衡を破った企業が成功し，主流大企業になると次の四つの麻痺症状を持つようになる，と説明する。

① 大企業化するにつれて，対象とする顧客は，成熟した要求の強い顧客になり，もう一つ別の均衡を破る製品を提供するだけでは満足しなくなっている。たとえばソニーは，ポケットラジオからウォークマンに至るまで1950年から79年までの間に9種類の均衡を破る製品を提供したが，顧客はその延長線上では満足しない。そのため，ソニーはプレイステーションやバイオの高度化を図る持続的革新に移行せざるをえなくなっている。

② 大企業化に伴い技術開発は確立した市場を対象に，注意深く綿密に計画する志向となるが，それは新規市場を激しく攻めるには適していない。

③ 「シンプルで小型で安い」製品によって「ほどほど」の利益をあげるだけでは，大企業の成長にとって必要な売上増加，利潤増加の要請を満たさない。

④ 大企業は一般に大きな市場のみを対象とするようになる。それを適切にマネージすることが，大企業の経営資源を活かす道であり，また使命だからである。

実績のある企業の行動方針はきわめて明確に定められるため，多くの企業が①から④のように行動すれば自らの破壊を招くことにならざるをえない。これがクリステンセンのいう「イノベーションのジレンマ」であり，したがってそのジレンマから脱するためには，彼のいう均衡を破る技術とは別の，破壊的技術を新たに生み出すベンチャービジネスが必要だという議論につながっていくことになる[80]。

4.5 イノベーションと産業構造・産業組織

人類は産業革命の時代から人口が爆発する。数億人のレベルから70億人に飛躍する。その間，蒸気機関・鉄道・自動車・航空機そしてゲノムの解読に至るまでさまざまな発明がなされ（図4参照），それを起爆剤としてイノベーションが起こり，資本主義が発展したのである。この間産業も第一次産業から第二次産業へ，そして第三次産業へと変遷する。就業人口では第三次産業が最大

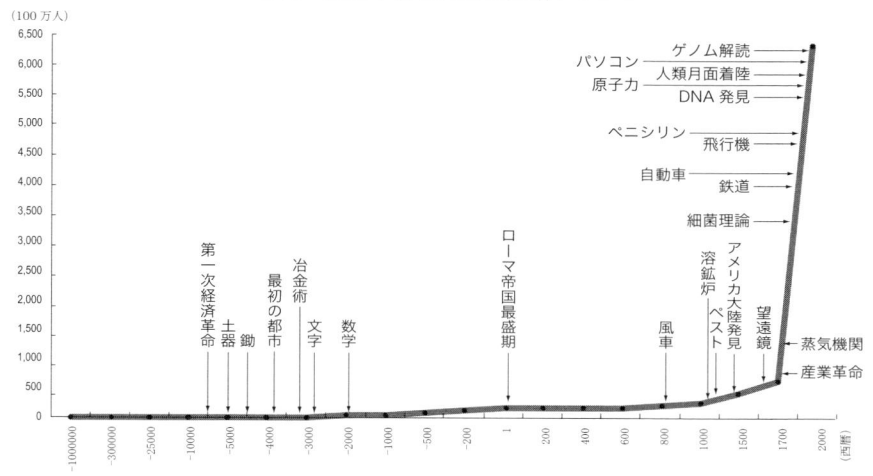

図4　技術革新と人口の長期トレンド

出典：Douglass C. North, *Understanding the Process of Economic Change*, Princeton University Press, 2005, p.89（今井賢一『創造的破壊とは何か　日本産業の再挑戦』（東洋経済新報社，2008）p.3 より作成）。

のものとなる。そして20世紀の後半を過ぎるころより情報化の波が訪れる。そのスピードは1990年代に入り加速化する。そこでは新たに知識産業・情報産業と呼ばれる業態も登場するが，それよりも情報化による従来の一，二，三次産業への影響による変貌の方がすさまじい。産業はそれ自身がイノベーションを起こす。産業構造が変わる。その産業を機能させる産業組織も変化する。

　国土の4分の1が海面下にある低い国，オランダ（Nederland：国名自体が低い国という意味）の小さな町，アールスメール（Aalsmeer，人口3万人）の花卉市場は世界に飛躍する。取扱い高は世界市場の4割（オランダ全体では6割）を占める。その数は一日にバラ700万本，チューリップ300万本，菊200万本，その他の花を加えると，一日に2000万本はくだらないといわれる[81]。情報技術（IT）の進歩と流通インフラの整備がそれを可能にした。

　世界一，二を争う穀倉地帯である米国カリフォルニア州のセントラルバレー。ハイテクの先端地域，シリコンバレーに近接している。南北に約800キロメートル，縦長に展開するセントラルバレーの中央にマーセドという小さなまちがある。そこに研究開発型の大学であるカリフォルニア大学が設立された（2005

年)。カリフォルニアの大学制度は研究開発型のカリフォルニア大学（UCシステム）と教育に注力する州立大学，そしてコミュニティ・カレッジの主としてこの三種類で構成される。カリフォルニア大学マーセド校の創設は研究開発により地域の未来を創造するための構想である。マーセド校設立準備委員会は大学付設の研究所の設置も企図していた。地域振興をミッションとする地元のNPOが音頭をとり，マーセド校を巻き込んで，農業に関連する地場企業とセントラルバレーに拠点を有するフードメジャー（食品関連産業の大企業）を集め，そして車で数時間のシリコンバレーから最先端のIT技術者たちに声をかけて，関係者のための関係者だけの（有名人の講演を聞くのではなく）パネル（全員で協議）を企画した。テーマは地域の産業の将来である。それをその研究所に担わせようとするものだ。議論は世界唯一のアグリインフォマティクス（農業情報科学）の産業集積に帰結した。明確な目標が設定された。

　マーセドの南にセントラルバレー南部の中核都市フレズノ市がある。南部地域の農産物の集散地であったが，ヨセミテ国立公園への玄関口にあたり，国際空港も併設し，シリコンバレーもどきのインダストリアルパークも建設している。情報化時代の未来を見つめている。ここでもすでに集積のある農業灌漑技術に着目しウォーター・クラスタの構築をめざしている人たちがいる。フレズノ大学の研究者，地元の企業のイノベータたちが集まり熱い議論がなされている。カルフォルニアの第一次産業も確実にバージョンアップしている。

　日本に目を転じると，二次産業の分野で華麗なる変身を遂げている企業がある。北陸地方の建機メーカー，コマツ。コムトラックスというシステムを開発し，建設機械に内蔵させることに成功する。世界に販売した自社のすべての建設機械の稼働状況をGPSを使って日本のセンターで一括把握できるようにした。不振を続けた業績は急回復。利益率で勝つことはないと思われた世界一のキャタピラーを抜いた。製造業の売上構造は変化している。売上げは自動車業界も複写機業界も，本体よりも販売後に生じるメンテナンスの方がはるかに大きい。建設機械も本体価格の3倍のメンテナンス費用が発生する。コマツもその市場を見事にとらえた。世界中の顧客の所有する建設機械の一挙手一投足をリアルタイムで把握し，それをタイムリーな顧客サービスにつなげている。岡山県倉敷市でスタートしたクラレ（創業時の社名は倉敷絹織㈱）も液晶向けメタ

アクリル樹脂の世界トップメーカーとなり，肥料・化学メーカーであった昭和電工も無機のアルミと有機を結合させた iPod 用のハードディスクづくりに成功している。

　産業革命の初期，経済学の父と呼ばれるアダム・スミス（Adam Smith）が活躍した。産業革命以降の産業組織の変化を，今井は市場の質と技術の複雑化・高度化との関係において次のように説明する（図 5 参照）[82]。イノベーションは技術の進歩と市場経済システムの向上により発展する。それは同時に最適な産業組織を伴う。今井は技術の進歩，複雑化や高度化を縦軸に，市場の質を横軸にとって説明する。アダム・スミスは市場の発展により分業の細分化が起こると予想した。スミスは「見えざる手（invisible hand）」が市場を通じて経済活動を調整すると主張したのである。スミスは大きな組織の経済に与える重要性を認識できる時代には生きていない。

　MIT やハーバード大学の教授を務めた経営学に詳しい歴史学者アルフレッド・チャンドラー（Alfred DuPont Chandler, Jr）がこの点を指摘する。彼はアメリカ経済が成長し 1880 年頃より組織や企業グループが垂直統合されて組織内部やグループ内企業の間で効率的な取引を始めたことを論証する。彼はアダム・スミ

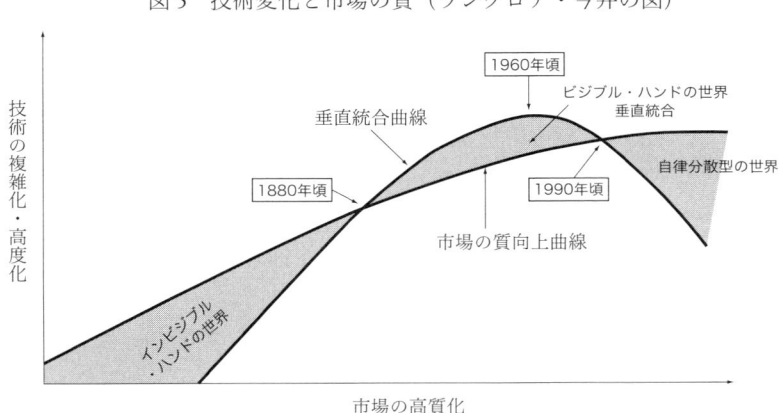

図 5　技術変化と市場の質（ラングロア・今井の図）

出典：Richard Langlois "The Vanishing Hand", *Journal of Industrial and Corparate Change*（今井賢一『創造的破壊とは何か　日本産業の再挑戦』（東洋経済新報社，2008）p. 49 より作成）。

スとは異なる世界の中で新しい形でイノベーションが進行する状況を見て取った。組織や企業グループ内での調整やマネージメントが経済効率を高めている。チャンドラーはその変化を「見えざる手」から「見える手」(visible hand) への変化だと称した。

　チャンドラーの時代には鉄道や通信制度が発達した。今の時代，その役割をコンピュータや通信システム，とりわけインターネットが取って代わる。ラングロワは20世紀末にチャンドラーの世界は消失し，スミス的メカニズムが復活していると指摘する。そしてその世界を彼は「消えゆく手」(vanishing hand) と称した。巨大化する組織に統合的効率性は望めなくなった。

　情報技術の発展が新しい市場の発展を促しているのである。1990年代，インターネット革命が起こったときが「自律分散型」世界への転換点である[83]。個人企業やベンチャー，中小企業やNPOなどのスモール・プレーヤーの時代が始まっているのである。

4.6　日本の製造業の成功体験とその後のデジタル革命

　ラングロワ・今井の図における垂直統合の世界の最後の成功モデルが，ジャパン・モデルである。ケイレツ（系列）という言葉は英語になった。1980年代日本の製造業は系列化された企業集団を率いて世界の王座に輝いた。トヨタ，日産，ホンダなどの輸送機械産業，ソニー，パナソニック，三菱電機，東芝，NEC，日立，富士通などの電気機械産業，キヤノン，リコー，ゼロックスなどの精密機械産業，オークマ，森精機などの工作機械産業などである。日本の製造業は欧米の見よう見まねで始まり，良い品質とより良い生産方法を模索した。そしてより良い製品を生み出した。そこには品質改善と生産効率向上のための絶えざる努力があった。欧米人が先鞭をつけた新製品開発のイノベーション，すなわちプロダクト・イノベーションではない。製品をつくり製品が市場に届くまでの製造工程や物流工程を効率化するイノベーション，すなわちプロセス・イノベーションと呼ばれるものであった。プロセス・イノベーションはまじめで誠実な職人気質や集団的共同作業など日本的文化風土にマッチした。技術やノウハウは文字に落とさず属人的に伝授される。以心伝心的に伝わるこのような知識の形態を暗黙知と呼んでいる。

情報化が加速化した 1990 年代，日本はなお必要な新しいモノや素材の開発という点では優れた力を発揮した。しかし，アメリカのように情報化によって組織を効率化させ社会を効率化させていくということに関しては，日本人は得手ではなかったようだ。空白の時代を過ごすことになる。スイスにあるビジネススクール IMD が毎年発表する世界の競争力白書（2011 年）でみても，大企業の効率性で世界 59 カ国中 37（前年同 42）位，中小企業の効率性も同じく 54（42）位と振るわない。それはラングロワ・今井の図にある自律分散型社会への移行の遅れが響いているのではないか。日本社会には，寄らば大樹の陰，大組織を好み，ピラミッド構造のタテ社会での上下関係に安心安定を求める文化が厳然として存在するからではないか。

　情報化革命とはアナログを限りなくデジタルなシステムに変革することである。デジタル革命と呼んでよい。それは，まず作業を限りなく属人的な暗黙知ではなくコンピュータが読み取れる形式知と呼ばれるものに置き換えることである。第二に，複雑化した製品やシステムを限りなく小さなユニット（モジュール）に分割するという決断を下すことである。デジタル化は製品やシステムから種々の機能を分離させ（モジュール化），組織の内と外との連結性（コネクティビティ）を高める。従来一企業やグループの中で完結していた製品づくりはモジュールに細分化される。モジュール群の最適調達が競争市場に委ねられることになる。デジタル化はそのような決断を迫るものである。そして第三にその分割されたユニットをつくりあげるのに際し切磋琢磨が起こるような競争的環境をつくれるか，そしてイノベーションを促進することができるか，ということでもある。このデジタル革命は産業構造に地殻変動をもたらした。1990 年代後半の若者はデジタル技術とインターネット技術を駆使して新しいビジネスモデル構築に躍起になった。大学生もアーリー・リタイアメント（若くしてリタイアすること）を合言葉に，こぞってベンチャーを起業，ベンチャーに就職した。経済は活況を呈し，不況が来ない経済，ニューエコノミの到来ともてはやされた。いわゆる IT ブームが起こり，そして，やがて IT バブルが崩壊するのである。

　デジタル化の意味についてもう少し理解を深めておく必要がある。第一点は電気機械業界が様変わりになったという事実である。この業界は技術やノウハ

ウの形式知への転換も製品のモジュール化も容易であった。とりわけパソコンなどエレクトロニクス系の電気機器を製造していた欧米のメーカーは率先してEMSに工場を売却した。EMS（electronic manufacturing service）とは電子機器製造サービスと呼ばれる，新たにできた電子部品の製造や電子製品の組み立てを専業とする企業群（業態）のことである。そしてメーカーは製品開発や技術開発などの企画や設計などの付加価値サービス機能専業の企業に衣替えしたのである。一般機械産業も機械本体というよりもそれに付随するソフトウエアの良し悪しが製品を決定づけるようになった。製品価値は製品本体というよりもソフトや商品システムのウェイトが大きくなったのである。iPodやiPadはその典型事例だ。付加価値の太宗はそのコンセプトそのものにある。アップルはそれらの部品も組み立てもすべてEMSに委託している。製造業のサービス産業化といってもよい。そのような仕組みの中で劇的なイノベーションが進行した。

　次は，デジタル化が企業に対して新たに「収益逓増」というウィンドウを大々的に開いたことである。「収益逓増」とは売れば売るほど利益が累増するという法則だ。経済学では昔から「規模の経済」（規模拡大による単位当たりの固定費負担の低減）や「範囲の経済」（経営部門の多角化による各部門の相互補完による収益向上）による収益増強という世界があった。デジタル化時代にはこれまでの規模の経済に加えて新たにネットワークの外部性と呼ばれる経済効果が付加されることになる。このネットワークに関連して生じる総合的な経済効果を広く収益逓増と呼んでいるようだ。ネットワークの外部性とはネットワークに参加するメンバーが増えれば増えるほど得をする構造のことで，一般にメトカーフの法則，「ネットワークの効果は参加するユーザーの2乗に比例して大きくなるというもの」で説明される[84]。実務界では広義に解釈されて「他者との関係を活用してwin-winの関係などをつくりだし利益の総和を増やし，ひいてはそれが自らの利益も増やす現象」[85]を指して用いられる。少し専門的にいうと，製品やシステムがオープン化・モジュール化されるなかで自社のポジショニングを的確に把握して多くの関係者とネットワークを組むなり，一部を外の業者に委託する（アウトソース）なりして，総合的に利益の総和を拡大することである。このようなネットワークの外部性がもたらした経済効果は計り知れない。

デジタル化の三つ目の特徴は，形のあるものに付随する所有権がその関係性を変えたことである。有形物には所有者がおり所有権が存在する。また，その有形物を利用させる権利を分離することが可能である。そして所有権も利用権も譲渡可能であり，市場を介して売買される。しかしデジタル情報は目に見えないが伝送される。有形のものを介さないで伝送による無形物の受け渡しを可能にしてしまった。このような価値ある無形物は著作権により保護されることにはなったが，なお制度設計途上であることを理解しておかないといけない[86]。

　なお，情報技術（IT）にかかわるイノベーションに関してはムーアの法則がある。このルールが支配して結果さまざまなイノベーションが生み出されることとなった。それは1965年半導体企業インテルの創業者ゴードン・ムーア（Gordon E. Moore）が提唱したもので，「18 カ月ごとに半導体の集積度が2倍になる」というものである。40年以上を経た現在でもなお生き続けている。この業界に関係する企業はこのルールを念頭に置いて製品開発のスピードや設備投資のタイミングを決定しないと利益機会を逸するのみならず，倒産の憂き目に遭遇する。企業行動はこのルールを無視しては決定できない。したがってそれは一種「強制のクロック」[87]となった。またこのルールはより激しいイノベーション競争が自律的に展開されるという，一種「魔法の呪文」[88]にもなったともいわれている。

　情報化が加速化したこの20年間に世界は様変わりになった。変化に富み自律分散的な世界が広がった。その流れに十分乗っているとはいえない日本では，どのように人材を教育し，どのようにして新しい企業文化をつくり変えることができるのかが問われている。それは個が自律して個や組織にかかわる問題を研究するキャリアデザイン学部の学生に課せられた大きな使命といってもよい。

4.7　モジュール化と新しいイノベーションの形としての「疎結合」
——「個の自律と組織の自律」という喫緊の課題

　デジタル革命はプロダクト（製品やソフトウエア）をモジュールに細分化することを可能にした。これが新しい分業形態を生んでいる。ここではモジュール，モジュール化，アーキテクチャ，およびプラットフォームという言葉を覚える。さらに「疎結合」という新しいイノベーションの形を理解する。そし

第 2 章　新しい行動原理としてのアントレプレナーシップ　　65

て，デジタル革命が結果的に個の自律や小さな組織の自律を求め，個の自律が進んだ社会に経済優位性があるという重大な事実を認識する。それはとりもなおさずキャリアデザインする個が自律に至ることの重要性を再確認することでもある。

モジュール（module）とは，*ODE*（*Oxford Dictionary of English*）によると「標準化された部品あるいは独立した単位がセットとなったときのそれぞれの部品や単位のことで，それらはより複雑な構造を構築するために用いることができる」[89]とある。産業界で用いる場合には，モジュールとは製品の一部を構成する部品やソフトウエアの一部を構成するサブシステムのことで，より正確にいうと半自律的な部品やサブシステムであって，他の同様な部品やサブシステムと一定のルールに基づいて互いに連結することにより，より複雑な製品やシステムを構成するものである[90]とされる。

そしてモジュール化とは，全体を分割して部品やサブシステムのように機能ごとにまとまりのある形に整理し，構成要素間の関係性をできる限り少なくする方法のことをいう。言い換えると，モジュール間の機能的な相互依存性を小さくし，モジュールとモジュールを連結する接合部（インターフェイス）を簡素化することである[91]。そのような相互依存性を削減する仕組みを構築することは大きなイノベーションにつながる。つまりモジュールの独立性が強くなるとモジュール単体としての取引が可能となり，組織や企業の壁を越えて多くの人が参加する場の形成を促すことになる。そしてそこでは参加する関係者間の切磋琢磨（競争）を通じて技術革新が進み，イノベーションにつながることになる。

なお，モジュール化には，技術用語として製品開発のために行われるモジュール化や生産プロセスのモジュール化という使われ方もある[92]。自動車産業は部品数が尋常ではなく，製品開発や製造がきわめて複雑である。したがって自動車産業では製品開発や生産プロセスを機能ごとにモジュールに分割はするが，モジュール間の相互依存性を断つことは，高い品質を誇る日本の自動車産業では難しいといわれる。常に複数の関係者間の微に入り細を穿つ調整やフィードバックにより高機能を実現しなければいけない。このような関係者間で密接で精緻な製品開発を行うやり方を「摺合せ（すりあわせ）」[93]といい，そのようにして蓄積され

る技術を「摺合せ技術」と学問的には呼んでいる。人間の能力を信じ，磨き，相互に依存する。このようなやり方は日本が得意としてきた手法である。現代のものづくりにおいて摺合せ技術の自動車産業とモジュール化が進んだ電子機器産業とは対極をなしている[94]。将来自動車が電気自動車化（電子機器化）したときの日本の自動車産業を危惧する人も多い。

　アーキテクトとは建築家のことであり，アーキテクチャーとは建築術あるいは建築学のことを指す。アーキテクチャーは抽象的概念としては設計された複雑な構造のことを意味する。PC用語辞典によると「コンピュータのハードウエアやソフトウエアの設計仕様のこと。そもそもプログラマーからみたOSの論理仕様を指す。アプリケーションから見たOSの仕様をアーキテクチャーと表現する場合もある」とある。デジタル化が進む業界では設計仕様という概念で用いられている。アーキテクチャーを経営的にあるいは産業組織論的に捉えると，「仕事の段取りをコンピュータに読めるように標準化したものであり，それを基盤として仕事の段取りの調整が行われるもので，そこで，それぞれの仕事のスピードを速め，企業内の学習を促進し，また企業間の調整のための取引コストを削減し，他産業にも学習効果を及ぼして部品の「モジュール」化と「多様な分業」の同期化を可能とするものである」[95]と説明できる[96]。したがってこのようなアーキテクチャー的考え方を導入できる産業組織や企業文化[97]があるところとないところとでは，プロダクト開発，ひいてはイノベーションのスピードに差が出てくることになる。アーキテクチャー的発想は市場での優位性をネットワークに求めるのである。

　従来は「規模の経済」や「範囲の経済」が産業の市場構造を規定してきたが，デジタル化時代には「ネットワークの外部性」をもたらすアーキテクチャーが市場構造を規定することになる[98]。日本は「規模の経済」や「範囲の経済」の追及により成功をおさめた。その成功体験が災いしてネットワークの外部性に対する対応が遅れているのではないかといわれる。

　プラットフォームという言葉がよく使われるようになった。IT産業やネット企業の収益構造などを説明するのにもよく使われる[99]。アーキテクチャーは純粋に技術用語である。アーキテクチャーが質の高い価値交換の場をつくる。プラットフォームは，そのアーキテクチャーの市場的機能に着目して使われて

いる言葉として理解しておきたい[100]。プラットフォームとは利用者がそれぞれの目的のために利用できる場のことであり，そこへのアクセス・ポイントないしインターフェイスが明確に規定されているシステムということである[101]。いずれにせよプラットフォームはデジタル化の社会においては技術開発や市場の拡大とその先にあるイノベーションの基本構造をなすものであり，ネットワークの外部性によるさまざまな出会いや調整・融合など新しい市場形成が行われるところであるといえる。

またプラットフォームは他のプラットフォームと組み合わされることで，たとえばスマートシティの建設のような高度で多元的な技術プロジェクトへの対応を可能とする。さらにはプラットフォーム自体が類似のプラットフォームと競争しその結果進化する構造となっており，さらなる経済成長を促し企業の収益機会を生み出すことにもなる[102]。

イノベーションとは経済ユニット（個人や小さな組織）間の協力と競争をうまく組み合わせ，シュンペーターのいう新結合を行うことである。産業化（ものづくり）の時代には人間が中核となってイノベーションを促進させたが，情報化の時代は人間に代わってコンピュータのソフトウエアを媒介とした作業段取りと作業進行を取り仕切るシステムがその役割を負うようになりつつある[103]。

人類は分業により経済システムを進化させた。飛躍的な経済成長を実現した。情報化時代に新しい分業が始まった。それはネットワークの外部性を機能させた分業である。その特徴は (i) 製品やソフトウエアをモジュールという部分に分解すること，(ii) それらを再結合させるためのインターフェイス（接合）の仕方を公開すること，(iii) そのため多くの企業や個人の参加を可能にするプラットフォームを用意することである。プラットフォームに参加する企業はそのモジュール内の技術やノウハウは秘匿しながらモジュールを完成させることもできる。情報化時代がはじまったころは企業は統一的なシステムを構築することに傾注した。製品管理も在庫管理も統合され柔軟性に欠けるもの（「密結合」(tight coupling)）であったが，その後のモジュール化の進展は柔軟な結合形態への転換を可能にした。モジュールごとに障害を解決することを可能とした。そして原因の解明のスピードをあげた。また多様な対応や多様な仕掛状態を作り出し大きなリスクを回避することも可能にした。このような結合形態をシュン

ペーター時代の新結合に対峙させて情報化時代の「疎結合」（loose coupling）と呼んでいる[104]。それはモジュールごとの部分最適を全体最適の創造に結びつけることを可能にするものでもある。新しいイノベーションの形を生み出している。「疎結合」とは組織に対しては他の組織と緩やかな関係性を持ちながら自律することを求め，個に対してもそのような組織を造りあげることができる自律した個になることを求めている。自律する個の存在が必須なのである。時代は明確に個人にも組織にも自律を要求しているのだ[105]。

なお，大組織に閉塞せず，企業間の競争と協調をコンピュータシステムを介在させてうまく取り仕切るような手法をオープン・アーキテクチャ戦略と呼び，大組織から開放され市場化されたヒト・モノ・情報（組織）などの経営資源をオープンソースと呼ぶ。そして産業組織におけるこのような構造変化により生まれるイノベーションをオープンソース・イノベーションと呼ぶ。

大企業・中小企業を問わず人が流動し生き生きした新しい組織が常に生み出されるような社会をいかにしてつくるかが君たちの大きな課題である。個人の能力が私蔵されるのではなく，人がうごめき離合集散を繰り返す中で人と人のつながりが広がり深まる。そして新しい組織が誕生し社会の新陳代謝が促される。個々人の能力が生かされる。それは君たちの人生が豊かになり社会全体も潤うことを意味する。そのような社会ではスピンオフ，スピンアウト，カーブアウトやM&Aなどの概念が人生と深く交差することになるのであろう。キャリアデザインの幅が広がることになる。

4.8 個・組織とイノベーション――デザイン思考をもつために

4.8.1 キャリアデザインする個とイノベーション

キャリアデザインするという営為はある意味では自分をイノベートさせる意志であるといえる。より善い人生を設計しようする意思を持ち日々努力すること，その過程で必ず変化が訪れる。それは個にとってのイノベーションする機会でありイノベーションそのものであるかもしれない。

また，生きるということは個々人が社会の一員として応分の役割を担うことである。そしてその役割を演じながら社会という生活空間・経済空間をより善いものにすることである。その先にQOL（生活の質）や生産性の向上や，ワー

クライフバランスの実現があるのであろう。そのような個々人の努力の積み重ねで社会や文化を変えることができるとすれば，それは壮大なソーシャルイノベーションを起こすことになる。

4.8.2 イノベーションを生み出す方法としてのデザイン

　世界が変わり日本の立ち位置が変化した。日本人を取り巻く経済環境も様変わりとなった。かつては高級品だったポロシャツがどこでも買えるようになった。ブランドで価値を保持しようとしても，ユニクロを典型として次々と安価なブランドが登場する。そして，先端技術でさえ，グローバルな人の移動性の高まり（安価になった世界移動）やインターネットによる情報アクセスの簡便化・情報伝播の加速化により，その気になればいつでもどこでも調達できるようになった。高度なソフトウエアのプログラミング技術も半導体・液晶技術もまたたく間に世界に普及した。多くのプロダクトが，どこかの企業に滞留しているのではなくて，世界中のどこでも誰でもがその気になれば入手できるような状況になっている。このような現象をコモディティ化（commodization, commodification）[106]と呼ぶが，コモディティ化が知識・テクノロジーにまで及んだことで世界が一変した。ひとたびコモディティ化すると，もはや競争は人件費でしか決まらなくなる。知識やテクノロジの分野でさえ，人材さえ確保できれば，人件費の安い地域や国に優位性が生まれその地域が急成長する。インドや中国がその代表例である。情報技術をもつ有能な人材は世界中で開発可能である[107]。20世紀の先端ビジネスを支えてきた知的財産でさえ，モジュール化できコモディティ化の可能性が増えた。高度な教育と豊かな経済力を維持してきた先進国であるアメリカや日本の企業はどうすればよいのだろうか。

　世界はイノベーションの重要性を再認識しているというのがその答えであるようだ。「デザイン」という言葉がキーワードになった。ここでいう「デザイン」とはイノベーションを生み出す方法のことである[108]。経営に創造性を用いずして企業の未来はない。

　アメリカ西海岸，スタンフォード大学に近いパロアルト市にIDEO（アイディオ）というイノベーション・コンサルティング会社がある。会長はデヴィッド・ケリー（David Kelley）。この会社の創業者で，いくつかの著作で有名になっ

た弟トム・ケリー（Tom Kelley）とともに IDEO を経営している。デヴィッドはスタンフォード大学の教授でもある。IDEO は大企業のイノベーションを助ける企業だ。すでに多くの大企業にイノベーティブなプロダクトを提案して成功させている。一言でいうと，彼らはイノベーションにデザイン発想を持ち込んだといえる。デヴィッドのデザイン思想は地元のスタンフォード大学に大きな影響を及ぼした。彼は同大学の d スクールなどの生みの親で，同大学で認知科学を含め学際的な研究とイノベーティブな人材の育成を行っている[109]。なお，弟のトムも乞われてカリフォルニア大学バークレー校の大学院で教鞭をとっている。

　デザイン思考とは，従来のものづくりの供給者の論理ではなく，人間が本当に求めるものを提供できるか，想像力や創造力を巡らせて，人間の気持ちをつかみ取れるかという考え方である。ここで創造性とは，つくりだしたプロダクトで人の心をつかまえることができるか，それを見せて人を感動させることができるか，それを持っていて嬉しいと思わせることができるか[110]，といった感性に訴えるプロダクトを作る能力であり，その方法であると定義されている。企業はそのための人材を育て，そのための組織をつくることができるかが問われているのである。スタンフォード大学ではそのためにさまざまなワークを開発している。キャリアデザイン学部で行うサポート実習をレベルアップしたものといえなくもない。

　デザイン思考する人材とは MBA（経営管理学修士）や MOT（技術経営）などの既成の概念に染まった人たちではない新しいタイプの人材である。頭がよくて行儀がよいという型にはまった人間ではない。ラフだが，より人間的で発想豊かで，想像力・創造力・インスピレーション力があり，感性と知性バランスの取れたタフな人材といってよいだろう。継続的にイノベーションを行うためにはやる気を引き出すこと，挑戦する意識を持たせること[111]が重点課題となる。20 世紀型企業はパラダイムの大転換を図らないといけない。

　それは言い換えると，やはり個が主役となってイノベーションを起こすということにつきる。デザインという行為は自分が普通に暮らしている日常生活を他者の目で眺めるところから始めて，何か新しいアイデアを思いついたら，それを表現する構成を考えて，さらに最終的なスタイルを決定するという作業の

ことである[112]。そこで求められるのは，人間を知り，人間を理解し，人の行動を観察することができるかということだ。学問的には民族学あるいは文化人類学が注目されている由縁である[113]。キャリアデザイン学はこのニーズに応えることのできる学問であり，そうでなければいけないと考える。

組織マネージメントに目を転じても，コストカットなど内向き指向ではなく，感性豊かにイノベーションを起こす組織をいかにして創造することができるかということだ。才能ある人を見つけることも重要だが，より大切なのはいかにしてそのようなチームを創ることができるかということである。

IDEO のトム・ケリーの近著『発想する会社』（*The Art of Innovation*）では次のように説明されている。

> イノベーションとかクリエイティビティといった言葉は非常に魅力的だが，どことなくつかみどころがない。ともすれば，ごくかぎられた才能ある人びとだけにかかわる概念だと思われがちだ。しかし，孤独な天才という神話を IDEO 社はきっぱりと否定する。大切なのは，たとえば明確な目的意識をもつチームづくりと，そこにかかわるメンバーの結束である。彼らのイノベーションを支えているのは，実は遊び心を重視してすべてを楽しむ呆れるほどの陽気さ，失敗を成功に変えてしまうしたたかさ，そして泥臭いと思えるほどの地道な努力と粘り強さであるのである。自分のいまの仕事のやりかたを新たな角度から見直すことによって，イノベーションを実現するなんらかの手がかりを得られることが実感できるのではないか[114]

チームづくりを通してイノベーティブな組織文化の構築が求められているのである。古い体質を残す日本企業はこの流れにうまく適応できていないような気がする[115]。君たち若者が変えるしかない。君たちの活躍の場が広がっている。

4.8.3　デザイン思考の事例

IDEO のトム・ケリーはイノベーションを実践している企業やチームとして次の事例を挙げている。私の現地実査も踏まえ概要を伝えてみたい。
- タイガー・ウッズ（Eldrick Tiger Woods）――チーム・イノベーションが創り

だした最強のソロ・プレーヤー。21歳にしてPGAツアーの史上最年少賞金王に輝き，2000年全米オープンから2001年マスターズまで，メジャー大会4連覇の偉業をなしとげ，ゴルフ界に燦然と輝いた人物である。彼の全盛期そのスイングとパットはほぼ完璧にみえた。しかし彼の偉大なコーチ，ハーマーは「私たちは力を合わせてスイングを確立してきた。だから，うまくいかなくなった時も，微調整が簡単にできる」と洞察にみちた言葉を吐く。究極のソロ・パフォーマーと思われていたウッズは，実際はチームの努力によってイノベーションを生産していたのである。だからこそ，障害の発生に対しても常に微調整しつつ先に進んでいくことができたのである[116]。

- ラスベガス——ソーシャルイノベーションののち世界の仮想空間を創造した大都市。ラスベガスは夏は灼熱，冬は厳寒の大砂漠の真っただ中のちっぽけなまちだった。1905年に市をつくるが人口は800人だった[117]。そのラスベガスが21世紀，客室数13万5000[118]を擁する人口200万人[119]の大都市圏に変貌する。1911年ギャンブルの合法化を実現させるが，それをまちの成長につなげるためには1970年代のマフィアの追放という，ソーシャルイノベーションを待たなければならなかった。その後ラスベガスはまちの大改造に取り組む。それは安全で楽しい興奮に満ちたまちへの変身であった。1990年代に入り従来のギャンブラー顧客に加えて子供や家族層の取り込みに成功。そして21世紀の今，世界に誇る究極の仮想現実の巨大空間をつくりあげてしまった。立派な国際空港をもち，パリのエッフェル塔がそびえ，ヴェネツィアの運河を引き，イタリアのコモ湖の瀟洒な街並みが続き，エジプトのピラミッドとスフィンクスが鎮座する。南太平洋で2メートルの波に乗り，1930年代のマンハッタンの町を歩くこともできる。ギャンブルやショー，さまざまなエンタテインメントに彩られる不夜城に，ショッピングの楽しみもそしてすばらしい食事の機会も溶けこんでいる。チーズ300種，オリーブオイル200種など世界中の食材を並べるグローサリーもある。シーザーズ・フォーラムの天井には夜でも人工とは思えない空が模造天井に浮かび，日の出と日の入りが繰り返される。レストランでは有名シェフが腕を振るい，ブティックには超一流ブランドの製品だけが置かれ，美術館にはセザンヌやゴ

ッホ,ピカソの描いた肖像画もある。ラスベガスは何かを売る次元をはるかに越えてしまっている。ラスベガスは人間の創造を越える興奮装置であるといってよいのかもしれない。そして共に興奮を味わうことは間違いなく人と人とのつながりを再認識させる道具にもなっている[120]。

● キンコーズ（FedEx Kinko's）──在宅勤務者やスモール・プレーヤーに快適な働く空間を提供する。アメリカではテレコミューターと呼ぶが, 4000万人を越える人たちが在宅で仕事をしている。地域の商店街のなかに彼らが会社の仕事や自分のビジネスを行うための場所が用意されている。そこには, 注文印刷からコンピュータ・サービス, 会議室やビデオ会議まで, 大企業なみの諸設備が整っている。あらゆる種類のビジネス機能が一つの屋根の下にまとめられている。キンコーズは, 最新のテクノロジーとサービスを提供するサテライト・オフィスである。利用客たちがそこで何時間も過ごし, コンピュータを使ったり, 会議を開いたり, ネットサーフィンをしたりしている。地域で働く人に快適な働く空間の創造というイノベーションを成し遂げた[121]。

● ターゲット（Target Corporation）──古い企業イメージの払拭（ふっしょく）というイノベーション。ターゲットはアメリカの典型的な大型ディスカウントチェーンである。低価格が売りであったが, デザインの世界でのリーダーに変身した。有名な建築家マイケル・グレイヴズとチームを組んで, 従来のデザインとは異なる家庭用品のシリーズを売り出し成功。その対象を庭用家具や時計など, さまざまな製品群に拡大している。その目的はディスカウントストアの老舗というイメージからの脱却というイノベーションだった。今やデザイン界のリーダーの一角を占めるという[122]。

● リナックス（Linux）──ルールにこだわらないで自由にオープンソース・ソフトを創造。インターネットの民間使用が始まったころ, 技術者はこぞってネットでのノウハウ共有を進めた。1990年代初め, ヘルシンキ大学の無名の学生リーナス・トーヴァルズ（Linus Benedict Torvalds）, 当時21歳が登場した。彼は数えきれないほど多くのルールを破って独自のOSリナックスをつくり

あげる。誰にも許可を求めず，手紙を書くこともなく，マーケティングも事業計画も練りあげず，どれくらいの時間がかかるのかを見積もらず，もちろん金儲けにも一切興味がない。彼はひたすらプログラム作成のための技術者コミュニティづくりに励んだのである。そのコミュニティはまたたく間に数百名の規模になった。彼はそのコミュニティに参加してくれるエンジニアとプログラミングに熱中する。彼らはそのこと自体が楽しいのである。リナックスという新しい OS は完成する。そして彼らはそれを「オープンソース・ソフトウエア」として無償で世界に向けて開放したのである。才能あるプログラマーがそれに参加し改善することも自由である。リナックスは自然に進化する。リナックスはトーヴァルズの夢を越えるほどに大成功。ユーザー数は 1500 万人を超える。さらにおびただしい開発者がこのシステムをさらに改良しようとしている。

　トーヴァルズはごく普通の青年だ。人と人とがつながるコミュニティ感覚が大好きである。その後シリコンバレーに居を移し，ベンチャー企業の重鎮となる。しかし彼の名刺には会社名と名前，そしてエンジニアとしか書かれていない。肩書はない。一介のエンジニアであることに誇りを持っている。家族とともにワークライフバランスのとれた豊かな生活をしているとのことだ[123)]。

- サウスウエスト航空（Southwest Airlines）――業界の慣例にこだわらず人間味溢れる強いチームづくりに成功。フライトアテンダントが日本のバスガイドのように唄を歌ってくれる。冗談を飛ばす。そんなエアラインがある。サウスウエスト航空のことである。サウスウエストは 1967 年に設立された米国テキサス州のローカル航空会社である。1970 年代以降大手の航空会社が整理・倒産・再編を繰り返すなかでサウスウエストは解雇者を出すことなく成長を続け，旅客数では世界一にまで上り詰めた。当社の革新的な経営手法はすでに伝説化しつつある。

　共同創業者であり長期にわたり当社の経営に関与してきた辣腕弁護士でもあるケレハー（Herbert D. Kelleher）。彼は，人間味がないと思われていたエアライン業界に独自の直観的なスタイルをもちこんだ。それらが結果的に難題

山積の業界において幾多の難局をのりこえさせることになる。サウスウエストは，全従業員にバースデーカードを送るなど，人間味あふれる企業として有名だ。企業ポリシーとして「顧客第二主義」を謳う。従業員を満足させることで，逆に従業員自らが顧客に最高の満足を提供するのである。そして，できるだけルールをつくらないことをルールとしている。従業員は管理される対象ではない。みんなと共鳴できる会社にすることが大切だという。アメリカの有力経済雑誌『フォーチュン』(Fortune) も最も働き甲斐のある会社と認めた。このような企業文化が職制間の壁を取り除き，安全・運賃・フライトスケジュール・手荷物のとり扱い・顧客サービス，どの項目をとってもトップランクの企業に成長させた。みなはチームとして行動する。客室乗務員は身のまわりをきちんと片づける。チケットの係員も荷物を運ぶ。重要なのはみなで解決すること。他者の失敗をあげつらうのではない。このような雰囲気は乗客にも伝染する。乗客も寛大で友好的になるという。

　サウスウエストは，開放的なコミュニケーションと強いチームコーディネーションで前向きな職場文化を創造した。個人の能力よりもチームの成果・チームの発展に主眼が置かれている。従業員のワークライフバランスを重視し従業員コミュニティと従業員家族とのつながりを大切にしている。会社主催のパーティーには家族も参加。従業員の子供も定期的に職場を訪れるとのことだ[124]。

2.8.4　デザイン思考をもつために（個の属性）

　トム・ケリーは，「人は演じることができる。そしてその役割を果たせる。演じわけられる。そのようにして個は日々の生活でキャラを引き受けることがイノベーショントなる」といっている。多様なキャラがチームをつくり幅広い視点で物事をみることを可能にする[125]。

　彼の指摘する10のキャラは次の通りである。
　i)　人間の行動を観察し，提供されている製品やサービスやスペースと人間がどのように，身体的にも感情的にも相互作用しているかを深く理解する人類学者的キャラ
　ii)　つねに新しいアイデアのプロトタイプをつくりながら，建設的な試行錯

誤を繰り返すことによって新しい情報を得る実験者的キャラ
- iii) 異なる業界や文化を探り，そこで発見したことを自分の事業特有のニーズに見合うように変換する花粉の運び屋的キャラ
- iv) イノベーションに至る道程に多くの障害物がばら撒かれていることを知っており，そうした障害を乗り越えたり，ときにはやり過ごしたりするコツを心得ているハードル選手的キャラ
- v) 多彩な集団をまとめ上げ，多くの場合集団の中央から指揮をとり，新しい組み合わせや分野横断的なソリューションを生み出すコラボレーター的キャラ
- vi) 才能あるキャストやクルーを集めてくるだけでなく，彼らのクリエイティブな才能を開花させる手助けもする監督的キャラ
- vii) 単に機能的なだけでなく，表に出てこない潜在的な顧客のニーズにもっと深いレベルで結びつく，説得力のある経験をデザインする経験デザイナー的キャラ
- viii) イノベーション・チームのメンバーに最も良い仕事をさせる舞台を設営して，ただの物理的環境を，行動や姿勢に影響をおよぼす強力なツールに変換する舞台装置家的キャラ
- ix) 理想的な医療専門家がやっているように，単なるサービスを超えたケアを顧客に提供する。優れた介護人は顧客のニーズを予測し，つねに即応できるようにする介護人的キャラ
- x) 人間の根本的な価値を伝えたり，特定の文化の特質を強固にしたりする説得力に満ちた語りを通じて，内部の士気を高め，外部からの評判も高める語り部的キャラ

の10のキャラである[126]。

ケリーは，「イノベーションはひとりでは起こせない。しかし，適切なチームが組まれていれば，いつでも課題に挑戦できる。だから，人類学者，実験者，花粉の運び手的キャラを演じて新しい情報収集の道を見つけ，ハードル選手，コラボレーター，監督的キャラをもって縁の下の力持ちとなる。そして，舞台装置家に舞台の設営を依頼し，経験デザイナーと介護人と語り部を連れてきて，観衆を感動させる」[127]のだという。

イノベーションは組織を再生させるだけではない。それはキャリアデザインという営為と同様に一つの生き方である。楽しくて，爽快で，しかも世の中の役に立つ。10個のキャラクターをすべて味方につければ，組織の至るところに創造性を駆けめぐらせることができる。独自のイノベーション文化を創造することができるのである[128]。

　アメリカではデザインがイノベーションを生み出すという意味でつかわれる。感性を磨くこと，多様な個性と交流をすること，多様な文化を寛容に受け入れることが，求められている。それが創造力・想像力・インスピレーションにつながる。創造力はイノベーションの代名詞。企業文化を変えるために，企業ではこのような人材開発ができる人を渇望している。他者理解力に優れ，チームをつくり，さまざまなキャラを演じ分けてチームをイノベーションに向けて活性化できる人材が求められているのである。キャリアデザインという営為は自分をイノベートさせるだけでなく，企業をイノベートする可能性を秘めているようだ。

1) Red Burns, Arts Professor and Chief Collaboration Officer, Tisch School of the Arts at New York University／同大学での講演より。
2) Peter F. Drucker, *Innovation and Entrepreneurship*, Harper 1993, p.263 から。
3) *ODE*（*Oxford Dictionary of English*, Oxford University Press, 2003）によれば "the state of being an entrepreneur, or the activities associated with being an entrepreneur"
4) (財)中小企業総合研究所訳編『米国中小企業白書2008・2009』（同友館，2009）p.203
5) 同上　中小企業総合研究所
6) "planned happenstance; constructing unexpected career opportunities", *Journal of Counseling and development,* Vol.77, No.2
7) 奥出直人『デザイン思考の道具箱』（早川書房，2007）pp.190-191
8) 宮田秀明『プロジェクトマネージメントで克つ』（日経BP，2002）p.46
9) 注4　中小企業総合研究所，p.200
10) 同上　中小企業総合研究所，p.203
11) アメリカではITではなくICTという。技術革命ではなく，コミュニケーション革命という意識が強い。後述「メトカーフの法則」参照。
12) Hugh Gunz, Maury Peipel, *Handbook of Career Studies,* Sage Publications 2008, p.115
13) 小門裕幸「知識集積を核にした産業クラスタの形成」『国民生活総合研究所　調査季報』65号，2003
14) *ODE* によれば，(1) a company or business, often small one, (2) something new, difficult or important that you do try or try to do, (3) the activity of managing companies and businesses and starting new

ones, (4) the ability to think of new and effective things to do, together with eagerness to do them
15) Thomas Grebel, *Entrepreneurship*, Routledge 2004 を参考にしている。
16) 同上　Grebel
17) *Collins Cobuild English Dictionary* 2001 には "venture" とは "a project or activity which is new, exciting and difficult because it involves the risk of failure" とある。
18) 清成忠男他『ベンチャー・ビジネス──頭脳を売る小さな大企業』（日本経済新聞社，1973）
19) 類似した業態にプライベートエクイティというものがある。それは未上場企業を投資対象にするものと定義される。したがって未上場企業を対象とするベンチャーキャピタル機能と重なるところがある。LBO（Leveraged Buyout）を行ったり，その他企業再生による価値増殖の見込まれる案件に投資を行うものである。
20) 第一次大戦後イギリスからアメリカに覇権が移る時代，アメリカの巨大企業は特定の個人ではなく多くの個人によって保有され，経営はほとんど株式を保有していない経営者によって行われている事実をいう（バーリー，ミーンズ／北島忠男訳『近代株式会社と私有財産』分雅堂銀行研究社，1957 年）。
21) Constance Bagley, Craig Dauchy, *The Entrepreneur's Guide to Business Law*, West, 1998, pp.246-247 および Bryan Garner, *Black's Law Dictionary*, West, 2001 を参考にしている。
22) 「知的財産基本法」第 2 条による知的財産の定義は以下の通りである。「発明，考案，植物の新品種，意匠，著作物その他の人間の創造活動により生み出されるもの，商標，商号その他事業活動に用いられる商品または役務を表示するものおよび営業秘密その他事業活動に有用な技術上，または営業上の情報をいう」。
23) 忠実義務と善管義務：機関に対する取締役の信任（fiduciary）の問題としてこの二つが指摘される。duty of loyalty（忠実義務：会社の利益に最善を尽くす＝ best interest of the corporation）。duty of care（善管注意義務：同様な環境でしかるべく賢明な人（reasonably prudent person））が用いる注意のレベルでもって行動すること。

　日本法における忠実義務は，米国州判例法と同様，地位を利用し会社の犠牲において自己の利益を図ってはならない義務である。しかし忠実義務と善管注意義務には米国法のような明確な区分がない。忠実義務は善管注意義務の一部と解釈されている。

　なお，米国法の忠実義務は信託財産の受託者であるとの観念から発しており，会社の最善の利益との利害対立が疑われる状況では責任を免れ難く，義務違反が生じた場合には単なる債務不履行ではなくて信託違反の責を負う。

　日本法での善管注意義務は，取締役がその職務を遂行するにつき善良な管理者としての注意義務を負うこと。その水準はその地位・状況にある者に通常期待される程度のものとされる。専門能力を買われて取締役に選任された場合は期待される水準は高い。不確実な状況での迅速な決断を迫られる場合が多く，その判断を事後的・結果的に評価して注意義務違反の責に問うのでは執行を萎縮される。そこで取締役が積極的に行為した結果，会社に損害が生じた場合について責を問うことには慎重であるべきとされ，むしろ他の取締役の監督義務違反を含む不作為の分野で責を問われる。

　アメリカでは会社役員賠償保険（D&O 保険）の保険料の高騰により有能な社外役員を確保することが困難になったため，定款の定めにより取締役の責任を免除するも

のが多い(江頭憲次郎『株式会社・有限会社法』有斐閣，2005（第4版），pp.370-372)。
24) 注21参照。
25) 専門分野としては，斯業界での経験，業界知識やネットワーク，資金調達実務や資金調達関連のネットワーク，マーケティングの知識と経験，起業経験，技術的ノウハウなどがある。国際的展開も視野に入れているのであれば，そのような人材も必要である。そして製品の市場との関係で女性が必須の場合もある。ボードメンバーは企業の成長ステージで代えるべきで，それまで付き合いのあった関係者やコンサルが必ずしもベストではない。
26) 企業・会社について定義することは無謀のようである。アメリカのコーポレーションの教科書の冒頭で「corporation はきわめて広範な（時に偏った）用い方がされており，それを定義することは盲人が像を描くがごとし」と指摘されている。辞書の定義を紹介すると次の通り。『広辞苑』によると，企業は生産・営利の目的で生産要素を総合し，継続的に事業を経営すること。また，その経営主体のことで，英語では enterprise を充てている。enterprise とは通常 project の意味で使われるが，二つ目の意味は business もしくは company とある（ODE）。会社は商行為またはその他の営利行為を目的とする社団法人と『広辞苑』にはある。英語では company, firm, concern, corporation を充てている（『新和英大辞典』）。法人とは法律用語であり自然人以外のもので法律上の権利義務の主体とされるものと定義される。英語では corporation が充てられている。ここでは企業という一般用語に対し，より具体的に法の枠をはめた法人，さらに会社法という具体的な要件をイメージさせる会社というふうに理解して使い分ける。したがって「企業家」は法的な具体性のあるものとしてではなく一般社会的なイメージにより用いていることになる。企業人という使い方もある。
27) Robert Monks, *Corporate Governance*, Blackwell Pub 2003, pp.8-16
28) イギリスも1600年に東インド会社を設立しているが，オランダの東インド会社はその10倍の資金を調達することに成功した。
29) 未上場の日本の株式会社は定款に株式の譲渡制限を定め，取締役の決議でもって譲渡可能としているところが多い。
30) 2007年ブルドックソース社は投資ファンド（スティール・パートナーズ）による公開買付けに対し防衛策を講じ，敵対的買収に発展。ブルドックは新株予約権をスティール以外の株主に発行，スティールについては相当額の金銭を交付することを株主総会（3分の2以上の合意が必要な特別決議）に付議（役員レベルで責任をとらず株主総会という集団決定による集団責任による決定とした）。株主は経営陣の対抗案を支持し買収を阻止。法的には問題ない形で処理されたが，事実上株主利益は棄損され経営陣の自己保身のためとの解釈も可能な日本的な決着がなされ話題になった事案。
31) 日本の商法（現「会社法」）は法人格を重視する法人実在説に属す。それは日本風土に適合した。対立する概念として法人擬制説がある。
32) ジョン・ヒックス／新保博・渡辺文夫訳『経済史の理論』講談社学術文庫，1995
33) ヴィルヘルム・レプケ／喜多村浩訳『ヒューマニズムの経済学──社会改革・経済改革の基本問題』勁草書房，1954

34) 競争は英語では compete である。compete には争うというよりも，ともに同じ方向を向いて走るというニュアンスがある。日本人にとって市場経済とは人間として切磋琢磨できる環境が与えられていると解釈すべきであろう。
35) 注33　レプケ，p.55
36) 「真の競争秩序という基準は保守的な性格をもっているのではなく，徹底した反独占の政策である。独占資本主義も自由放任の原則をも否定し，あらゆる経済部門において中小経営をとり節度あるもの，それ自身安定的なもの，全体を見通せる人間らしい能力に応じたものを選ぶ……」と指摘している（同上　レプケ，pp.55-60）。
37) アダム・スミスは個人の便益（interest）の最大化が全体の利益の最大化につながり，個人にとって最適と思われる行動が「神の見えざる手」（invisible hands）によって全体最適をもたらすとする考え方で，したがって市場を通じた個の自由な活動に任せればよい（自由放任：laissez-faire）というものであった。
38) 注33　レプケ，p.55
39) 同上　レプケ，p.60
40) 同上　レプケ，p.313
41) レプケはプロレタリア化と呼んでいる（同上　レプケ，p.266）。
42) レプケはこれを群衆化と呼んでいる（同上　レプケ，p.259）。
43) 新自由主義を唱える経済学者 M. フリードマン（Milton Friedman）は，「市場主義体制の中心的な概念は，自主的な協力と自発的な交換です。これに対して社会主義体制（命令経済）での中心的概念は力です。主人である政府が中央から社会を運営するとなれば，最終的には，何をすべきかを国民に命令しなければならない。われわれが自主的な協力の道からそれて，力によって善をなそうとすると，力に内在する好ましからぬ価値観によって，せっかくの善意が打ち負かされてしまう」と指摘している（西山千明秋監修・土屋政雄訳『政府からの自由』中公文庫，1991，pp.127-139）。
44) 注33　レプケ，p.354
45) 同上　レプケ，pp.49-51
46) 同上　レプケ，p.52
47) 外貨準備が底をつきデフォルト（債務不履行）の危機を迎えるが IMF の救済措置で乗り切り，同年ナラシマ・ラオ政権は新経済政策を発表。価格統制が行われていた社会主義型計画経済から市場原理と競争重視の政策に転換が図られた。
48) 金子郁容他『ボランタリーの経済の誕生――自発する経済とコミュニティ』（実業之日本社，1998）p.150
49) 網野善彦『日本の歴史をよみなおす』（ちくま学芸文庫，2005）p.348
50) 同上　網野，p.348
51) 百姓という言葉は，本来，たくさんの姓を持った一般の人民という意味以上でも以下でもない。農民という意味はまったく含まれていない。中国人に聞くと明確に「普通の人」のことと答える。
52) 同上　網野，p.256
53) 宮本又郎・粕谷誠『経営史・江戸の経験』（ミネルヴァ書房，2009）p.114
54) 同上　宮本・粕谷，p.310

第 2 章　新しい行動原理としてのアントレプレナーシップ

55) 同上　宮本・粕谷，pp.309-310
56) 同上　宮本・粕谷，p.315
57) 同上　宮本・粕谷，p.316
58) 戦争直後，ルース・ベネディクト（Ruth Benedict）が『菊と刀』(*Tales of the Cochiti Indians*, 1946) を著しベストセラーになるが，そこで欧米の「罪の倫理」に対してわが国は「恥の倫理」の国と紹介された。
59) 由井常彦「江戸時代の価値体系と官僚制」（宮本又次編『江戸時代の企業者活動』日本経済新聞社，1977）によれば「そこには神＝絶対的な戒律のような絶対的基準はなく，……面子や外聞の重視は派生的な意識と考えられる」(p.188)，「営利心は賤しまれた反面功名心によって動機づけられる」(p.190)，「ベンジャミン・フランクリンは富みに至る道は徳に至る道と説き個人的な努力と精進によって自尊心を身につけるが江戸の商人道にはそうした性格は希薄であった」(p.183)。
60) *ODE* によれば，動詞 behave には第二の意味として "conduct oneself in accordance with the acceptive norms of a society or group" とある。社会に受け入れられている規範に基づいて行動するという意味である。その名詞形である behavior は社会に根ざしている行動原理と言い換えることもできる。
61) Peter F. Drucker, *Innovation and Entrepreneurship*, Harper 1993, p.vii
62) 小門裕幸『エンジェルネットワーク』（中央公論新社，1996）で「米国は中小企業の国である」と書いた。その後アメリカ駐在の長かった日経新聞記者の実哲也もアメリカはスモール・プレーヤーの国と書いている（『米国草の根市場主義——スモールプレーヤーが生むダイナミズム』日本経済新聞社，1998）。David Birch (MIT) の論文 (1979) により伝統的大企業が雇用の大半を生み出すという通念は覆った (New and Growing Small Firms created 81.5% of net new jobs (1969–1976), Jeffry Timmons, *New venture creation* (7th edition), McGraw-Hill 2007, p.50)。
63) ドラッカーによると 1965〜85 年の間アメリカの雇用は 7100 万人から 1 億 600 万人に増加し，1974〜84 年の間でさえ 2400 万人の増加を遂げた。同時期，欧州の雇用は数百万人単位で減少し，日本も 1970〜82 年の間に 10％増にとどまっている（注 61 Drucker (1993), p.1)。
64) 同上　Drucker (1993), p.13
65) 同上　Drucker (1993), p.17
66) 同上　Drucker (1993), p.14
67) 同上　Drucker (1993), p.16
68) 同上　Drucker (1993), p.2
69) レーガン政権時代につくられた「産業競争力委員会：President's Commission on Industrial Competitiveness」が 1985 年にまとめたレポート。委員長だったヒューレット・パッカードの社長だった J. A. Young の名を取って「ヤング・レポート」と呼ばれた。新技術の創造や実用化，保護などを提言。パテント政策がアンチパテント政策からプロパテント政策に転換。同時期，MIT でも競争力委員会が設立され，レスタ准教授がまとめ，1989 年，*Made in America: Regaining the Productive Edge* が発刊されている。
70) そこでは具体的政策として，人材については，グローバル競争を意識した国家的イノベ

ーション教育を実施し，多様性に富み革新的で熟練した労働力を創出し，イノベータを育て，また投資に関しては分野横断的な研究の活性化やアントレプレナーシップのある経済主体の増加，そしてリスクを積極的にとる長期的投資の強化などを謳っている。

71) 注7　奥出，p.23 を参考にしている。
72) 同上　奥出，p.33
73) シュンペーター／中山伊知郎・東畑精一訳『資本主義・社会主義・民主主義』（東洋経済新報社，1995）p.130
74) シュンペーターと同じオーストリア学派のイスラエル・カーズナー（Israel Meir Kirzner）も動態的経済論を主張する。シュンペーターとカーズナーの違いは，シュンペーターがイノベーションを経済不均衡を生みだすものとするのに対し，カーズナーはイノベーションが均衡を生み出すという認識をしているところである。実際の経済は両者のプロセスが同時に起こりつつ発展するのであろう（シュンペーター／清成忠男訳『企業家とは何か』東洋経済新報社，1998，p.175 を参考にしている）。
75) 同上　シュンペーター／清成，pp.156-157
76) 起業家経済の出現は経済的・技術的な事件であると同時に文化的・心理的なものであった（注61　Drucker, p.14）。
77) 同上　Drucker, p.19
78) 同上　Drucker, p.35
79) 同上　Drucker, p.33
80) 今井賢一『創造的破壊とは何か　日本産業の再挑戦』（東洋経済新報社，2008）p.17
81) ジョン・マクミラン／瀧澤弘和・木村友二訳『市場をつくる――バザールからネット取引まで』（NTT 出版，2007）p.3
82) 今井は米国コネティカット州立大学の経済学の教授リチャード・ラングロワ（Richard N. Langlois）の仮説にヒントを得ている。ラングロワは市場の厚みと企業の必要とする緩衝の緊急度の関係性に注目し企業の組織化・垂直統合化を眺めている。市場の厚みは人口，所得，技術的・政治的な貿易障壁の高さなどの外生要因により決定される。緩衝の緊急度とは複雑性・遂次性の観点から見た生産技術の程度であるとする（リチャード・ラングロワ／谷口和弘訳『消えゆく手――株式会社と資本主義のダイナミクス』NTT 出版，2011，p.154）。
83) 注80　今井，p.49
84) パロアルトのゼロックス研究所からスリーコムを創業，イーサネットの開発者でもあるロバート・メトカーフ（Robert M. Metcalfe）が唱えたもの。
85) 末松千尋『京様式経営――モジュール化戦略』（日本経済新聞社，2002）p.3
86) 池田信夫「ディジタル化とモジュール化」（青木昌彦・安藤晴彦編『モジュール化――新しい産業アーキテクチャの本質』東洋経済新報社，2002，p.119）を参考にしている。
87) 同上　池田，p.134
88) 同上　池田，p.134
89) *ODE* には "each of a set of standardized parts or independent units that can be used to construct a more complex structure" と説明されている。

90) 注86　青木・安藤, p.6
91) 藤本隆宏「日本型サプライヤシステムとモジュール化」(注86　青木・安藤所収) p.177 を参考にしている。
92) 同上　藤本, pp.177-178 を参考にしている。
93) 自動車産業分析に詳しい藤本隆宏東大教授は，組合せ型を modular architecture と訳し，摺合せ型に integral architecture という訳を当てている。この他摺合せ技術の英訳については optimizing technology との翻訳もある。
94) 1990年代以降の日本の産業構造をデジタル化という視点でみると，建設機械・複写機・プリンタなどのようにうまく適応した業態と，半導体や電気機器のようにその地位を韓国・中国メーカーに奪われることになった業態とに明暗が分かれた。過去の暗黙知による日本の成功体験がモジュール化とプラットフォーム化への切り替えを遅らせているとの見方もある。
95) 注80　今井, p.68
96) アメリカ社会では作業の段取り，英語ではプロジェクトマネージメントというが，それをコンピュータで調整できるような仕組みに作り変えた。それが種々の作業の切り分けを可能にし，作業のボトルネックを発見し作業スピードを上げ，企業間の取引コストも削減させることにつながっている。
97) アメリカのビジネス文化と日本のそれとの差については苦い思い出がある。アメリカ現地法人の日本人役員と面談した時のことである。アメリカ人はマニュアルづくりとシステム作成に固執する。したがって時間がかかり作業が遅いので困っているとの指摘であった。しかしよくよく考えてみると，アメリカ社会は終身雇用で信頼システムが構築されていて以心伝心で物事が進む日本とはまったく異なる。アメリカはむしろきちんと仕事ができないのが当たり前，そして何時やめるかも知れない。そのようなリスクを常に負っている。したがって企業経営的にはマニュアル化とシステム化に邁進したのである。世の中が変わってデジタル化のスピードが速まったとき，アメリカのマニュアル化・システム化文化が功を奏した。愚直にマニュアル化しそれをシステムに落とし続けた，アメリカに凱歌が上がったのではないか。
98) 注80　今井, p.218
99) そもそもプラットフォームとは鉄道のプラットフォームのことである。一般のIT用語としても「あるソフトウエアやハードウエアを動作させるために必要な，基盤となるハードウエアやOS，ミドルウエアなどのこと，またそれらの組み合わせや設定，環境などの総体（wikiを参考にしている）」のことと説明されている。また，企業の中だけで使われるプラットフォームという言葉は同系統の製品群が導出される一つの中心的製品デザインに関わる資産のまとまりのことを指しているので混同しないように注意する必要がある（同上　今井, p223）。
100) 同上　今井, p.223
101) 今井はハーバード大学ビジネススクール教授マルコ・イアンシティ（Marco Iansiti）の言葉を借りて「プラットフォームとは利用者がそれぞれの問題解決のために利用できる解決方法の集合体であり，そこへのアクセス・ポイントないしインターフェイスが明確に規定されている仕組」と定義（同上　今井, p.45）。

102) 注80　今井，p.225
103) 同上　今井，pp.67-68
104) 同上　今井，pp.145-146
105) 同上　今井，p.147
106) 注7　奥出，p.17
107) 数学を発見した国インドの人口は12億人。インドにはインド工科大学が15あり，そこには学部生約1万5000人，大学院生約1万2000人を擁する。天才的人材が結集し，その中でも有能なものはアメリカをめざす。インド人のネットワークは世界中に広がっている。
108) 注7　奥出，p.47
109) 彼らのデザイン思考の定義は"Design Thinking, the term used for the combination of the processes, skills, cognitive processes, and attitudes prevalent in design is being used to infuse innovation into businesses"である（http://dschool.stanford.edu/）。
110) 注7　奥出，p.18
111) 同上　奥出，p.31
112) 同上　奥出，p.19
113) 同上　奥出，p.12
114) トム・ケリー／鈴木主悦・秀岡尚子訳『発想する会社！——世界最高のデザイン・ファームIDEOに学ぶイノベーションの技法』（早川書房，2002）p.324
115) 注7　奥出，p.67
116) Tom Kelley, *The Art of Innovation*, A Currency Book 2001, p.5
117) アメリカでは住民の意思で市を設立できる。その規模は問わない。
118) 2003年当時。
119) 郊外に住宅などが展開する郡地域を含む都市圏ベース。
120) http://www.lasvegasnevada.gov/; 注116　Kelley, pp.204-205を参考。
121) 同上　Kelley, p.11を参考にしている。
122) 同上　Kelley, pp.248-249を参考にしている。
123) 同上　Kelley, p244も参考にしている。
124) 同上　Kelley, p240およびWIKIを参考にしている。
125) Tom Kelley, *The Ten Faces of Innovation*, A Currency Book 2005, p.14を参考にしている。
126) 同上　Kelley, pp.15-19を参考にしている。
127) 同上　Kelley, p.294を参考に修正している。
128) 同上　Kelley, p.294を参考にしている。

第3章
新しい行動原理としてのシティズンシップ

> Unless people are educated and enlightened, it is idle to expect the continuance of civil liberty or the capacity for self-government.　　Texas Declaration of Independence

　シティズンシップ（citizenship）については，一般には「アメリカのシティズンシップを持っています」というような使い方をする。そこでのシティズンシップは国籍や（市民としての）権利を意味する。あるいは何か共通のアイデンティティの存在を暗示している。より具体的にいうと，①平等な成員資格，②意思決定への参加の保障，③社会的保護と福祉の保障，④共同体への公認の帰属，⑤義務の履行，⑥共同体の正統性の観念の共有の六つの要素に整理できる[1]。

　日本人にとってシティズンシップという概念は生まれながらに与えられ当たり前のものとして受けとめられている。それは自らの力で勝ち取ったものではない。そもそも日本人には自由を希求する欧米人のような伝統はもちあわせていない。したがって欧米人がこの言葉を使うときの気迫は日本人からは感じ取れない。

　君たちが生活空間において善いキャリアデザインをしようとするとき，欧米人がシティズンシップを獲得しようとして血を流した時代に共感することから始めなければいけないのであろう。他人任せでなく自分たちの生活空間は自分たちでより快適なものとする努力をしなければいけない。

　グローバリゼーションが進展するなかで，欧米では国の中にもさまざまな新

しい共同体が生まれ，国という枠を越えたところにも新しい共同体が誕生している。そこではよりアクティブなシティズンシップの考え方が芽生えつつある。シティズンシップは，ややもすれば権利獲得的な概念と捉えられがちだが，個人が自覚して働きかけるものであるとの認識が強まっている。静態的な概念から動態的で創造的なそれに変貌しつつあるともいえる。

　本章では，経済空間ではなくて生活空間における行動原理として，シティズンシップを自覚する。そして，シティズンシップに関しての日本人にとっての問題を理解し，さらにはシティズンシップからどのような未来を展望できるのかを考察してみたい。

1　シティズンシップを自覚するために

1.1　われわれの住んでいる地域コミュニティを相対化してみよう

　われわれは日本文化を背負っている。しかも日本の特定の地域に生まれた。歴史も民族も違う他の地域コミュニティと比較することは，自分自身の地域コミュニティを理解する上で大切なことである。比較してみて何かが違うことを発見する。そうするとさまざまな疑問がわいてくる。経営学では，成功的事例を学び自分の現状と比較し方向性を見いだすことを，ベンチマーキングするという。この節では君の知っている地域コミュニティを欧米諸国のそれとベンチマークしてみよう。

　欧米の個人の活動は目覚ましい。多様な地域づくりが行われている。アメリカに，鉄鋼業で繁栄を極めたが煤煙で町が覆われ20メートル先がみえない，とまで言われたところがあった。その後この町は荒廃した。全米最悪のまちというレッテルまで張られた。人々が去り，町は空洞化する。アメリカ中部テネシー州のチャタヌーガという町である。チャタヌーガは1990年代，アメリカ住みたいまちランキングでナンバーワンに返り咲いた。日本人はアメリカを「市場原理の国だ」と決めてかかる。しかし，市民の力でまちを再生した物語にはことかかない。このまちの再生にはテネシー大学の建築学科の学生も重要な役割を果たしている。街ではなく「まち」である。まちづくりはハード（街）のことではない。「まち」という言葉は人々がつくるコミュニティのこと

を意味している。重要なのは「まちづくり」なのである。

　ヨーロッパにも世界に先駆けて環境都市をつくりあげた，南ドイツのフライブルグ（バーデン＝ヴュルテンベルク州）というまちがある。城壁に囲まれ中世のたたずまいを残す美しいまちだ。このまちは大戦で灰燼に帰した。市民が煉瓦を一つ一つ積み上げた結果として蘇ったのである。そこでは地球環境時代の先駆的なまちづくりが推進されている。

　戦後のドイツ経済を牽引したルール工業地帯も例外ではない。かつてはライン沿いの石炭・鉄鋼の町であった。重厚長大時代が過ぎ去った今，新しい産業への転換が進んでいるが，一方ではその広大な工業用地の一部を原生林に戻している。エムシャパークと呼ばれる壮大な地域再生プロジェクトが実行された。

　国土の3分の2が海抜0メートルである偉大な環境先進国オランダ。オランダ市民ほど自然と闘い，自然と共生している人たちはいない。その伝統はすさまじい。世界の覇権を握ったこともある。しかし基本は人間本位の国づくりにある。自由そして自己責任の国である。マリファナも喫茶店で購入できる。多民族共生社会のお手本の国でもある。合理的な都市設計と美しい田園地域が見事に共存している。スキポール国際空港は昔から，通関してエレベータを降りると，そこは地下鉄の駅である。田園地帯の中に水郷や美しい中世の町々が現れる。

　長靴のかたちをしたイタリア。国は貧しいが個人は豊かであるとも言われる。そこには第三のイタリアと呼ばれる中部・北部に展開する中小都市群がある。小さい町の職人文化が時代にあわせ地域を新しい産業地域に変化させる。そこに住む人たちはカンパリニスモと呼ばれる郷土愛が強い。企業家精神にあふれる人たちが時代にチャレンジし企業は新陳代謝を繰り返す。地域が自律的である理由はそこにある。彼らは紛れもなくイタリア経済の一角を担っている。

　人材的には日本も負けてはいない。町村合併に真っ向うから反対して地域のアイデンティティを保ち，町民一体となって健全なまちづくりを進める福島県矢祭町。北斎のまちとしてブランド化し，栗のまちづくりを印象づける独特の修景（自然の美しさを損なわないように風景を整備すること）により全国から人を呼び込むことができるようになった長野県小布施町。コンクリートで固められた海岸線を破壊して魚を呼び戻すことに成功した青森県の大畑町（彼らの抵抗

むなしく残念ながら陸奥市に吸収合併された)。葉っぱを商品化し料亭に配送する仕組みをつくり，活気あふれる過疎高齢化社会を創造した徳島県上勝町。森林におおわれた寒村でゆずの商品化とマーケティングに成功した高知県の馬路村など，枚挙にいとまがない。多くの市町村で情熱溢れる地域人が活躍している。

　昔の日本は今ほどの中央集権国家ではなかった。たとえば，江戸時代，日本は世界に冠たるサステイナブル（持続可能）で自由で明るい分権的社会をつくっていたといわれる。江戸から明治への時代の変化は壮絶であった。政治システムも経済システムも宗教もことごとく否定された。天皇という権威が突如蘇り，国のかたちが変わった。そこには明らかに断絶がある。その意味では，市井の歴史家渡辺京二が指摘しているように，江戸はかけがえのない一つの文明であった。その江戸文明は世界に冠たる循環社会を実現していた。経済学者速水融が指摘するように，江戸の日本は欧米の産業革命（industrial revolution）に対して労働集約的な職人芸的な勤勉革命（industrious revolution）を達成していた，との指摘も首肯できる。地域文化のもとにさらに細分化された自治組織がくまなくいきわたり，安全で安心な秩序が保たれていた。自律分散型社会に文化が花開いたのである。

1.2　生活空間にいる人を相対化してみよう。

　日本語には，民，人民，町民，臣民，国民，住民という言葉がある。民とは『漢字源』によると，「おさめられる人々，権力を持たない大衆」とある。また，語源的にも「目を針で突いて目をみえなくした奴隷をあらわす。のち，目の見えない人のように物のわからない多くの人々，支配下に置かれる人々の意となる」とある。歴史作家司馬遼太郎の著作にも「日本人はなお農奴である」との指摘があるが，われわれはなおその伝統を背負っているのであろう。近代という時代をつくり上げた欧米人が使うシティズンという概念は日本人には未知のものである。戦後，生活者という言葉も使われだした。しかし，この言葉からも欧米人がイメージしている自立的で政治的なニュアンスは伝わってこない。

　シティズンは市民と訳されている。『広辞苑』には，市の住民・都市の人民，第二に国政に参与する地位にある国民・公民とある。ODE の解説と大きな差は見られない[2)]。欧米人の使う市民のニュアンスを理解するには，citizen に関

連する形容詞である civic と civil のニュアンスを読みとった方がよいようだ。civic とは，まちや都市の管理，義務や活動に関する[3]という意味である。勇気や名誉という「共和主義的」な，古典的な美徳を持った市民・公民・市民精神（公的なものに対する義務感）のようなニュアンスをもつ言葉である[4]。civil は，「軍事や宗教（教会）とははっきりと区分された普通の市民や組織にかかわる，あるいは同じ国の市民の間に起こる」[5]とある。近代的な市民，私的な権利から出発し自由や民主主義，そして博愛，平和といったものに価値をおく市民・市民意識（私的権利を訴えしばしば国家と対立する）に関する言葉である[6]。

そもそも市民とは　ギリシアのポリスを自らの手で守ることのできる人たち，つまり「戦士市民」に発する。彼らは共同体の理念（公共善）を共有した市民であった。この伝統的市民概念の核心は政治的＝軍事的能力，財産能力，教養の三位一体的なものであった。そしてこの核心は 21 世紀の現在もなおヨーロッパの支配層の間に保持されている。市民の資格要件には有識性があり，その知識の内容は言語能力・神話伝承・生活規範や慣習・正義と法知識の共有が前提とされている。それがギリシア・ローマから現代に至るまでの変わらぬヨーロッパの文化的核心である[7]。

近代に入り市民の意味合いが変化する。自由を革命により獲得し，個人主義を貫徹して，予定調和を信じる，ブルジョア市民となる。彼らは武装からは解放されるが，財とともに教養も持ち合せる社会の主役として登場する[8]。そして，現在の民主主義の思想的徹底は討議民主主義や熟議民主主義などというプロセスを重視するようになり，完全無欠である市民を求めざるをえないような状況に追い込んでいる。そのような市民を求めるのは難しい。そのため新しい市民像としては「それなりの市民」（adequate citizen）や「それなりによい市民」（good enough citizen）でよいのではとの議論が始まっている[9]。いずれにせよ日本人は新しい社会を構築するにあたり，市民という概念について再度考察する必要がありそうだ。

経済思想家佐伯啓思も，「日本人の考える市民について，それには何か独特のニュアンスが含まれている。戦前は「国家」や「天皇」を，戦後も「自由」や「民主主義」といった言葉を神聖なものとして祭り上げたが，「市民」という言葉も現在同様の祭り上げ方がされている」と前置きして，次のように述べている。

第一に「市民」はそれぞれの職業や生活の場をもっている。「私的な」関心から出発して国家やなんらかの集団に対してあくまで私的な権利や利益を主張するものである。第二に共通の問題に政治的な関心をもち「横の連帯」を産むものである。第三に既成の政党の下部組織とは区別されるもので，第四に国家や政府に対して批判的な姿勢をとる反権力的・反国家主義的なものである。つまり「市民」の立場は民主主義的であり，「市民」は戦後日本では常に左翼運動と連動してきた。第五点として反日常的な存在であり市民が実体として日常的なものとして存在している欧米とは異なる[10]。

　欧米社会のいう市民とはたえず開かれた形での政治的関心をもち政府を監視し，政治的意識はきわめて高い。自分たちが民主主義をリードしているという自覚がある。これに対し日本人は政治的意識が低く，市民としては未成熟である。これはどうも「お上」という絶対的な権威が存在し民を支配してきたためであるようだ。
　われわれは自分たちの生活の場となる空間（コミュニティ）においてもシティズンシップという新しい様式・原理・意識を身につけ，その空間で自分の役割を見いださなければいけないのである。

1.3　時代を相対化してみよう

　次に君たちがいる時代についても相対化してみよう。日本はユーラシア大陸の辺境の地にある。対馬海峡という大きなバリアが存在し外敵からの侵入を幸運にも防ぐことができた。外から文化を選択的に巧みに取り入れて，日本独自の文化を創造してきた[11]。幸運だったのか不運だったのか，良くも悪くも他国に征服されたことがない民族である。しかし，明治期に欧米から持ち込まれた近代というとてつもない大波に呑みこまれ，今なお翻弄されている。
　シティズンシップという概念は近代の生みだしたものであり，次の時代を切り開くために必要な方向性を示すものであると考える。時代については図1および表1により再度確認してほしい。
　図1のそれぞれの箱において，君たちは今どこにいると考えるか。今をどう捉え，どこを向いて歩き始めようとしているのだろうか。それぞれの箱の中で

図1　時代の構図

```
                    ┌──────────┐
                    │ 個のありよう │
                    └──────────┘
                         ↑
   ┌────┐          ┌──────┐
   │ 時代 │          │ 時代の │
   └────┘          │ 理念   │          ┌──────────┐
  ┌──────────┐ ← │ 哲学   │ →     │ 経済システム │
  │ 豊かさ      │    │ 原理   │          └──────────┘
  │(をもたらすもの)│    └──────┘
  └──────────┘         ↓
                    ┌──────────┐
                    │ 共同体の形態 │
                    └──────────┘
```

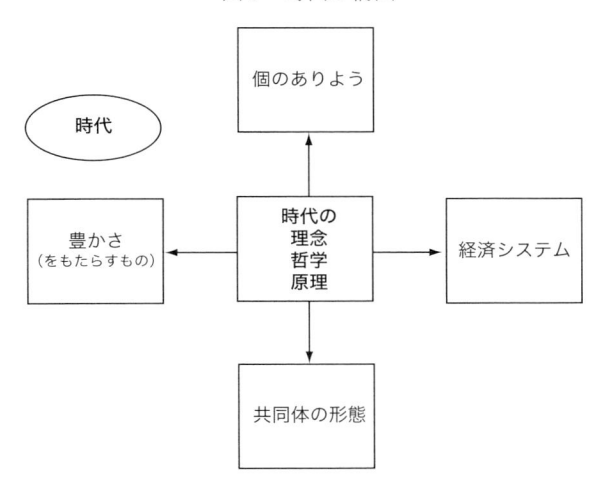

表1　時代の特徴

時代	理念・哲学・原理	個のありよう	豊かさ(をもたらすもの)	経済システム	共同体の形態
伝統社会	宗教（教会）アニミズム権威主義	従属・慣習	農業	贈与	地域共同体
近代	科学主義合理主義効率性	自立・自律理性	工業	市場競争	国家
再帰的近代	科学主義合理主義効率性	自立・自律理性	脱工業化（知識経済）	市場競争	国家グローバル化
ポストモダン	科学の限界・定常社会・地球主義・生き物である人間にとってのQOL	かかわりあい,Spiritual,自己実現	脱工業化（知識経済）	ネットワーク市場	地域主義GLOCAL

出典：篠原一『市民の政治学』（岩波新書, 2004）p.13 の近代社会の五つの柱の図を参考にして作成（図1も）。

伝統主義・近代・ポストモダンのどの概念に親和性を持っているだろうか。それらを考えてほしい。自分の時代感覚を相対化してみてほしい。

中核にあるのは時代の理念・哲学とでもいうべきものである。近代という時代は科学主義（理性・合理主義・効率性）を中核に据えた。伝統主義の世界では，それは宗教（欧米ではキリスト教）であった。日本人は根深くアニミズム信仰をもっていたようにみえる。科学主義に対しては多くの疑問が提示された。20世紀に入り二つの世界大戦を経て，人類は科学主義を貫いても人類に幸福がもたらされるわけではないことを悟った。現在は，資源の有限性という壁を強く意識し，成長経済システムではなく定常経済システムを模索すべきであるという考え方が常識化しつつあるように思える。地球主義とでもいうべきものである。シティズンシップ的にいうと，われわれは人間という生物に立脚して真のQOLを実現する世界を希求すべきなのであろう。

　時代の理念・哲学・原理については表1にある通り，君たちはなお伝統主義，つまり生活の安寧が先行して権威主義の罠に陥ってはいないか。自立の意識がなく権威の奴隷となってはいないか。君たちの故郷に伝統主義の世界が残ってはいないか。われわれの世界のコアにあるのは科学ではなく古い共同体に残る伝統的儀式やアニミズム信仰に由来する権威主義ではないかということだ。

　豊かさの箱は伝統主義時代の農業から工業へ，そして脱工業へと変化している。脱工業化時代に関してはサービス産業や知識経済という言葉が普及している。君たちもそのような世界に自分は生きていると思っている。しかし日本人のものづくりに対する思い入れは尋常ではない。職人芸を誇りとし技術への志向性がきわめて高い。日本人はものづくりという観念が美学となり捨てられないのでは，と思うこともある。それは悪いことではない。しかし今の世界経済で価値を生んでいるのは知識である。「もの」ではなく新しいコンセプトを創造できる人たちが主役となった。日本人は農業に回帰して光明が見いだせるかもしれない。しかしそこでもコンセプトの創造をその中核に据えないと時代を生きてはいけないであろう。

　経済システムの箱については，君たちは今市場経済でものの交換が行われていると思っているかもしれない。そうではない。日本人社会にはなお贈与的なやりとりが残っている。義理人情という世界は贈与経済である。この箱の将来はネットワーク社会であるともいわれる。

　共同体の箱であるが，近代は時空間の拡がりの中で国という枠組みをつくり

あげた。しかし欧米人はその基底には昔の地域のまとまりを捨ててはいない。地域共同体的な意識が残る。古いものに価値を置き伝統を重んじ，地域を残そうとする努力を惜しまない。そこでは市場とは異なる地域主義[12]とでもいうべき原理が働いている。暴力的な市場メカニズムをよく知っていて，市場主義と地域主義とを巧みに使い分けているように見える。ドイツでは中心市街地を形成する旧市街には車が入れない。都市計画では市場原理を認めない規制があまたある。日本は地域という共同体を崩し巨大な集権国家をつくっている。

シティズンシップは地域において発揮される。欧米の近代国家はブルジョア革命により成立する。しかしそれは，しっかりした地域主義の積み重ねの上に存在しているのではないか。EUではヒト・モノ・カネの国境がなくなっているが，地域が活性化しすさまじい勢いで地域連携が始まっている。EU統合の基底にあるものは地域主義である。地域主義に基づく統合を狙っている。地球環境問題の行動原理は"Think globally and act locally"である。グローバルとローカルをあわせた言葉としてグローカル（glocal）という言葉も使われている。

最後に個のありようの箱である。キャリアデザインするという営為は近代・再帰的近代の箱の中にある自律した強い個を求めているのであろう。科学主義が崩れ資本主義経済の競争社会の行きすぎを反省する現在は，個は人と人とのかかわり合いとかスピリチュアルな世界の中に自己実現の道を見いだしたいと思い始めているのではないか。シティズンシップは，そのような新しい社会づくり，つまり新しい時代のQOLを求めるための基本的な行動原理である。

1.4 他者との関係性

キャリアデザインというのは他者との関係性において自分の生き方を考える学問といえなくもない。自立した個がさらに他者とのよりスムースな関係性を持つためにコミュニケーションスキルとしてアサーション（assertion）や聴き方やファシリテーション（facilitation）能力を身につけ，さらにはカウンセリングやコーチングについても学ぶ。

ドイツ生まれのユダヤ人で，ナチズムのドイツをのがれアメリカの民主主義を絶賛した哲学者であり政治学者であったハンナ・アーレント（Hannah Arendt）は，個の異質性を前提として「政治とは「言葉」を用いて「他者」へと働きか

ける言語行為である。そしてその「他者」が「私」とは異なる存在であり，われわれは誰ひとり同じ存在ではない」[13)]と言っている。

　また，シティズンシップ教育で取り上げることになるイギリスの政治学者バーナード・クリック（Bernard Rowland Crick）は，政治とは相互承認のルールに基づく利害対立や紛争の調停・和解と定義している。そしてアーレントと同様，神なきわれわれの社会において人々の利害や価値観が多元的であるという事実を前提とし，利害対立が起きた場合には暴力や強制により解決するのではなく異なる個が妥協や調停を行うことにより平和的に解決するのが望ましいとする。そこには彼の道徳的判断がある[14)]。政治というのは，自立した多様な個が他者との関係性の中で利害や対立を調節していくことを希求するものなのである。

　また，ヴァン・マーネン（Van Maanen）が指摘しているように，キャリア研究は，個と組織の関係性や，個と社会が時間軸の中でどのように変化するかを考察するもので，そこには政治学の言う支配・被支配などの関係性も生まれてくる[15)]。アメリカの政治学の代表的理論家であるロバート・ダール（Robert A. Dahl）も政治を「支配力（control），影響力（influence），権力（power），権威（authority）により主として結ばれる人間関係の持続的なパターン」と定義している[16)]。キャリア研究も政治学も一般社会の中にある組織や集団を射程に入れている。キャリア研究もその背後にある社会的関係や文化的関係あるいはまた経済的関係の中で生ずるものと言えなくもない。このことから政治学者は「政治とは私たちが社会を観るときのものの見方，より正確には社会に対する関わり方の性質である」[17)]とも定義している。2008年に刊行された『キャリア研究ハンドブック』（Handbook of Career Studies）の編者となったガンツ（Hugh Gunz）もキャリア研究は「社会の問いかけに対するものの見方」（perspective on social inquiry）であるとし，政治学とよく似た捉え方をしている。いずれにせよキャリア研究は人生（passage of time）という時間の流れが，人にどのように影響し，いかなる効果をもつかということが中心的テーマ（concept）であるが，キャリアという概念が1990年代以降きわめて広範に使用されるにようになり，このような拡張した捉え方をするに至っている。キャリア研究も政治学もその対象は人間であり，キャリア研究は個により焦点を当て時間軸からその変化を捉えるのに対し，政治学は集団との関係により重心をおいているといえる。

もう一点，キャリア研究は社会のなかで自己実現を希求するという時間軸を据えている。自己実現をするとき争いが発生し，他者を自分の意図に従わせるという局面も予想される。対立不可避となるとき権力という構図がみえてくる。キャリアデザイン的にはこのことはどのように考えておくべきなのか。他者とどのような関係を築くのがよいのだろうか。他者を支配せよというメッセージを発することになるのだろうか。はたして答えがあるのだろうか。キャリアデザインは政治学の世界に足を踏み入れることになるのかもしれない。

1.5　秩序を求めて
　他者との関係性の中で人は行動する。そこに社会が生まれる。その社会は個々がばらばらな混乱状態ではなくてある秩序をもって運営されている。かつては専制国家が力により秩序をつくりだしていた。それでは近代という個が自由を獲得した時代の秩序とはどのようなものか。どのように考えておくべきなのか。近代という時代は，小さなコミュニティではなく国家が誕生し憲法という概念を生み出し，市民社会という秩序をつくった。その秩序とは，市民が国をつくり，市民が国を運営し，市民が国に従う仕組みを創造するということである。市民革命を経た彼らは，人の尊貴，つまり人権を何よりも優先されるべきものとし，それを最上位においた。人と人との関係をうまく回すための基本ルールとして社会契約説が生まれ，民主主義や国民主権の概念も生まれた。そしてそれらのフレームワークを保障するために憲法が創られる。権力者の恣意による「法による支配」の社会ではなく，みんなが平等でみんなで決めた法で社会が動く「法の支配」の原則を生みだした。そのフレームワークの中で国民の自由を侵害しないよう，精神的自由・経済的自由・人身の自由（適正手続きの保障）・裁判を受ける権利・平和のうちに生きる権利などの自由権が定められた。そして国を運営するために参政権というものを生み出したと考えるべきであろう。
　資本主義社会が肥大化する中で人権が必ずしも優先して守られないことが生じたため，より人権を保護するために社会権という概念が生み出され，国家が介入して保護する仕組みがつくられた。国に参加する国民はもちろんルールに従い，彼らが果たすべき社会での役割をにない義務を果たさなければいけない。

そのような構造を生み出した。"Ask not what your country can do for you, ask what you can do for your country."[18] である。

　要約すれば，ルールは自ら作り，ルールを自ら守る。そのルールは基本的な人権を害してはいけないし，ルール違反に対する罰則をつくるが，その罰則にもルールを設けなければいけないという仕組みである。この考え方は種々の社会において役立つものである。シティズンシップの基本にある考え方といってもよい。

　翻って日本はどうであろうか。

　わが国は議会制民主主義の国である。議員は公選され彼らを通じて法が定められる。しかしながら法律は官僚（お上）によって準備され議員は受動的に法律を定めている。官僚によって構成される省庁は主として国の産業政策を立案し遂行するための機関として設立されている。途上国時代の日本には国策としての産業政策は有用であったが，国が豊かになり国民の価値観が多様化するなかで，国民が求めるものは供給者の視点ではなくて消費者の視点／生活者の視点からの国づくりである。このようななか，現在の官僚は供給者（産業）の利益を代弁する機関に堕したと言われる。国会議員はなお供給者と関係するさまざまな利益団体の便宜を図る構図の中にいる。議員に対する献金は候補者の言論の自由を支えるために主として個人が行うのが民主主義の基本であるが，日本は政党への企業献金への依存度が高い。事実上の権力を握る官僚は自らつくった法（法律・政省令）を巧みに操って（行政指導）支配を続けている。それは欧米民主国家では実現しているところの「法の支配」ではない。この官僚システムは戦後アメリカにより導入されたシステムではない。第二次世界大戦前の国家総動員法時代に確立された 1940 年体制と呼ばれる日本の官僚システムである。

　また，欧米文明が血を流して獲得しなお悪戦苦闘している三権分立の制度も，日本の官僚システムのなかでは法による支配の道具となっている。別件逮捕がまかりとおる。厚生労働省局長であった村木厚子さんのような事件[19] がおこる。人権が中核に据えられた法の支配は実現されていない。

　また，国民も自分たちの生活は自分たちでつくりあげるという気概に乏しく，お上まかせで他人依存で，ことが起きると責任を転嫁する文化風土から脱却できていない。自ら善い社会をつくるための第一歩として裁判員制度への取り組

みが始まったが，積極的に参加すべしというようなポジティブな意気込みは伝わってこない。司法改革審議会で21世紀の日本社会に向けて高らかに謳いあげられた国民の統治客体から統治主体への脱皮というスローガンは，それが日本社会の重大な課題であるにもかかわらず国民の共通認識とはなっていない。国民は社会を善くするために行動することは少なく，むしろルールを盾にとって通報したり嫌がらせをするなど，自分たちへの監視を強め，自分たちの行動の自由度を狭め，窮屈な社会をつくっているように映る。国民も法による支配の世界にどっぷり浸かっているのである。さらに，日本社会に網の目のように張り巡らされ固着化し変革を阻んでいる，魑魅魍魎たる無数の中間団体（会社組織を含む）の存在がある。中間団体が実質的な行政の一部を担い見掛け上の小さい政府を偽装し，集団主義・なれ合い・もたれ合い・「お上」頼りの文化を構造化している。日本人はなんらかの形でこの構造にはめ込まれているようにみえる。政官財癒着の根底にあるきわめて重大な問題である。

　自立しない個が形成する社会では，法人の人権が権力に化身する。基本的に日本人は，個の人権・個の自由・個とルールとの関係についての認識がきわめて甘い。欧米人はそう見ている。マッカーサー元帥がいみじくも指摘したように日本人はまだ12歳なのである。

1.6　地域とは何か，国とは何か

　日本は島国である。ユーラシア大陸の辺境にある。この島国は，侵略するには遠いが，大陸からの文化の受け入れは不可能ではない位置にあった。そこに住む民族は万世一系の天皇家を頂点とする集団をつくり文化伝統を共有してきた。その歴史は約2000年に及ぶ。内部での権力闘争はあったものの，国というまとまりについては，日頃あまり疑念をさしはさまない。しかし世界の歴史が教えるところによれば，国も有為転変する。侵略・滅亡・統合・分離を繰り返してきた。

　ヨーロッパでも昔から領土の奪い合いで戦争が絶えず，大航海時代には海を越えて他民族を征服した歴史をもっている。しかもヨーロッパの国の規模は小さい。英・仏・独・伊を除いては人口はおおむね数百万の小国である。パリ・ロンドン間は飛行機で1時間，国を越えることは日常的なことであり他国に親

戚がいるひとも多い。イギリス国王は北欧のバイキングの出自であり、現在のエリザベスもドイツの流れをくむ。夫はギリシア王家である。日本人の持っている国に対するイメージとは異なる。このような歴史の流れの中でヨーロッパの政治統合が現実のものとなる。自由経済圏構想も生まれる。自由貿易協定（FTA）や経済連携協定（EPA）などへの感情的障壁はわれわれに比べ低いのかも知れない。

　言語的にも国に関しては、国民を意味する nation があり、国家を意味する state がある。民族が国家を持った場合には、それは民族国家（nation-state）と呼ばれ、地理的な領域をさす country や land（領域国家：territorial-state）という言葉があり、権力をイメージさせる sovereign や commonwealth、そして、国の統治の形態により君主国家（monarchies）・専制国家（tyranny）・共和国家（republic）[20]など、さまざまな表現がある。

　また、学識者も国については種々の捉え方をしている。EU 的国家を肯定するリフキン（Jeremy Rifkin）は、「アメリカでは、自由は独立を意味し独立は空間の私的支配を意味した」[21] と述べ、アメリカは私有財産制度というイデオロギーで成立する国だと断じている。また、『ドイツ国民に告ぐ』を著したドイツの哲学者ヨハン・フィヒテ（Johann Fichte）は、国家とは「血縁（共同体社会）ではなく個々人の自由な創造的行為によって創出される文化共同体」[22] であると宣言した。しかしその後ドイツにおいて血縁共同体社会を指向したナチが勃興したことは周知の事実である。

　ヨーロッパ中世は幾千ものコミュニティが分立・併存した状況にあった。そのヨーロッパは大砲という兵器の出現を象徴的事件として集権化が進み、民族国家へ変貌する。ヨーロッパで主権国家という概念が確立するのは 1648 年のウェストファリア条約以降であり、このときから近代の国際法がスタートする。宗教勢力からも解放され国境も確定する。

　そして産業革命という技術革新が民族国家をして私有財産制度の確立と中央集権化による市場の拡大（ローカル市場からナショナル市場へ）へと急がせる。結果、世界を制覇することになる資本主義が進行するのである。確かに個人は窮屈な地域共同体から解放され、自由を得た。しかしヨーロッパ人には、自由の獲得が同時に地域共同体意識を薄弱化し文化的多様性も抑制したのではない

かとの悔恨の念があるように思われる。彼らの意識の基底にあるのは地域主義なのだろう。ドイツもフランスも今なお中世の町並みや建造物を必死で残している。イタリア人がよく口にするカンパリニスモという精神を大切にする文化にそれが表出している。

われわれアジア人がヨーロッパを真に理解するには，自由学（リベラル・アーツ）・市民法大全・教会法大全を知らなければいけないといわれる[23]。市民法大全とは壮大な法秩序体系である。それは，古代ローマ以来，ヘレニズム世界を貫通し6世紀に東ローマのユスティニアヌス1世が命令してまとめさせ，12世紀にイタリアのボローニャで開花し，そこからヨーロッパの主要大学に普及し承認されるに至った統治・行為の規則と秩序の体系である[24]。彼らはそれを共有している。それが，ばらばらで多民族・多言語で分権的なヨーロッパの地域共同体群を温存しながら，国という大きな単位にまとめ上げることを可能にしたのである。真に彼らの仲間入りを果たすためには，われわれはその奥義を修得しなければならないのであろう。

ヨーロッパの地域共同体と国との関係はこのような長い歴史の経緯の中で複雑な関係をもちながら今日にいたる。各地域は固有でさまざまな形がある。分類することは難しいが，大胆に分けるとすれば二つに分けられる。一つは中央政府と地方の基礎自治体により構成される広域統治体が統治する地理的・空間的な単位，そしてもうひとつは独立的な統治自治体である。後者の場合，連邦的国家や連合的国家における州や地域圏などを指す。ドイツ（連邦共和国）・イギリス（グレートブリテンおよび北アイルランド連合国）・スイス（連邦）・ベルギー（ベルギー王国，二言語連邦制国家）など，そしてヨーロッパ以外ではアメリカ・カナダ・オーストラリアが連邦的国家であるとされる。学問的には，連邦国家とはD. J. エレーザー（Daniel J. Elazar）は「強力な諸構成体と強力な中央政府で構成されその各々が市民によって委任され市民を直接の対象として行使される権限を付与された権力を持つ政体」と定義している[25]。また，K. C. ホエアは連邦原則が妥当する政治システムと定義し，連邦原則を「中央と地域の政府がその各々の領域内で協調し自立的であるために権力を分割する方法」[26]と定めている。連邦国家といってもそれぞれ固有の形態をもち一律ではない。連邦を構成する地域は固有の事情を抱えている。地域というのは歴史の産物で伝統文

化という恒常性をもっている。国と地域はそのような視点で考察しなければいけない。もっと踏み込んでいうと国は自立する地域の寄せ集めなのである。

1.7 シティズンシップと日本の地方制度

アメリカでは自治体はそこに住む人たちが創設する（incorporate）。アメリカの市役所に行くと「○○年インコーポレーテッド」という碑に遭遇することがよくある。この碑はその自治体が住民の誇りであり，地域の原点であるということを物語っている。そこに住む人たちがシティズンシップを発揮して，自らの意思で憲章を起草し，自治体をつくったのである。法律がそれを担保している。残念ながら日本にはこの制度はない。

一方，日本が国づくりのモデルとしたドイツは日本では中央集権の国家とみられているが，それは大いなる誤解である。1871年ドイツは統一されるが，それまでの君侯諸国（邦）がその基盤を形成していて重要な行政権は君侯諸国が握っていた。ドイツの参議院は邦諸国の代表により構成され，しかも立法提案権をもち帝国議会を通過した法案の承認権などをもち最高決定機関として機能している[27]。統一ドイツを支えていた連邦諸邦にはそれぞれ異なった法律と制度があった。それは古めかしい地域割拠主義であり，統一ドイツはそれらを基盤とした複合的国家体制だったといえる。その古めかしさと伝統は国内市場の統一を実現していく資本主義の発展と矛盾するものではなかった。伝統と古めかしさが新しい制度と十分に両立しえたところに西ヨーロッパの市民社会の特徴がある[28]。

日本の歴史はまったく異なる軌跡を描いている。徳川幕藩体制の解体が徹底的に実行に移されている。結果，日本は世界に冠たる集権国家の礎を築く。廃藩置県と同時に秩禄処分が実施される。これがかつての支配階級の経済的基礎を解体した。イギリスやドイツのような中世社会の貴族が近代化とともに地主階級へと転化していくというようなプロセスをたどらない。これが明治以降に発達した日本の資本主義社会に西ヨーロッパ市民社会とは異なった中央集権的・中央志向的道を歩ませることになる。日本の武士が地主となりえなかったのは14世紀末の室町時代から始まったいわゆる兵農分離に起因する。それが徳川幕藩体制下の大名と家臣の石高制度となって定着する。徳川封建時代に武士

が土地から切り離されて封建領主の保護する城下町へと集中され，官僚サラリーマンと化すのである[29]。

　ここでは日本の地方制度の中央集権的性格を確認するために，現在よく使われる地方制度に関連するキーワードをいくつか紹介したい。これらの言葉を通じて日本の地方制度の現状を理解してほしい。日本は欧米とは異なる地方制度をもつ。日本は緻密にかつ複雑に構築された中央集権国家だといえる。頑迷なる官僚制度が徹底されているこの地方制度の改変には憲法改正レベルの壮大な闘いが必要である。

　まず「地方分権」である。日本は公務員総数に占める（地方）自治体公務員の割合は約4分の3，国と自治体の歳出純計に占める自治体の歳出の割合は約3分の2である。つまり日本では行政サービス業務のおおよそ7割は自治体によって行われている。欧米諸国に比べきわめて高い比率である。しかし，自治体が担う行政サービス業務の範囲・仕組み・基準の設計・法制化のレベルおよびその執行にかかわる執務マニュアルの策定はほとんど中央政府（国）で決定されている。すなわち実務は都道府県と市町村に分散されているが実質的な決定権は国に高度に留保されている。みごとな集権的な分散システムを完成させている。したがって日本における地方分権とは行政サービス業務を自治体へ移譲することではない。自治体の行政サービス業務の決定権を自治体に移譲することである[30]。

　次は「三位一体」である。一般に国税から地方税への税源移譲，補助金の廃止・削減，地方交付税の見直し，これら三つの課題を一体として改革し国と地方の財政関係を改めることを指す。これは2002年6月に閣議決定された「骨太の方針2002」に記載されたものに由来する。残念ながら当初の経済財政諮問会議に取り上げられた「税源移譲の先行実施」という手順は削除され，次のような記載になっている。

　①国庫補助負担事業の廃止・縮減について，内閣総理大臣の主導の下各大臣が責任をもって検討する。②これを踏まえ国庫補助負担金・地方交付税・税源移譲を含む税源配分のあり方を三位一体で検討し，それらの望ましい姿とそこに至る具体的な改革工程を含む改革案を1年以内を目途に取りまとめる。

　三つ目は，「市町村合併について」である。歴史をさかのぼると1888（明治21）

年,義務教育を全国津々浦々において実施するため,市町村の最小規模として300から500戸以上という最低基準により,総数7万を越えていた市町村数を5分の1の1万4000程度にまで絞り込んだ。戦後1953（昭和28）年スタートの昭和の市町村合併の時は,最小町村の規模を人口8000人以上にすることを目途に進められ,3300有余まで削減している。この時も新制中学校1校の事務効率から必要最小限の人口規模であると説明されていた。今回の平成の市町村合併の場合の問題は,何のための合併かを説明する公共サービスの内容を明示せず,また,市町村に求められる最小規模の数字の目途も提示されていないことである。コミュニティの重要性を考慮する余裕もなく無原則な合併の促進に終始した。その背景には小規模町村にとっての介護保険制度の単独運営が困難であるとの判断があったと推測される。そして,促進策の要となったのは地方交付税の減額というムチと合併自治体への手厚い財政支援というアメであった。目標年次である2009年度末時点での市町村の数は1727まで減少している[31]。

　最後は「ナショナルミニマム」という美しい概念である。戦後,国土の均衡ある開発をめざして国土開発法を定め,一連の総合開発計画が査定され地方の開発が実行に移される[32]。しかし結論的にいうと平等感の強いこの言葉に飾られてはいるが,それらは中央集権化を進める方策であって,地方自治はそれにより圧殺されたといっても過言ではない。ナショナルミニマムという言葉はそもそも労働者の労働時間等の勤務条件や賃金などについて法律で強制すべき最低基準を意味していた[33]。日本ではこの概念は地域の均衡ある発展と同義語的に使用された。それは地域の事情を斟酌せず,地域に自主的解決方法を探らせることなく一方的に定めることを正当化した。例えば,社会福祉施設については定員規準・施設設置基準・職員配置基準・専門職資格基準・入所者処遇基準等々事細かに定められている。全国津々浦々どこでも例外なく厳格に順守されるべき最低基準であり,したがってナショナルミニマムなのである。市町村は,国から義務付けられたナショナルミニマムを達成することに汲々とする。地方自治体の職員は中央からの仕事に忙殺される。彼らは地域が本来あるべき姿を考える余裕もなくなる。したがってナショナルミニマムの水準が引き上げられれば引き上げられるほど国から自治体への財政移転の規模は拡大し,自治体はますます自治を失うのである。そして財政は窮迫する[34]。

2 シティズンシップの地平

2.1 シティズンシップの系譜

シティズンシップはアイデンティティではない。アイデンティティは先祖伝来的・本能的なものであるが，シティズンシップは政治的・機能的なものであるとイギリスの歴史家リンダ・コリー（Linda Colley）が指摘している[35]。*ODE* には「特定の国の市民である状態」とある。英和辞書には市民権，公民権，市民性，市民的行動，共同社会性などと訳出されている。英国の社会学者ジョーンズ（Gill Jones）とウォーレス（Claire Wallace）は，「福祉資本主義社会においてある年齢に達すれば暗黙のうちに与えられる，個人に対するひとまとまりの権利と責任のこと」とより明確な定義を与えている[36]。欧州も日本もシティズンシップを権利的な概念として捉えているようである。しかし近年，グローバリゼーションや欧州統合の進展とともに，その意味するところは大きく変化している。静態的で受け身的な概念からより動態的な，積極的で自主的で行動的な概念に変容している。政治的意味合いにおいても機能的意味合いに置いても変わったのである。

キャリアデザインする個は自立し自律しようとする動的な個である。アメリカの哲学者アーレントもイギリスの政治学者クリックも，新進気鋭の同じくイギリスの社会学者デランティ（Gerard Delanty）もシティズンシップを動的で行動的な概念として定義している。デランティは「シティズンシップは最終的には個の自立性の承認でありそれゆえ自己と他者との間の折り合いをつけることである」としている。

シティズンシップはギリシア，ローマに発祥するヨーロッパ文明の根底にある広範なる教養や伝統的文化を包み込んだ意味深い言葉である。彼らがシティズンシップ教育の重要性を叫び，リベラルエデュケーションを忘れて専門性教育に流される現下の情勢に慨嘆するのも，故なきものではない。以下では欧米人の法学者や社会学者の認識するシティズンシップの歴史や彼らの見解を紹介する。

シティズンシップはそもそも西洋文明の産んだ概念である。ヨーロッパ法に詳しい法学者河上倫逸は，ギリシア・ローマ時代から現代に至るまで変わらな

いヨーロッパの文化的核心はシティズンシップにあるとする。そして理念性・政治性・精神性・文化性・有産性・有識性という観点から説明する。古典的市民社会の場合の市民は「戦士市民」である。政治（法共同体）を守る存在なのである。必要があれば家子を引き連れて自らが戦闘に参加する。そして武装能力を維持するためにそれ相応の経済力をもつ。またそれを守る「共同体」の理念性（精神性）が求められる。つまり伝統的な「市民性」概念の核心は，政治的（軍事的）な能力，財産の支配者たる有産性，教養ある存在としての文化性にあったとする。したがって市民とは政治的・法的・文化的に特権を享受するエリート層を意味した。それがブルジョアの出現により19世紀に大きな転換が起こり，財産と教養が前景に出てくる。しかし，今なおヨーロッパの支配層にある市民性概念の核心は政治的＝軍事的，財産能力，教養の三位一体的なものであり，したがって彼らの有識性が市民の資格要件であり，言語能力・神話伝承・生活規範や慣習，正義と法知識を持つことが前提となるのである[37]。

　英国の社会学者マーシャル（Thomas Humphrey Marshall）は福祉国家イギリス時代を背景にシティズンシップを国民国家との関係において次のように分類している

(1) 市民的権利（人格の自由，言論，思想および信仰の自由，財産権，そして契約の権利，裁判の権利）—— 18世紀の個人的権利

(2) 政治的権利（政治的権限を与えられた団体（国会や地方議会）のメンバーとして，そのメンバーの選挙人として政治力の権利の行使に参加する権利）—— 19世紀の参政権や政治に参加する権利など

(3) 社会的権利（わずかな経済的福祉と保護の権利に始まり社会遺産の十分な分配から社会に普及した標準にしたがって文化的な生活を送る権利まで全範囲にわたる）

の3段階に分けている[38]。

　マーシャルの説明は明快であるが，それは第二次大戦後のイギリスの福祉国家における管理される市民像からシティズンシップを捉えたにすぎない。すでに時代は大きく旋回し，市民と国家との絆は変化していた[39]。つまり，マーシャルは，市民は私的領域と公的領域を厳密に区分し，なお管理社会／福祉国家に染まっていると考えており，すでに市民にはインフォーマルなネットワーク

が形成され，それが新しい公共圏を生み出しつつあることに彼は気がついていない。いわんやマーシャルは市民の文化的権利や集団的権利の台頭やシティズンシップの参加という重要な側面に気づく由もなかった。彼は基本的に市民は受動的な行為主体としか捉えていなかったのである[40]。

　グローバル化が進み国民国家の主権が大きく侵食され，また欧州連合が実現し人の移動まで自由となり，国境が限りなく見えなくなりつつある現在，シティズンシップの概念は否が応でも変容しつつある。マーシャルの考え方にとって代わってデランティ（Gerard Delanty）が登場する。彼はシティズンシップを四つの要素，権利・責任・参加・アイデンティティにより定義し，その行動的な要素の重要性を訴える。マーシャルがシティズンシップをせいぜい税負担などの強制的義務のみしか取り上げず，きわめて受け身の市民像を描いているのに対し，デランティはそのアクティブな自発的義務について強く認識し，シティズンシップによる大衆のエンパワーメントまで構想している[41]。

　時代は紛れもなくシティズンシップの再構築の時代に突入している。つまり地域コミュニティ（サブナショナル），国（ナショナル），国を越えた連合（トランスナショナル）の三つのレベルの統治がすでに出現している。そして，それぞれのレベルにおいての民主主義的なシティズンシップが問われている。それは多様化する社会の中で個人が素朴な発想で自分たちの生活空間をいかに善くすることができるのかを考えることなのではなかろうか。

　欧州連合では「補完の原則」（principle of subsidiarity）が実践されている。補完性の原則とは，地域コミュニティなどの小さい単位で可能な限り意思決定と執行を行い，そこではできないことのみをより大きな単位の団体である市や県で行い，そこでも解決できない問題はより大きな単位である国や欧州連合で行うが，そこでは常に必要最小限ですべてに共通する事項のみを行うという考え方である。地域主権とはそもそもはこのような考え方に立脚しているのではなかろうか。

　フランスの貴族であったアレクシス・ド・トクヴィル（Alexis-Charles-Henri Clérel de Tocqueville）という政治思想家が独立後半世紀を経たアメリカを訪問し，アソシエーション（団体）の数の多さに驚嘆する。アメリカでは自然発生的に多くのアソシエーションが生まれ，地域コミュニティの生活の質を改善するために

種々の活動をしている。これらが法人化したものが NPO である。それが地方政府の代替的役割を果たすことも多い。アメリカでは行政府から与えられる民主主義ではなく下からの民主主義が実践されている。そのアメリカ人が現在考えるシティズンシップとは社会への参加 (getting involved) である。カリフォルニア大学バークレー校のロバート・ベラー (Robert Neelly Bellah) を中心とする社会学者のグループがアメリカ人をインタビューしてまとめた大著『心の習慣』(*Habits of the Heart*) の中で次のように述べている。

> 市民としての責任を果たすためにはどのようにすべきなのか。学生たちにはどのように教えたらよいだろうか。アメリカの地域コミュニティのリーダーの答えは,「参加すること (getting involved), そう彼らに教えなさい」である。アメリカ合衆国は参加者たちの国家である。アメリカ人は年齢・性別・生活のタイプの如何を問わず, 団体を形成している。それは商売や仕事に関する団体に限らない。数千種類の団体がある。宗教的・道徳的, 真摯なもの・取るに足らぬものなどなどさまざまである。何か新しい事業を始めるときには, フランスでは政府がイギリスでは地域の有力者が合衆国では団体が動き出す。アメリカ人は, 個人が参加すること, 自ら選んで社会集団に加わることが, 期待されているのである。個人が, 自ら選んでもいない義務を押しつけてくるような社会関係に自動的に組み込まれるようなことはありえない。メンバー一人ひとりの自発的な選択に基づかない社会団体は, まっとうなものとはみなされない[42]。

ベラーたちは, 義務としてのシティズンシップ, つまり行動することの重要性を説いているのである。

ドイツ移民の哲学者アーレント[43] はアメリカの憲法を評価する。それは, アメリカでは民族的宗教的アイデンティティとは関係なくシティズンシップという視点で個人が認知されているからである。ヨーロッパのように同化という犠牲を払わずにシティズンシップを得ることができるからである。アーレントは, 「親密さ」(intimacy) や「暖かさ」(warmth) ではなく, 「市民的友情」(civic friendship) と「連帯」(solidarity) にシティズンシップの定義を見つけ, それが個

人によって政治的要求をつくりだす基礎となり，そしてそれが個人と社会との関係を保持するからであると考えている。したがってわれわれが集団を構成し「親密さ」や「暖かさ」，「信頼性」といった共同体的感情に安住することはむしろ危険であるとする。そのような集団に依存する安心・安全性は本来の市民的友情や連帯という公的価値を損なう可能性が高いと警告する。アーレントは私的領域においての親密さや暖かさの重要性を認める。だが，公的領域においては徒党や派閥を組まない自律した独立した個人が他の市民との討議的で公平な連帯を維持することが大切で，そうすることによってのみ公的領域を冷静に客観的に判断できるとしている。

　アーレントは，そのとき必要なものが公共空間であるとする。そこは「意見」を交換し，お互いの相違を議論し，なんらかの共同的な意志形成に到達するための場であり，そこで，さまざまな視点から問題点が提示され吟味され「意見」として修正されながら，中身が豊かなものになっていく。「意見」の開示により，それぞれの人間がどのような価値や目的を持って生きているかが洗い出され，それゆえ相互理解が実現するのである。固有の価値や関心が披瀝される。そして人間と人間との間に潜む葛藤や対立が露わになる。だからこそ，合理的な解決（価値配分）のために（正統な権限を備えた）政治社会を組織しようとする共同の意志が形成されるのである。アーレントのいう政治社会は，宗教的・民族的親和力や共通の価値によってつくられるものではなく，みんなが議論するための公的空間（公共）をみんなで共有し，その活動に参加することによって形成される社会である。政治の世界にみんなを結合させるものは，一緒につくり上げ，ともに住むことであり，シティズンシップとは，そのような市民として担う役割を理解し実践に移すことができるアクティブなものであるとする。

　なお，アーレントは，日本的な全会一致決定方式には異議を唱えている。すなわち彼女は「すべての意見が同じになると意見の形成は不可能で，意見を全員一致のものにつくり変える『強い人間』を求めるようになると，すべての意見は死ぬ」と断じる。日本的全員一致は，アーレントにとっては思考停止を意味し危険の兆候である。大衆の全員一致は狂信とヒステリーの表現であり，全体主義への転落という民主主義の陥穽が待ち受けているのである。

　またアーレントは，公的生活に参加することは自己犠牲ではなく，むしろ幸

福感を与えるものであるとしている。彼女はみなのために何かをする，政治的な意思表示とその実践を public business と呼び，公的な幸せとは，公的な領域（公共）に入る権利，公的権力（権限）に参加する権利，統治参加者になる権利のこととしている[44]。

2.2 シティズンシップを発揮する生活空間の考え方

シティズンシップは経済空間ではなく生活空間で育まれる。生活の場である地域コミュニティを主たる活動の場としてそこから派生していくものと考える。シティズンシップとは生活に立脚する行動形態，つまり生活の場の発想で行動を起こすことと考えることもできる。そのための受け皿法人として NPO などが準備されている。またサードセクター，社会企業やソーシャルビジネスなどという従来にはなかった新しい概念も登場している。それらが「市場の失敗」や「政府の失敗」を補完する役割を担う主体として期待が寄せられている。

ここではこれらの組織や概念について理解をしておきたい。

シティズンシップを発揮して活動する分野は利潤追求をモチベーションとして行動するビジネスの分野ではない。ビジネスの分野は市場メカニズムを通じて公正公平に競争をすることにより秩序を求め，結果，資源の最適配分を行おうとするものである。しかし，実際には公正公平な完全競争環境を実現することは難しい。独占や寡占が生じる。また公害のように市場参加者のコストが参加者以外のところで負担されることも起こる（外部性）。さらには外交や警察などのように価格メカニズムが働かない公共財という分野もある。加えて消費者に与えられる情報と供給者がもつ情報との間にギャップがあり，公正な価格形成がなされない「情報の非対称性」といった問題も潜んでいる。このように市場メカニズムでは必ずしも解決できない状況のことを「市場の失敗」と呼んでいる。これら市場が解決できないところは政府が補完すべしと経済学では説くが，政府も複雑化する現下の経済社会ではすべては解決できない。相当のコストをかけないと解決できないものも多い。このような政府の自己裁量的政策がかえって効率性を損ない資源の最適配分とは程遠い結果となり，また政治による恣意が特定の選挙区や特定の利益団体に資源や資金が配分されてしまうことも現実問題としてある。また，金融的にはクラウディングアウトといって，

増税や国債の発行により，必要な資金が民間セクターに流れず，資源の最適配分をゆがめてしまう。このような状況を「政府の失敗」と呼んでいる。

　価値観が多様化し複雑化する現代，市場メカニズムや政府の政策では解決できない問題が山積している。このような状況のなかで生活空間に立脚する個人のネットワークやボランティア，そして彼らが構成するコミュニティの力，さらにはサードセクターと呼ばれる新しい領域に注目が集まっている。

　経済史的に説明すると，戦後の福祉経済国家をめざした政策（大きな政府）は失敗した。その後，市場中心の政策（小さな政府）で経済的には成功をおさめた。しかしその間のドラスティックな経済改革が社会にひずみをもたらし，その反省を踏まえ民間企業でもない政府でもない個人やコミュニティの潜在能力への期待が高まった。市場でもなく政府でもない新しい部門を巻き込んだ経済社会運営が試されている。イギリス的に言うと「第三の道」であり日本的にいうと「新しい公共」[45]の議論である。

　しかしながら，そのような新しい部門に関しても，個人やコミュニティの自発性に依存するがゆえにサービス供給に偏りが生じたり（パティキュラリズム），また富裕層の慈善意識の強さが援助する側と受ける側に主従関係を生じさせたり（パターナリズム），さらには善意のアマチュアは弱者に対する道徳的指導の域を越えない活動にとどまることが多く（アマチュアリズム），いくつかの欠陥が指摘されている。この部門にも「ボランティアの失敗」と呼びうるものが存在するのである[46]。

　現下の経済社会においてシティズンシップを発揮することができる場について頭の整理をしておきたい。

　わが国はシティズンシップを発揮する概念や組織が未整備であった。1998年NPO法（特定非営利活動促進法）が制定された。民間の自主性の発露である公益活動の受け皿としての法人組織である。公益法人については，従来は政府が公益性の判断を行い自らが許認可を与えていた（昨今天下りの受け皿として悪名が高くなったが）。そのような公益法人とは別の法人組織としてNPO法人が認められたことは画期的なことであった[47]。

　2008年公益法人改革が実行に移される。従来の公益法人概念が整理され，きわめて簡便な手続きで設立できる一般社団法人や一般財団法人という新しい

法人概念も登場することになる。

　世界では歴史的にアソシエーション，チャリティ団体やボランタリ組織など社会的で公共的な目的を達成するための組織が存在する。法的にもさまざまな対応がとられている。そして，学問的にはこれらの概念を包括するサードセクターという用語が誕生している。そもそもサードセクターとは政府でもなく民間企業でもない三つ目のセクターとして登場した。

　ここではこのサードセクターという概念を理解するために，スウェーデンの政治経済学者ペストフ（Victor Pestoff）の考案した福祉三角形により説明したい。シティズンシップを発揮するフィールドのイメージを深めるために，である。社会を機能や形態に着目して次の三つに分類する[48]。第一に政府機能とでも呼ぶべき政府（公的セクター），具体的には国家や公共体のような形態であり，第二に交換という経済活動を行う市場機能（私的セクター），具体的には主たる参加者である民間企業などであり，三つ目は個人が日々の生活の場を提供するコミュニティ（共的セクター）である[49]。ペストフは，そこに，組織としての目的が営利（for-profit）か非営利（non-profit）か，第二に組織形態が公式（official）

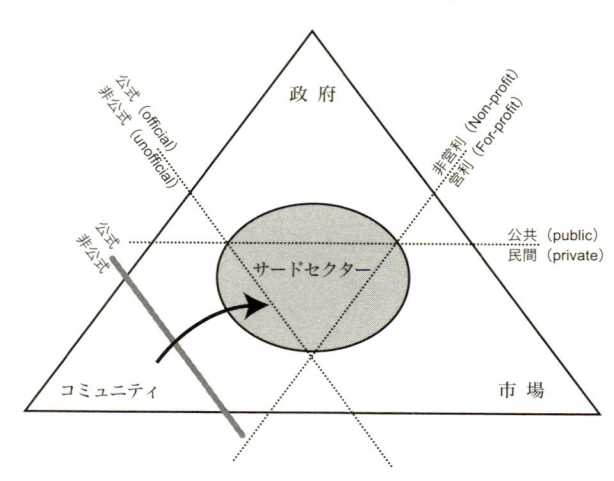

図2　ペストフの福祉三角形

出典：ペストフ／藤田暁男他訳『福祉社会と市民民主主義——協同組合と社会的企業の役割』（日本経済評論社, 2000）p.48 を参考にして作成。

なのか個々人が個々人の判断で参加する非公式（unofficial）なものか，三つ目に受益者がすべての人でパブリック（public：公共的）なのか，あくまで受益者が特定の人たちでプライベート（private：民間）なものなのかという区分線を引いた。

　営利の領域は利益を行動動機とする。非営利の領域は営利以外の社会的な目標を行動の中心に据える。営利領域の主体は営利企業であり，そこでは，競争や効率性や生産性がキーワードとなる。非営利性については，「利益の非分配」のみに限定しない。協同組合のように営利追求を主たる目標とせず，営利に対し一定の制限を設けているものも包含する。

　公式の領域では官僚的組織のように規則によって明確に規定され秩序のある世界をつくる。ピラミッド構造により目的達成のため指揮命令系統を有する。非公式の領域はコミュニティのごとく人々が対等に相互に対話するようなところである。人々は自由に自然発生的に集まる。したがって革新的なものが産みだされる可能性が高いといわれる。しかし地縁や血縁によって集団が形成されることが多く，親密性・近接性・同質性の強い空間となってしまうこともある。経済関係も（伝統社会的な）贈与や互酬の世界となることも予想される。

　公共とは政府および政府に関連する公的機関（官）が活動する領域である。これに対し，政府とは関係なく独立して自己統治されているものが民間（民）の領域である。もちろん政府の行動原理は法に裏打ちされた権力である。経済的には徴税した資金を公正公平にさまざまな形で再分配する部門である。

　シティズンシップを発揮する場はコミュニティの領域であり，自分たちで自己統治するプライベートな空間であり社会的な目的で行動する非営利の分野である。コミュニティは個々人が自由に対等に存在し生活する空間であって，誰かが権力や指揮命令権をもつようなオフィシャル（公式な）空間ではない。個人が自由に活動し生活する場である。現代は人間がこれまで築き上げてきたコミュニティを自ら壊しているといわれる。小さなコミュニティをベースとして自由で民主的な理想郷をつくり上げようとしてきたアメリカではコミュニティを復活したいという意識が強い。わが国も戦後の工業化で地方のコミュニティは崩壊した。東京一極集中，大規模小売業の無秩序な進出がそれに拍車をかけた。しかもささやかながら大都市で形成されていたコミュニティも高齢化が進

むなかで無縁化しつつある。シティズンシップの第一の使命はコミュニティの再生である。縮小したコミュニティをベクトルの方向に拡大し，健全な規模に回復させなければいけない。

　そして，今のわれわれの課題は，コミュニティから発してサードセクターでシティズンシップを発揮することにある。民間で公式，しかし非営利の要素が重なるところ，およびそこから滲み出た図2にある円状の領域がペストフの定義するサードセクターである。つまりプライベートな分野で公式化された組織として活動するが利益は目的としないところとその周辺ということになる。この領域は政府・市場・コミュニティという三つの異なる領域すべてに接しており，経済システム的には命令システム（税→補助金による再配分），交換システム（総じて市場という対等で匿名の交換システム），贈与・互酬システム（寄付・ボランティア・義理）の歴史的にもまったく異なるものからの影響を受けている。そしてそれぞれは異質の文化風土を持っており組織運営のメカニズムも異なる。

　サードセクターは経済活動の根幹を握る政府に取り込まれたり，民間の領域にさや寄せされたりする可能性が高い。政府から補助金をもらって下請機関になるか，あるいは利益志向に流されがちである。サードセクターの存在意義は，非営利の領域で個人（民間）の力を結集して公共（政府）では費用的にも困難な目標の達成のために組織をつくり効率的にチャレンジすることである。サードセクターでは企業でもなく政府でもないマネージメントが必要となる。独自の価値観や使命感の持続が鍵を握る。生活の場にしっかりと根をはったシティズンシップの自覚が何にも増して重要である。

　経営の神様ピーター・ドラッカーは1990年代の初めからサードセクターの重要性を説き人類の未来を描いて見せた。曰く「シティズンシップは万能薬ではないが，現代社会の病根にタックルできる必要不可欠なものである」[50]。

　なお，サードセクターでのマネージメントについては前述のアントレプレナーシップという行動原理も強く意識されないといけない[51]。

2.3　シティズンシップと自由

　本章1.5では自由と倫理を並列させ個人主義の世界での秩序の可能性について述べた。しかし，自由には放置するとアナーキーになったり，自由の陥穽に

はまったり，専制国家や集産主義的な道に至る危険性が潜んでいる。ここでは，自由に関する学者の種々の所説を学び，自由と秩序の関係や日本人特有の問題などについての理解を深めてもらいたい。

　フリードリッヒ・ハイエク（Friedrich Hayek）というオーストリア生まれのノーベル賞もとった経済思想家がいる。ナチスドイツのファシズムを憎み社会主義も同罪として糾弾する徹底した自由主義者として有名である。その自由を礼賛する彼が次のように述べている。

> 自由とは，自己の運命に対する責任を自分でとるということだ。非常に厳しい要求である。自由は個人に選択の重荷を課す。……適切な仕事を自分で見つけることは，自由社会がわれわれに課するもっとも困難な規律である[52]。

　欧米人には自ら勝ち取ったものとしての自由がある。個が自律するがゆえの自由と責任というものを，いわば身体で理解している。それだけの伝統を持っている。市民共同体をつくっているという自覚がある。日本人は与えられた自由である。『広辞苑』には，第一の意味は，自在，勝手気まま，そして第二義として，「一般的には責任を持って何かをすることに障害がないこと」とある。日本人の自由は利己自由主義ではないかと思いたくなることも多い。日本人にとっての自由は古い村落共同体から自由な都市へ移動する中で徐々にイメージされ，戦後の憲法改正で自由権的基本権が認められはした。しかし，組織に属する個人にとっては村落共同体が大企業共同体に変わっただけであり，個に根ざした本当の意味の自由は実現していなかったのではないか。自由とは一体何であろうか。ここでは，欧米人にとっての自由とはどういうものなのか，いくつかの捉え方を紹介したい。

　まずは，哲学者の考え方を紹介する。消極的自由と積極的自由の二つの分類である。アイザイア・バーリン（Isaiah Berlin）が1958年に発表したものである[53]。彼はラトビア生まれのユダヤ系の政治哲学者・思想史家で，ペトログラード（現サンクトペテルブルク）でロシア革命に遭遇し，1919年に渡英，オックスフォード大学で学び教鞭をとった哲学者である。この考え方は内容的にも変容し

ていくが，ここでは消極的自由とは権力や強制力からの個人の活動が干渉されないという自由，つまり「……からの自由」であり，積極的自由とは公的世界，社会のなかで積極的にある価値を実現してゆくという「……への自由」であると理解しておこう。後者は合理的な理性が自己を支配するという考え方にも発展し自己支配の自由であり，言い換えれば自己実現の自由の根拠がここにあると言えなくもない。

　自由とは気ままではない。自由は社会との関係性が大きい。ハンナ・アーレントは自由を享受する前提として，次の4点を指摘する。

　i）　自立心：個人が自立しようとしていること（他人との関係性で意識されるもの）
　ii）　環境の安全性：所属する集団や共同体が安全であること
　iii）　私有財産制度：ものの所有が認められていること
　iv）　集団や共同体への参画・関与の意識があること

　また自由について分類し，次の三つをあげている。彼女のシティズンシップの概念の根拠はここにある。

　i）　政治的自由（political freedom）――政治的公共の事項に参加する自由，政治的自由とは，何かを意志する能力ではなく，私が何かをなしうる能力
　ii）　市民的自由（civil liberty）――私生活を守るもので私的な事項
　iii）　市民的権利（civil right）としての自由――自発性と何かを生み出す能力。選択肢からどれかを選ぶ能力ではなく仲間と共にまったく新しい可能性を探求する能力である[54]。

　次に教育に関連して自由はどのように捉えられているのだろうか。アメリカの思想家・教育改革指導者であったジョン・デューイ（John Dewey）は，自由とは個人の思考そのものであり，それゆえに身体的活動が自由にできる環境が必要なのだと説明する。

　　学校では自由を，……身体的な運動の無拘束と同一視したりする傾向がある。しかし，自由とは，個人が集団の利益に人間としてどのような貢献をすることができるか，また，個人の精神的態度として集団の活動に参加する意思に存する。自由の本質は，そのような情況を社会的にいかにつくり

だせるかというところにある。……規律および自由の各概念が行動に表出される精神の質を意味することに気づくならば、「自由と規律」という対立的イメージは消失するのである。自由とは個人独自の思考そのものであり、知的自発性、観察における自主性、明敏な創造力、結果を予見する力、それらの結果に適応する器用さを意味する。これらは個性の発揮（＝自由）という精神的側面であるから、身体的動作の自由な活動の機会から切り離すことはできない[55]。

既述の社会学者、ロバート・ベラーは理想社会における自由について次のように述べている。

善い社会の自由とは食材のようなものでみんなが認め合うものである。……しかし現代のような偉大な社会においては、自由は制度的に与えられ保証されるべきものであり、そしてわれわれの生活に影響する経済的決定や政治的決定に参画する権利も含まれている。古典的な善い社会の定義であった平和・自由・正義は民主主義に依存することになった[56]。

自由主義経済を唱えた経済学の父、アダム・スミスの考え方を紹介する。彼はそもそも道徳哲学者であった。自由主義経済がいかに厳しい前提から出発したのかを実感してほしい。彼は人間の情念の世界から学問を立ち上げている。嫉妬や恨みの制御あってこその自由であると指摘。きわめて深い洞察でもって自由をとらえている。嫉妬社会に堕している日本社会にとって、自由論の出発がそこにあったことはきわめて興味深い。次のように述べている。

自由は、何物にも制約されない自主的な意思決定とか個人の利益の追求とかいうような子供だましの観念で理解できるものではない。自由であるかどうかは、嫉妬や恨みをいかに制御し自分自身が受ける名誉や称賛にそれにふさわしい内実を与えることができるかどうか、ということである。自由主義の根本にあるのは、利害の自然的調和などではなく、権力の背後にある人間の情念の問題なのだ。……こうした情念があるからこそ、それを

第3章　新しい行動原理としてのシティズンシップ　　117

押さえることによって人は高い称賛をえる。称賛は他人からの「是認」に基づいている。しかもそれは, いわば「正義」の感覚にうらうちされた是認であり, そこにこそ, 社会の道徳的なものの源泉がある[57]。

次に同質化する社会における自由について警鐘を鳴らした社会学者アレクシス・ド・トクヴィルの考え方を紹介する。彼はフランスの貴族の生まれで, 独立後50年を経たアメリカを訪問し, 有名な著書『アメリカの民主政治』(*De la démocratie en Amérique*) を著した。彼は同質的集団の危うさと民主主義における自由の重要性ついて強く訴える。それは彼が自由こそが, 多様な市民による相互依存的な紐帯の創造を保証する唯一の手段と考えるからである。彼は日本のような同質社会で起こりうる自由に関わる懸念について確たる認識をもっていた。

近代とは個人が小社会(家族や友人)に閉じこめられ, 物質的満足を追求することに生活の意味を見いだす時代である。私的領域に閉じこもった人間は, 政治的, 社会的領域への関心を失い, その結果, 大社会の中での自己の位置や方向性を把握することができない。そうして個人は自分以外の人々の意見, つまり世論に依拠するようになる。

人間の同質化が進めば全体に対する自己の無力感が強まる。一般的に自己が他のすべての人よりはるかに優れ区別される点を見つけるのは難しく, 全体と対立するとすぐ自分の方を疑う。自分の実力を疑問視し, その権利にも疑惑を持つ。大多数から間違っていると言われると, 自分の誤りを認めてしまう。多数が個人を説得する。それが「匿名の支配」であり「多数者の専制」である。トクヴィルはこの「多数者の専制」に抗して, 政治的自由を対置する。平等化の進展を認めながら, 個別性や差異性を重視する。市民に相互依存的な紐帯をつくり出すのは自由の力である。自由が人々を同質化するのではない。人による支配こそが人々に同質化を迫り, 同時に自分たちの運命について無関心にさせる[58]。

トクヴィルにとって自由は最大の価値であった。社会は秩序と安定を求め統合による権力の強化をはかる。それは民主主義から活力を奪うことになる。安定を優先し改革を混乱とみなす保守化現象こそが自由の敵であるとし, 人々の保守化が「個性の精神」(*esprit de l'individualité*) を奪うと断じている。民主社会

はベストの仕組みとはいえない。しかし最大多数の幸福を求めうる。そしてそれは正義に適うと彼は考えている。トクヴィルは平等化の進む社会において自由の保障が最大の課題であるとする。同質化傾向を必然的にもつ民主主義社会の中に，自由を保障するために政治的多元性，つまり集権化を阻む仕組みを作為的に内蔵する地域分権・地域自治制度や結社の機能を重視した。同質化こそが専制を生み出す元凶と考え，主体の複数性や差異性を擁護しようとしたのである。そのための自由が重要なのである[59]。

次は，海外経験も豊富な評論家，西尾幹二の考え方を紹介する。彼は市民社会を経験しない日本の現実を踏まえ問題提起を行っている。彼は共同体の中でしか自由の存在はないとしながら，その枠を越えなければいけない現在，島国日本はどうすればよいのかと，次のような懸念を表明している。

　精神的なアナーキーと全体主義は，一つのことがらの二面である。自由がありあまって不自由に陥れば，より完全な自由を求めるために，自由を捨てようとする。完全な自由は不自由でしかないことに気がつかない怠惰な精神は，自らを空想上で不自由であると設定することに被虐的快感をおぼえ，よりいっそうの自由への熱病に暴走し，かくてそれが，ある不毛な破壊衝動に束縛されたがっている英雄待望論でしかないことにも気がつかない。……われわれは，全体主義の敷居口に，いわば慢性的に立たされている時代を迎えているのである。物質的自由のいっそうの拡大と，巨大社会の複雑化がこの傾向に拍車をかける。西ヨーロッパもわれわれとまったく同じ課題の前にある。だが，市民共同体の伝統をもっている西ヨーロッパとわれわれとでは，やはりそこに差異があるかもしれない。
　自由とは役割を知ることである，自己を包む共同体の力全体への最大の想像力を働かせつつその枠内で自己の役割に徹し，自己の利害と全体の利害との調和のなかに自由を見出していこうとする忍耐強い意志であるといえよう。……それは共同体内部の自由である。そしてその自由を超えていくためには，もう一つ外側をとりまく共同体の別枠を必要とする。無制限の自由は不自由でしかない。そしてその場合，島国日本には日本を超えていくどのような可能性があるだろうか？[60]

最後にアメリカのジャーナリスト，ジェレミー・リフキンの新しい自由の概念を紹介する。今，われわれは仲間やつながりを重視し始めているが，それに通じる考え方である。彼は EU という新しい政体の誕生を踏まえ，21 世紀型の新しい自由の概念を提示する。自律をベースに存在した自由は，私財を独占することであり排除（exclusivity）の論理に帰結すると断じ，今ヨーロッパが指向する新時代の自由の基盤は自律ではなくてどこかに入り込むこと（embeddedness）にあるとする。自由とは数限りない無数の相互依存関係にアクセスできること（コミュニティへの帰属）であるとする。帰属すること，包摂すること（inclusivity）が自由のキーワードである。所属するコミュニティの数が多いほど満ち足りた生活であり，帰属が安全・安心を生み出す。そのような時代になりつつあるという考え方を披瀝している[61]。

確かに自由とは制約から逃れているときに人は自由であるといい，他の一部から強制されることができるだけ少ない状態が自由であるという。共同体社会で尊厳をもった人間が自由であるとは，自由に人生を送るとはどういうことなのか。人間は自由でありたい。しかし難しい問題を秘めている。欧米の教育は「自由とは何か」をきちんと理解することが大きなテーマであるともいう。リベラルエデュケーション（Liberal Education）と呼ばれる所以である。

自由を基本としながら社会に秩序をもたらすのは容易なことではない。また職業を選択する自由が最大の労苦となっているとも指摘されていた。翻って，そもそも日本語では自由とは自分故（由）と書く。論語にも「為仁由己」（仁を為すには己に由る）という表現がある。行動に移すときに自分を見つめる自分がそこにいる。しかも善いことを行うために自由があるのである。東洋の文化も欧米のリベラリズムに通じるものがあるのかもしれない。

2.4 シティズンシップ教育

グローバル化がさらなる進展を見せ，EU 統合という新しい政治の仕組みが希求され，そして政治的には福祉国家でもなく新自由主義的でもない「第三の道」が模索されている中で，政治主体である個に対するシティズンシップ教育の重要性が強く認識されるに至っている。ここではボランティア活動も視野に入れた参加型民主主義による経済社会の活性をめざすイギリス，多民族・多文

化共生社会で常に苦悩し先駆的試みを行うアメリカ，加盟国が27に及び異文化共同体としてシティズンシップ教育を実践せざるをえない状況になっているEU（欧州連合）の三つの事例を紹介する。

イギリスでは，1960年代若者の政治離れ・政治無関心が問題となり，政治教育を実施する。しかし，それは思想の押しつけに帰着し，その後政治教育はタブー視されてきた。1997年ブレア労働党政権が誕生する。その思想は市場経済を基調としつつ社会改良を行い，その主役に市民を据え市民参加による社会づくりをめざすというものであった。

ブレア政権は政治学者バーナード・クリックを委員長とするシティズンシップ教育に関する諮問委員会を立ち上げる。1998年委員会の報告書『クリック・レポート』が提出される。市民の力そしてコミュニティの力を借りる政治を行うための教育である。そこではシティズンシップを活動的な市民性と定義し，法に従順なだけの受動的な市民ではなく，必要な場合には自らの力で法を変革し悪しき法改正には言論の力で断固として立ち向かい，調停や和解による利害の調整にも関与するという活動的な市民像が描かれている。

同レポートではシティズンシップ教育の目標を次のように定めている。

> 国・地方の双方で，この国の政治文化までをも変えること。人々が自らを活動的な市民と考えること，つまり，公的生活に影響を与える意志と能力と素養とを持ち，発言や行動の前に証拠を吟味する批判的能力を持つこと。コミュニティ参画や公的活動に関するこれまでの伝統の中で最善のものを基礎とし，それが若者にも徹底的に拡大されること。自分たち自身の参加や行動について新しいあり方を見つけられるよう一人ひとりに自信を持たせること[62]。

そこで謳われる市民教育は三つの柱から成る[63]。第一の柱は社会的・道徳的責任である。子どもが自ら自信を持つと同時に，学校の内外で権威や他者にたいして社会的・道徳的に責任ある行動を取るようになることである。第二の柱はコミュニティ参画である。所属する地域や社会について学ぶだけではなく，ボランティア活動や地域社会での活動への参加を含め，コミュニティでの生活

やそのコミュニティが抱える問題解決に関わることである。第三の柱は政治的リテラシーである。これは，単に政治に関する知識を習得するだけでなく，公的生活について学び，また，社会で効果的に活動するのに必要な知識・技能・価値観を身につけることである。ここでの公的生活には，国の政治や国際問題はもちろん，就職や納税を含め紛争解決や意思決定の必要なあらゆる場面が含まれる。

『クリック・レポート』を踏まえたシティズンシップ教育は 2002 年よりイングランドとウェールズで必修科目として実施された。中学高等学校（12 〜 16 歳）の新たな必修科目に採用されている。この報告書はイギリス社会に大きな影響を与えた。現在，都市計画や社会福祉の分野でも活動的シティズンシップの考え方が採用されている。また，イギリスへの移住希望者に対してシティズンシップ試験も導入されたという[64]。

アメリカではクリントン民主党政権の時代（1993 〜 2000 年）に，メリーランド大学の市民社会論の教授であるベンジャミン・バーバー（Benjamin Barber）やミネソタ大学ハンフリー公共政策研究所のハリー・ボイト（Harry Boyte）らが中心となり新しいシティズンシップのための白書の編纂が模索された。彼らはブッシュ共和党政権の共同体主義的シティズンシップ論に危惧を懐いている。とりわけ 9.11 以降のボランタリズムを中心とした愛国精神をあおるシティズンシップ教育にはきわめて批判的である[65]。

ボイトの主張は一貫していて，シティズンシップ教育はボランティア教育ではなくてパブリックな組織活動を起こさせるための教育であるとしている。ボランティアとしての教育とは，個に純真さを求め，利他主義による問題解決法を探り，教室で教えることに重点が置かれ，プロジェクトとレポート作成でおわるという教え方である。それに対しパブリックな組織活動としてのシティズンシップ教育は，政治的資質を求め，民主主義による新しい生活様式の構築を模索し，あくまでも，個に対し自己利益と自己陶冶との関係性を理解させ，公的リーダーシップの修得をめざすものである。その最終目標は，文化の変容であり人間変容にあるとする。

ボイトはボランティアを中核に据えるシティズンシップ教育を同質性の凝集を目的として，二元論的に悪と善のコミュニティをつくりだすものだと非難す

る。今求められているのは，異質で多様な利害を政治の場でいかに市民的行為のなかで解決することができるか，が問われているのであるとする。彼はシティズンシップ教育におけるボランティア称揚を否定はしないが，それよりも大切なのは市民個々人が政治的に思考し行為しようとする場合に，自分たちの置かれている経済社会状況を把握して自己変容をとげることであると考えている。シティズンシップ教育はきわめて政治的なものなのである[66]。

　近代が産んだ国家という枠組ではなくて，新しい21世紀型の政治形態を模索するEUは，異文化・多言語・多民族化の混沌のなかで苦悩の道を歩んでいる。そこでのシティズンシップとは，平等 (equality) というよりも包摂性 (inclusivity) であり，あれかこれかではなくて，あれもこれも，である。お互いの価値観を認めあおうとする考え方にならざるをえない[67]。EUは，欧州の伝統である立憲政治・個人主義や昨今の新しい概念である参加型民主主義・文化的多様性の尊重という基本理念[68]を堅持し，シティズンシップ教育にチャレンジしている。シティズンシップ教育を「異質な他者と共に生活していく際のスキルや寛容の精神を育む教育である」と定義し[69]，政府（権力－権威－強制力－秩序），政府と社会との関係（法－正義－代表－圧力），社会（自然権－個性－自由－福祉）など[70]の概念整理を進めている。そしてシティズンシップ教育の要素として(i)政治知識，政治理念，政治スキルに関し[71]綿密に計画された指導のもとで知識を獲得すること。(ii)公共的な論点について議論し決定をくだすこと。(iii)市民活動に参加すること。(iv)ローカルコミュニティ，国というコミュニティ，国を越えるコミュニティ，グローバルなコミュニティに対して積極的な帰属意識を養うことの四つをあげるに至っている[72]。

2.5　日本人と公・公共

　ここでは公・公共という言葉について考察したい。ハンナ・アーレントは議論するための公的空間を公共と呼ぶとしていたことは先に述べた。言い換えると公共性とは，「相互につくり合う関係」，あるいは「共同の利害関係性のうちにある」のであり，「人々が相互の関係の中から紡ぎだしていくものの総体」なのである。アーレントは，共和国という形態を意識して[73]「その構成員は国民ではなく《公民》なのであり，国家とは，自由な討論を通じてつくり上げて

いく公共的意志決定によって成り立つものである」としている。民族主義者（ナショナリスト）の主張するような民族的・共同体的な公共概念とは，遠く隔たったものである。

　パブリック（public）という言葉は，日本語では公共[74]をイメージするが，形容詞としてもっぱら使われ，*ODE* では，(i) 人々一般に関する，ある地域の人々に公開されている，共有されている，とりわけ政府やエンタテインメントに関係するコミュニティに関わる・関係する[75]，(ii) 公開の[76]，(iii) 独立した個人や営利の会社ではなく state により提供される[77]，などとあり，*Webster Dictionary* でも，(i) みなが使うために，一般の人あるいはコミュニティにかかわる，あるいは，コミュニティに影響する[78]，(ii) 一般の人に関係する[79]と書かれている。名詞形では一般のコミュニティの構成員[80]として使われている。

　また，public policy や public sector, going public という言葉もよく使う。アメリカではまちづくりのためのタウンミーティング（集会）で，自分たちでできない領域の場合や，自分たちの力だけではできないとき，「それは public policy（公共政策）の問題だ」と切り分ける。それは「役人がみなをまとめて行う仕事」「より多くの人たちのものとして扱うべき問題」という意味で使われている。public の反対は private である。プライベートは自分のこと個人に関わることである。地域活性に関連して PPP（public private partnership）という言葉がよく使われる。これは政府と政府ではない民間セクターとが連携するという意味である。公民連携と訳している。

　ゴーイング・パブリック（going public），ゴーイング・プライベート（going private）という使い方もある。情報を公開して上場することをゴーイング・パブリックといい，上場企業のことをパブリック・カンパニー（公開企業）と呼んでいる。日本語の公共企業は電気やガスを供給する公共的サービスを提供する会社を指す。パブリック・カンパニーではない。なお，上場せず会社を個人で所有し情報公開はしない会社をプライベート・カンパニーと呼ぶ。

　日本語には「公（おおやけ）」という言葉がある。「公」とはもともと「大宅」と書き天子・朝廷の意味であった。辞書によると，(i) 官庁または組織体。(ii) 個人としてではなくて，その属する機関・組織の一員としてかかわること。(iii) 世間一般にかかわること，とでている（『新明解国語辞典』）。「おおやけ」に

は，天皇をも意味する御上（おかみ）という言葉があるためだと思うが，「一方通行で，われわれとは縁のない」というニュアンスが強く，また一種「神々しい」響きがある。

公共哲学者東島誠は「わが国の歴史的概念としての「公私」はpublic / privateではなく，基本的にimpartial（公平）／ partial（不公平な，えこひいきな，偏った，一部を利する）である。〈オホヤケ－ヲヤケ〉という，大が小を包摂する関係で，これが日本的な「おおやけ」概念の基本であり，オホヤケとは大きい家，ヲヤケとは小さい家をいい，これらが入れ子のように重畳している。私とはつまり，入れ子のpartialな一区画のことである」としている[81]。したがって日本にはpublicなるものの存在はなく，「公＝国家」「公＝天皇」であり，公はpublicとは似て非なるものであると結論づけている[82]。

欧米社会でも日本語の公のような概念があった。ドイツの哲学者ハーバーマス（Jürgen Habermas）は，『公共性の構造転換』（*Strukturwandel der Öffentlichkeit*）の中で，公＝王様・封建諸侯とする前近代的な公共概念を代表現的公共性と呼んでいる。封建時代，欧州では領主や君主は高位の権力を代表的に具現するものとして姿を現す。領主や君主が公共そのものであった。公共を代表的に具現する彼らは，身ぶり・風貌・話し方・武具などにおいて高貴な作法を守れるものでなければならなかった。そして，彼らには公的な役割を担っているエリート[83]であるので，ノブリスオブリジュ（noblesse oblige）[84]という言葉が示すとおり，庶民に代わって命を投げ出してでも社会的責任を全うしようとする意識が強い。そのような伝統がある。ハーバーマスは，欧州では，このような代表具現的公共の概念は，18世紀に消滅しているとしている。欧米社会は公共（公）とは，自分たちのことであり，社会のルールは自分たちで決めるべきであるという市民社会に移行したのだという。

わが国の歴史が引きずってきた公という概念は，欧米社会で使われるpublicという言葉とは異なる。歴史家網野善彦は，謹厳実直で勤勉な日本人には，大化の改新の昔から天皇を頂点とする代表具現的な公が存在し，公に対し何かをしなければいけないとする義務感（上納感）が潜在意識として脈々と受け継がれているとする。そして網野は，それがむしろ民の自主自発の精神に裏打ちされたものであり，公の頂点には常に天皇が存在し秩序が保たれてきたとして，

次のように指摘している。

　日本は古代に，「調」にせよ，「租」にせよ，いずれも，社会自体の中で行われていた慣習を，公，国家に対する奉仕として制度化したと考えられます。これらの負担はのちに中世の年貢，公事，夫役になり，近世の年貢，小物成，課役となって，だんだんに変化していきますが，平民の生活の中に生きている習慣を，公への負担として制度化したという性格は，基本的には変っていないということができます。……これらの負担が「公」への奉仕と見られていたことは一貫しています。そうした形がはじめて制度化されたのが，律令制だったので，これは単純に強制力によってできたのではなく，一般平民の生活の中に生きている習俗を租税として制度化したもので，そこに平民自身の「自発性」も組織されたといわなくてはなりません。もちろんそれが制度化され，強制力で裏付けられたことによって，非常に酷烈な収奪が行われる結果にはなっていきますが，日本列島の社会に対する最初の租税制度がこのような形で定着したことは，あとあとまで非常に大きな影響をあたえたといえます。……

　このような「公」の観念，しかもそれが決して専制的な支配による強制のみによって押し付けられたものではなくて，平民の「自由」，「自発性」を背景において，律令制が組織されたことは，その後の日本の社会の「公」に対する考え方に大きな影響をあたえていますし，その「公」の頂点につねになんらかの形で天皇が存在したということも，この最初の国家の成立の結果であるということを考えておく必要があると思います[85]。

　この公民の二重構造は，士農工商をへて官尊民卑思想に受け継がれ，今なおその風潮は払拭できていない。アメリカの教育学者であり哲学者であったデューイ (John Dewey) が訪日した大正時代，「日本には真の自由や民主主義には遠い」と懸念を示したが，その後大きな変化はなく，欧米の基準からすればなお後進性をひきずっている。

　歴史をひもとけば，もともと「公」という言葉は，既述の通り「オオヤケ」「大宅」であり，大きな家を意味していた。共同体の首長の家や共同の倉をさ

す語であったようだ。「公家」とか「公方」とか「公儀」とかいう言葉があるが、「公家」は古代では天皇をさし、その後貴族のこととなり、将軍が「公方」と呼ばれ、近世では幕府・大名が「公儀」とよばれたのである。庶民とは一線を画した権力者であった。ハーバーマス風にいえば、代表具現的公共性を持っていたことになる。

ただし、権力構造の外にいる庶民・商人の間に、相互に信頼関係を結ぶ公共空間がなかったわけではない。中世の自治が守られた自由都市や、江戸時代の近江商人を代表とするような商人道としての公共空間が存在した。近江商人の「売り手よし、買い手よし、世間よし」の商いの哲学は有名であり[86]、彼らが公共空間を大切にし、社会貢献を率先したとも伝えられる。江戸期の石田梅岩の心学は、相場という市場メカニズムに対して私利私欲ではない商人の立場に立った公の道を説いたものである。

現代の日本に、欧米的な公の存在が皆無というわけではない。市町村合併をかたくなに拒否して地域コミュニティを守り、自治体をスリム化し自力更生に成功しているところも多々ある。また一方で村落共同体において村長を代表具現の公とし、拘束的なムラ社会や世間[87]という（独特な）人間集団を生みだし、日本的な全会一致、玉虫色、無原則な妥協などというやり方が文化として定着することになったのも事実であるようだ。

わが国は、明治期以降近代化を急ぐなかで絶大な権力を天皇に持たせる、天皇を頂点とする絶対的な社会秩序を生み出した。それは教育勅語に謳われ、戦時の滅私奉公の思想として定着する。個人は社会に埋没してしまったのである。戦後、民主化の枠組みが外から与えられた。しかし、真の自由や民主主義の意味が十分咀嚼されないで、村落共同体風土が会社コミュニティに継承され、過労死を起こすような滅私奉公的思想は生き続けることになる。

公共哲学者山脇直司は、「日本の帝国主義思想（八紘一宇思想）が日本内部での滅私奉公的な国民道徳論とリンクした。……1935年に美濃部達吉の天皇機関説の排撃後、文部省が1937年に『国体の本義』を発布。万世一系の天皇の主権国家日本とその臣民のあり方を公的に宣言したが、その内容は欧米の個人主義とは対極にある、天皇を中心とする和の精神という大義の中で個人を押しつぶしたものとなった」[88]と指摘している。

集団主義的な「空気を読め」とか「穏便に」とかいう発想が今また蔓延し始めているのではないか。日本人がすべからく愚かにも大合唱した，『国体の本義』の一部を紹介しておく。今の時代の若者には違和感なく受け止められるのではと危惧を抱くからである。

> 我が国の和は，理性から出発し，互いに独立した平等な個人の機械的な協調ではなく，全体の中に分を以て存在し，この分に応じ……よく一体を保つところの大和である。したがってそこには相互のものの間に敬愛随順・愛撫掬育（＝養育）が行ぜられる。これは単なる機械的・同質的なものの妥協・調和ではなく，各々その特性即ち分を通じてよく本質を現じ，以て一如の世界に和するのである。……この和は，如何なる生活集団の間にも実現されねばならない。役所に勤めるもの，会社に働くもの，皆共々に和の道に従はねばならぬ。夫々の集団には，上に立つものがおり，下に働くものがある。それら各々が分を守ることによって集団の和は得られる。……わが国に於ては，君臣一体と古くよりいはれ，天皇を中心として億兆一心・協力戮力（＝心をひとつにすること），世々威の芙を済し来った。天皇の聖徳と国民の臣節とは互に融合して，美しい和をなしてゐる。

　この時代，「国体の本義」に近い倫理学をとなえた和辻哲郎[89]という知識人がいた。一流の文化人であった。彼は個人そのものより家族・親族から地縁共同体・経済組織・文化共同体が重要であり，そして国家共同体の視点からは個はその集団のなかで規定される存在であることを強調した。国民道徳論（和辻倫理学）を展開したのである[90]。これは欧米に膾炙する「個人の権利や自由」とは正反対の個人主義を否定するものではなかったか。
　キャリアデザインは個の自立が前提である。自立は他者との関係性のなかにある。他者を意識し，他者と共存する努力をし，他者に対し配慮する。それらが自分の中に存在する「公」ではないか。そして，その「公」について理解することが自立の一つのステップであろう。公共哲学者金泰昌は次のように述べている。

……人間は生まれて育ち教育を受けながら人格が形成され，自分（普通の日本人の感覚から言えば，自己とか自我という言葉よりは，自分というのがよりなじみやすいと言われる）になるわけですが，それは一人でそうなるのではなく，ある共同体（家族，親戚，地方，国家等など）の中でなされることです。そういう意味で共同体との強くて深い関係を抜きにして自己形成を考えるということは不可能に近いし，現実的でないと思います。しかし，そういうふうに形成された人間（自己）が互いに異質な共同体に所属しながらも，そして，自分が身を置く共同体とのつながりを否定・忘却しなくとも，対立・葛藤・反目しながらも，最後の決別までいかずに，共存・協力・妥協・合意できる最小限の条件を探索する，ねばり強い努力と会話こそ「公」の現代的な意味内容ではないのか，と思われるのです。そして「私」というのは人間として生きていく上で，これだけはどういう条件の下でも自分の存在根拠として，守らざるをえないというものであり，他者に対してもちゃんと認めてもらうことを願うことだと言えるのではないでしょうか。そういうことを互いに認め合うこともまた「公」の意味内容だと思います。……[91]

2.6　アメリカの地域コミュニティの風景と地域のガバナンス

　アメリカの地域コミュニティには日本人には想像しがたい世界が展開している。エッセイ風にその光景を紹介して見たい。

　市役所の場所がわからない。「ローゼンバーグさんはいらっしゃいますか」，移動中のマイクロバスから市長に電話を入れた。何度かけても弁護士事務所にかかってしまう。はたして市長は弁護士であった。われわれにくれた連絡先は弁護士事務所。「市役所に行くといって出かけました」ようやく秘書に繋がった。数年前，カリフォルニア州（3510万人：ここでの人口表示は2000年初頭のものである）の州都サクラメント（人口43万5000人，地域圏1900万人）に近い，カリフォルニア大学デービス校を有する大学都市デービス（人口6万4000人）を訪問したときのことだ。市長職はフルタイムではない。給与は州法に規定がある[92]。

彼の給与は月4〜5万円。市長はボランティア的な職種である。専従ではない。法律には定例議会を月1回開催と記載されている。ベンチャー企業の社外取締役の給与と同じだ。取締役会も月1回開催される。

サンルイオビスポ市（人口4万4000人）。カリフォルニア州の中央部，太平洋に面する気候温暖な地である。ロサンジェルスとサンフランシスコのちょうど真ん中，生活コストが安く，老人の住みよいまちとして有名である。州立のカリフォルニア工芸大学がある。IBMと組んで遠隔教育には先駆的な試みをしていたところだ。当市の市役所を訪問したときも驚いた。「授業で遅れた。待たせて申し訳なかった」といって市長が現れた。市庁舎に隣接する工芸大学の財政学の教授であった。

カリフォルニア州デービス市の市庁舎の入口の左手には石碑がある。1917年に法人化 (incorporated) と刻まれている。ツタのからまるレンガづくりである。建物内部の紫色の派手な絨毯と相まって強く印象に残っている。市庁舎らしくない。高等学校の校舎を転用している。内部を改造し，コストをかけずに快適な仕事空間を創っている。

通常，夕刻のラッシュアワーは5時から6時と相場が決まっているが，このまちでは夕刻7時ごろから始まる。市政に関するあまたの審議会や委員会が始まるからだ。市民が夕食を済ませ馳せ参じる。市議会もこの時間に開かれる。400人以上の委員が任命されている。市役所の職員とほぼ同数である。もちろん委員も市会議員同様ボランティア。数年に一度のまちづくり計画見直し時には，委員参加に加えて毎回数百人の一般市民が参加する。市民参加は意思決定過程を煩雑なものとする。決着に時間がかかる。しかし，コミュニティへの理解を深め市民関与を約束（コミットメント）させる。社会変革のための合意形成を引き出す。地域コミュニティの難問解決に繋がっている。紛れもなく市民が市政を担っている[93]。

デービス市は，古き良き時代のアメリカのスモールタウンをめざしている。生活の質が重視される。まちを南北に貫く緑道が緑のオープンスペースを創り出している。まちのシンボルは自転車。市役所や公園にたくさんのミニチュアや見本がおいてある。一人一台を実現。市民の交通移動機会（トリップ）の25％を占めている。さまざまに工夫された駐輪機器が名物で，レストランの前は

駐輪場が優先だ。廃棄物にも関心が高く，三つのRを実践している。Reduce（ごみを減らし），Reuse（再利用し），Recycle（リサイクルする）。ごみは3分の2になった。彼らはイノベーションと呼んでいるが，コミュニティづくりも先駆的だ。マイケル・コルベット（Michael Corbett）という建築家が「ビレッジ・ホームズ」（60エーカー，240戸）という環境重視型の村を建設。市長になって（1986〜90年）完成させる。世界の話題となり，カーター元大統領やミッテラン元フランス大統領も訪問した。その他，(i)ミクストユースの住宅（オフィス・スペース分8エーカー）を実現した「アスペン・プロジェクト」（110エーカー，241ユニット（独身用），346戸），(ii) 26所帯が職住一体の共同生活をする「ミュイール・コモン」，(iii)有限責任組合（limited equity co-operative）方式で所有権を均等保有する「ドスピノス共同住宅」（NPOに対して売却可能。転売制約により税控除あり。個人持家化推進），(iv)開発業者から土地の無償提供を受けた換地処分により（州による資金支援）老朽化した市街地建物を低所得者向け賃貸住宅に建替えた「サニサイド・プロジェクト」，(v)ダウンタウンで家の間のフェンスを撤去したミクストユース・アパートメント「ワグナーランチ」（20エーカー，134ユニット）など，数々の新しいタイプのコミュニティづくりを行っている。これらのプロジェクトに共通するのは，市役所が開発業者に対して彼らの長期居住を義務付けている点である。

「市役所には大きな会議室がありません」市役所の担当者が言った。議場（議会）がわれわれとの面談の場になった。カーメル・バイ・ザ・シー市，サンフランシスコ市から車で海岸沿いを南に下って1時間半。ペブルビーチという有名なゴルフ場に隣接する小さなまちである。人口4000〜5000人。しかし，世界の人々を魅了してやまない。1906年のサンフランシスコ大地震のあと，多くの芸術家が移り住み，まちを造った。文筆家，俳優，画家など多くの芸術家が住んでいる。太平洋に面する白砂の海岸と日本的な枝ぶりの青松の樹林に覆われたまち。一切の商業的開発を拒否し，自然のままの海岸を残している。昔の日本の浜辺がここにある。松の3分の1は町の林（アーバン・フォレスト）計画により人工的に植えられた。植栽の可能性を高めるため，舗装道路も中央の道路だけで，道幅も狭い（最大30フィート），あくまでも歩行者が主役である。道は格子状であるが区画が小さいので少し歩けば交差点がある。家並みはヒュ

ーマンスケール（人間的大きさ）にこだわり，都市に村落共同体の風情（アーバンビレッジ）を実現している。住所には番地がなく，郵便物は自分でとりに行く。小さな洒落たホテルと気の利いた画廊や骨董品屋，粋なブティック，個性的なカフェやレストランが立ち並ぶ。それぞれが個性的で芸術家の知性と創造性に満ちている。これらが周りの環境と一体となって，独特のまちの雰囲気を醸し出している。しもた家風の小さな木造の建物が市庁舎だった。中央の通りには面しておらず，脇道の松並木に隠れるようにしてあった。会議室がないからと案内された議場は教会のようで祭壇部分（議長と市会議員が着席）と傍聴席に分断されていた。祭壇部分の後方の壁に，住宅の立面図・平面図・側面図などが張ってあった。その日の夕刻からまちづくり審議会が開かれるとのことで，市長から任命（議員が認証）された委員（専門家）が夕刻集まってくる。カーメル市の住宅コード（建築綱領）は厳しい。街灯はなく，宅地内の外灯も足下を照らすだけ。40センチ程度の高さに制限し，傘を被せて散光を押さえている。家の色にも制約があり，屋根の法面（のりめん）も単純な平面は許されておらず，出窓的な装飾を施すことが義務づけられている。まちにはファースト・フードの店はない，大型スーパーもない。レストランの数も制限されている。まちのアイデンティティの一つである松の樹は1本1本高校生の手によってデータベース化されている。俳優クリント・イーストウッドが一時期市長を務めたが，それは，個人資産に対する規制に絶えかねての出馬だったと聞いている。このまちの不動産は飛びぬけて高い。環境と財産価値の保全には見事に成功した。それは，強いコミュニティの所産である。

　ロサンジェルス市の南，小高い山が半島状に太平洋に突き出ているパロスバーデスと呼ばれる地域がある。セキュリティがよく，学校のレベルも高い。ロサンジェルス盆地にたれ込める空気からが遮断されている。家族のある日本人駐在員が好んで住居を構えていた。ダウンタウンまでは50キロ弱，東京と八王子くらいの距離がある。セキュリティが良い。それは高速道路（無料なのでフリーウェイと呼ばれる）から遠いことを意味する。朝のラッシュもあるが，1時間弱で通勤できる。道路の設計が良くできているからだ。この地域は，地形的にも人口分布的にも一つの市域を形成してもおかしくないところであるが，コミュニティごとに四つの市に分かれている。

A市は，最初に開発された。このエリアの入口に位置し，ロサンジェルス平野を見おろす斜面に超高級住宅地が展開している。入口にはゲートがあって，常時門番が見張っている。近くに馬場があり，プール，テニスコート付の邸宅街。馬の愛好家が多く，馬に乗って生活できるようにまちが設計されている。人口は1000人に満たない。
　B市（人口約1万3000人）は，海岸沿いに展開する地域でこのエリアの中でも最も景色の良いところだ。コースト・ビュー（海岸の見える景色）といって海と町の両方の景色が楽しめる位置にある。市の中央部，緑に囲まれた空間に，茶褐色の瓦を基調にした瀟洒なスペイン風のコミュニティ・センターがある。図書館も併設され，ちょっとした買い物ができ，しゃれたレストランもこの一角に潜んでいる。木漏れ日を浴びながら裏の道を走ると，ロサンジェルスでも指折りのカントリークラブが現れる。このカントリークラブはこの市の住民でないと入会資格がない。ゴルフ場を見おろせるレストランが併設されている。ここのサンデー・ブランチはおいしいので有名だ。メンバーでないとやはり入れない。
　C市（人口1万数千人）は山の上に位置する。比較的平坦なところだが景色は楽しめない。コンドミニアム形式の家が多く。老夫婦，若い夫婦を中心に住んでいる。この地域はいくつかに分かれているが，すべてゲート・コミュニティで，芝生に囲まれ，コミュニティ毎にプール，テニスコートが設置されている。リゾートハウスの趣がある。
　D市（人口3万人を超える）は，それ以外の地域で，ゲートもなく戸建住宅の並んでいるところである。この地域の中にショッピングセンター，百貨店，スケート場，パブリックのゴルフ場等さまざまの施設がある。
　これらの四市は独立して地域コミュニティとしての機能を果たしている。ただし，学校についてはこの四つの市が別途学校区（スクール・ディストリクト）と呼ばれる行政区を形成して運営。水道事業も同様である。山を下ったところにある大きな市，トーランスまで行けば社会保険，司法その他もろもろの公的事務を済ませることができる。開発の経緯もあるのだと思うが，このような小さい単位の地域コミュニティが，市として独立して存在し，大きな市から機能のアウトソースを受け，また異なる行政サービスをもつ特別区と重なり合いな

がら多数存在している。

　カリフォルニア州の市はそれぞれが異なる顔を持っている。住民は市民憲章を定め，市を組織する。新しい世代はそのコミュニティの伝統を良しとすればそこに住めばよい。気に入らないなら異なるコミュニティに移る選択権を持っている。就職も職種と地域の選択になる。山の地域，海の地域，都会か田舎か。インターネットには，給与水準とともに居住環境のデータが組み込まれている。賃貸アパートの情報も満載されている。コミュニティは魅力を高めないと不動産価値を維持することが難しい。新しい住民に対しては早くコミュニティの一員になることを求める。隣組新人会（ニュー・ネイバーズ・アソシエーション）と呼ばれる会があった。直近3カ年に住み着いた新参者が集まる。コミュニティへの順応を助け参加意識を高めている。このような自分たちのコミュニティを自分たちの手で良くしようとする集まりは随所に見られ，自主自発の精神，市民精神を発揮する場としてのNPOが用意されている。日本と違いきわめて簡便に法人化できる。

　地域の自治の仕組みは国の歴史と伝統の所産である。アメリカは，独立性の高いコミュニティの集合体として州（国）ができ，弱い連合体として連邦が形成された。連邦の基盤は脆弱である[94]。それぞれの州は独自の憲法をもち法律が異なる。アメリカは，自立した個人が対等な人間関係の中で，まっさらな白地図に自由に潑剌と新しい社会を創っていった。そこに専制君主はいなかった。理想的なかたちでの地域コミュニティづくりが展開する。フランス人アレクシス・ド・トクヴィルが，1830年ごろのアメリカを訪問し，彼らの対等意識に感動している[95]。貴族社会と比較して（貴族社会では人々は事実上留置状態にあり団結の必要性を感じない），次のように分析している。「アメリカ人は，自分たちが創り上げた真に対等で民主的な社会では，市民が孤立・独立しているがゆえに，一人では弱く・無力で・他人への強制ができないことを強く自覚し，（自由に）助け合うことの重要性を学んでいる。また，政治的に参画しないと，自らが大変な危険にさらされ，生活（豊かな文明）が破壊される可能性があることを理解している。彼らは，新しいコンセプトや理念を抱いたとき，激しく共鳴者を求め団結する。そしてそれが一つの権力になることを彼らは知っている。専制政治下の平等は，決して紐帯を生み出さない。人々は団結せず，むしろばらば

らに引き離される。他人のことを考えない無関心という公徳をつくる[96]。

　アメリカは州が国である。州政府直轄の行政単位として郡（county）がある。郡は必要最低限の行政サービスを行う（シェリフは郡の警察官，ハイウェイは郡が管理）。アメリカの地方自治体（municipality）[97]は，大小さまざまである。ロサンジェルス市のように人口300万人を越える大都市（特別都市：chartered cities）は例外である。市（general law cities）は基本的には小さい[98]。市が民主主義の原点である。アメリカには人口約3億人に対し約8万の地方自治体がある（1990年代後半）。1000人に満たない市が約8000，数十人の規模の市も存在する。また当然のことながら市に組織化されない地域（unincorporated area）がある。ロサンジェルスやサンフランシスコなどの大都市の周辺にもこのような地域があまたある。公共サービスは劣るが，土地や税金が安い。それも選択肢の一つである。市域になっていない郡直轄地域では，郡会議を経て最終的には住民投票で市の設立が今でも認められている。アメリカの国の歴史は浅い。そもそも地域コミュニティしかなかった。

　市[99]の活動内容は議会で決定される。そしてシティマネージャが執行責任を負う。彼が市の職員を使って業務を遂行する。役所活動の公共性・適正性も議会において管理・監督・監査される。住民は立法にかかわる委員会の委員となり発言することができる。公聴会での質疑にも参加する。地域コミュニティの重要事項は必ず住民投票にかけられる。義務としての陪審員制度が存在する。住民が市会議員を選出し市会議員の互選で市長（議長）が選ばれる。議員も市長も非常勤でボランティアの一般市民である。議員がシティマネージャを任命する。議会はシティマネージャの人事権を持ち予算を決定し事業内容の監査を行う。シティマネージャは常勤。大学でシティマネージメントを修めているプロである。

　行政サービスの決定やその執行を誰かに委ね権限を移譲するとき，そのまま放置すれば権限を得たもの（権力）は必ず横暴となり腐敗する。欧米人はこのことを強く意識している。権限や権力が，受益者の立場から見て，公正公平でその運営や経営を行う組織が効率的に機能的に持続可能なものとなっているかどうかを監視・監督し（チェック），同時にチェックの程度が行き過ぎていないか，ふさわしいものになっているかどうかを確認する必要がある。そのため

第3章　新しい行動原理としてのシティズンシップ　　**135**

のチェック＆バランスの仕組みをガバナンスという。

　辞書には，ガバナンスの動詞形としてのgovernが権限をもって国や組織などの政策や諸事・諸行為を行うこと[100]とあり，そのやり方がgovernance（ガバナンス）であるとある[101]。governmentは日本語では政府と訳すが，権限をもってgovernする人たち，権限のある人たちのグループのこと[102]である。

　ガバナンスは，日本語では統治と訳し，統治は辞書には主権者が国土・人民を支配し治めること（『大辞泉』）となっている。主権者は国民であるはずだが，統治という言葉には，人民は治められる統治客体であり，権力者（統治主体）が一方的に人民を支配するようなニュアンスがある。それは『君主論』を著した15世紀のマキャヴェッリ（Niccolò Machiavelli　伊の都市国家フィレンツェの書記官）の世界である。しかし，その後市民革命を経てこの言葉のニュアンスは変わっている。ここで取り上げる地域のガバナンスとは，統治主体（主権者）であるわれわれが，公平で公正な公共空間をどのように維持するのか，どのように持続可能なものにするのか，その方法，そのための考え方であり，その仕組みのことである。

　日本人は「お上がやるのだから仕方がない」とあきらめる傾向が強い。舟が沈み始めても座して死をまつのであろう。韓国の人たちからゆで蛙と揶揄される由縁である。アメリカでは権限を与えることにはきわめて敏感である。アメリカ独立宣言の主たる起草者となった第三代大統領トーマス・ジェファーソンは最低限の統治を行う政府が最良である[103]と言っている。権限を持った人たちに対する監視は怠らないのである。

　また，アメリカではさらに進んで，ガバナンスの仕組みが仮に機能していても，政治家だけに地域を任せるのは危険であると考え始めている人たちがいる。政治家は短期解を求めがちであるからだ。中長期の地域課題の真の解決策はそこに住む人たちが自らが参加し関与しないと得られない。行政部門もフォーマルな官僚組織を構成するにすぎず，そこにソリューションを期待することは酷である。言い換えると，現代は変化の激しい高リスク社会に変貌し，地域にも想定外の重大問題が起きる。それらは従来の地方政府の政策や施策では解決できない。それは地域の民間部門・公的部門（政府・行政）・コミュニティ部門がインフォーマルに協働して，事実を確認し共有し自らの責任で答えを出すとい

う新しい手法でしか答えが出ない。そのような時代になっていると彼らは認識しているのである。したがってこのようなインフォーマルなプロセスを生み出すことこそがリージョナル・ガバナンスであると彼らは呼んでいる[104]。

　地域コミュニティのガバナンスについては，OECD が 2000 年 6 月発表の「市民のための都市報告――大都市のガバナンスの改善」を受けて，大都市のガバナンスに関する 10 の原則を採択している。参考までにその原則を以下に列挙する[105]。

(i) 特質性 (particularity) の原則――制度や政策は地域の固有の事情に合わせて策定する。すべてのレベルの社会階層の参加が得られているか。

(ii) 補完 (subsidiarity) の原則――最も地元に近いレベルでサービスが提供されているか。決定や自治は小さい単位で行い，できないことのみをより大きな単位の団体で補完しているか。

(iii) 持続可能性 (sustainability) の原則――経済・社会・環境の各部門の目的に沿って統合され調和した政策であるか。全体論 (holism) の立場で，短期・中期・長期の視点を統合したものであるか。

(iv) 横割り (social not sectoral) の原則――官僚的縦割行政ではなくて，それぞれのニーズに合わせて，部門を越えたアプローチができているか。

(v) 柔軟性 (flexibility) の原則――環境変化に柔軟に対応しているか。

(vi) 一貫性 (coherency) の原則――有権者にとってわかりやすいものなっているか。錯綜していないか。混乱を招いていないかなど。

(vii) 競争力の原則――ガバナンスが都市の競争力に結びついているか。地域内への投資を呼び込むための施策が打てているか。

(viii) 調整 (coordination) の原則――その他の周辺地元自治体との調整ができているか。

(ix) 公平性 (equity) の原則――自治体間，地域社会のグループや団体間の公平性や機会均等に留意しているか。

(x) 健全財政の原則――すべての制度が全域の潜在力とニーズを反映したもので，各プロジェクトは収支が償っているか。

2.7　シティズンシップとソーシャルキャピタル

　個がコミュニティを形成する場合のコミュニティの質は個のシティズンシップのレベルに影響を受ける。コミュニティは経済価値や社会価値を創出したり喪失したりする。ここではソーシャルキャピタルという社会学の概念を通してコミュニティの質（QOC）について考察したい[106]。

　ソーシャルキャピタルは，直訳すると社会資本である。わが国では，それは，道路・鉄道・空港など公共工事の対象となるインフラを意味するが，それとはまったく異なる概念である。日本語では関係資本[107]や制度資本と訳されている。社会資本とそのまま訳されている場合もある。ここではカタカナのソーシャルキャピタルを用いることにする。

　ソーシャルキャピタルとは，人と人とのつながりの強さや紐帯，具体的には人と人とのネットワークや人と人との助け合いによって生まれる信頼関係，そしてコミュニティの人が行動規範をどの程度共有しているかその度合いなどにかかる概念である。そしてそのような関係性は地域コミュニティにとって進歩や効率，価値創造などに繋がるがゆえにキャピタルと呼ばれるが目には見えない。道具・機械・設備など目に見える物理的資本や知識・技能，訓練・教育などにより形成される人的資本とは異なる。ソーシャルキャピタルは一般に，(i) 使えば増加し使わないと減耗する，(ii) ソーシャルキャピタルの創造は無尽蔵であるが即成は不可能である，(iii) また意図的にもつくれない，(iv) ソーシャルキャピタルは，社会構造の中に埋め込まれており，個人が私有するものではない，などの特徴がある。

　そして，事実，個人的信頼（personal）が一般化された信頼（generalized）に飛躍した時に経済が成長し，複雑なエスニシティの関係性や低所得，不平等などにより経済成長を抑制するなどの実証報告もなされている[108]。また，経営学者ドラッカーもサードセクター（NPO）の成立の基盤としてソーシャルキャピタルの重要性を指摘している。さらに，欧州連合（EU）でもソーシャルキャピタルのコミュニティにおける自律的調整能力や協力体制強化機能に注目し政策に反映させている。すなわち，ソーシャルキャピタルがコミュニティの融和を促進し公式非公式の集団形成の強化に結びつくことに着目し，地域コミュニティから排除されている失業者が職につき起業しあるいは協同組合などへの参

加が動機づけられることを期待しているのである。

　この概念は，古くは教育哲学者ジョン・デューイ（John Dewey）にさかのぼり，戦後の都市研究の大御所ジェイン・ジェイコブス（Jane B. Jacobs）[109]や社会学者ジェームズ・コールマン（James Samuel Coleman）[110]，続いて，社会学者ピエール・ブルデュー（Pierre Bourdieu）[111]，など多くの学者により取り上げられている。

　この概念に再度スポットライトを当てたのはハーバード大学の社会学者ロバート・パットナム（Robert D. Putnam）である。1993年，彼はイタリアを北部・中部・南部に3分割し20年余にわたりソーシャルキャピタルの研究成果を発表する。そしてほぼ同時期にアメリカ社会のソーシャルキャピタルが失われつつあると警鐘を鳴らした。すなわち，イタリアは1970年に州制度が施行されるが[112]，パットナムはその機会を捉えて，民主主義の背後に潜む社会的・経済的・文化的環境がどのような影響を与えるのかを北部・中部・南部6州について20年の長きにわたり調査したのである[113]。イタリア北部と南部に経済成長の顕著な差異が発生し，それを説明するものとしてソーシャルキャピタルという概念を用いた。

　彼は続いて『孤独なボウリング――米国コミュニティの崩壊と再生』（*Bowling Alone: The Collapse and Revival of American Community*）を上梓。アメリカのコミュニティのソーシャルキャピタルが減衰している点を指摘した。彼はソーシャルキャピタルを，「社会の効率性が改善できる根源にあるもの，信頼，規範やネットワークなどの社会的組織の特徴」と定義した。パットナムはアメリカが建国時代より培ってきた市民性（civicness）と結社性（associativeness）にソーシャルキャピタルの本質を見ている[114]。それはとりもなおさず行動するシティズンシップに他ならない。パットナムの考えるソーシャルキャピタルは次のように説明できる。経済学的には人と人との多様な関係性が外部経済として働き種々の取引コストを下げ，総体として，集団の経済行動の効率化・価値形成をもたらす資源となるものである。社会学的には互恵という規範と構成員の積極的な諸活動（civic engagement）によりもたらされるものといえる。互恵という規範とは，コミュニティに存在する個の機会主義と利己心を抑制し集団内部で発生するさまざまな問題への対処を可能とするものである。構成員の積極的諸活動とは，町内会，自主的な業界団体，青年会議所，ロータリークラブ，ボランティア活

動,ボーイスカウト,合唱団などの趣味のグループ,スポーツのクラブ,勉強会,サークルなどフラットで対等な関係で行われているインフォーマルあるいは法人格をもった組織において行われる交流のことを指している。このような交流が密になればなるほど,相互の便益のために協力できる素地が高まり,コミュニティのなかの裏切り行為を抑制(裏切るとコストが増大するから)し,互恵精神を鼓舞し,コミュニケーション促進による個人の評判の流布・膾炙に効果を持つ。このように構成員が動き回ることにより連携,協働の可能性が高まり成功体験が連携,協働文化を醸成することになり,ソーシャルキャピタルが高まるのである。

　大江比呂子はパットナムの議論を四つの種類に類型化している[115]。性質においてbonding（結束型）かbridging（橋渡し型）か,形態においてformal（規則・規程）かinformal（単なる拘束性のないあつまり）か,程度においてthick（家族,恋人のような関係性）かthin（個人が集まるコミュニティや組織など）か,指向においてinward（内向き：商工会議所,結社など）かoutward（外向き：ボランティア団体,赤十字,クラスタ的）か,である。bonding型のコミュニティとは教会を中心にコミュニティが形成され結束が強く排他的でアイデンティティを共有し規律も厳しく紐帯の強いものである。アメリカでは『大草原の小さな家』（西部開拓時代を舞台にしたアメリカのテレビドラマ。1972〜82年に放映。原作はローラ・インガルス・ワイルダー）で有名な農業州ノースダコタのコミュニティを想起させる。また日本のコミュニティや日本の会社組織も同質性が高く結束が強く規律（掟）に厳しく内向きの紐帯の強いものだといえる。その良し悪しは別にしてである。

　なお,ソーシャルキャピタルは,経営学の分野でも注目されている概念である。経営学者ウェイン・ベーカー（Wayne Baker）はソーシャルキャピタルを個人的ネットワークやビジネスネットワークから得られる種々の資源として定義し,その資源には,情報,アイデアやビジネス機会,精神的サポート,協力などをあげている[116][117]。

1) 宮島喬『ヨーロッパ市民の誕生──開かれたシティズンシップへ』(岩波新書,2004) p.4

2) 英々辞典（ODE）には「法的に認識される対象物としての人，であり，特定の場所に生まれた，あるいは帰化した国の人たち。生まれを共有し歴史的にある領域に居住する人々あるいはそこに帰化した人々，特定のまちや都市の住民（legally recognized subject〔subject には臣民という意味もあるが，ここでは person という意味〕or national of a state or commonwealth either native or naturalized. An inhabitant of a particular town or city）」とあり，日本語の訳とはさほどの差がない。
3) ODE によれば "relating to a city or town, especially its administration; municipal, relating to the duties or activities of people in relation to their town, city, or local city"
4) 佐伯啓思『「市民」とは誰か──戦後民主主義を問いなおす』（PHP 新書，1997）p.155
5) ODE によれば "relating to ordinary citizens and their concerns, as distinct from military or ecclesiastical（教会の） matters, occurring between citizens of the same country".
6) 注4 佐伯，p.155
7) 河上倫逸『ヨーロッパ法と普遍法──諸世界システムの共存』（未來社，2009）p.36
8) 同上 河上，pp.31-35
9) 篠原一『市民の政治学──討議デモクラシーとは何か』（岩波新書，2004）pp.197-198
10) 注4 佐伯，p.31
11) ドイツ近代史に詳しい望田幸男は「日本には日本独自の伝統文化が存在したのではない。常に更新されてきた。伝統文化ではなくて在来文化と呼ぶべきである」と述べている（『ふたつの近代──ドイツと日本はどう違うか』朝日選書，1988，p.205）。
12) 地域主義は，近代・工業化・中央集権化・市場経済化の大きな物質文明的時代の流れのなかで，その反省として，言い換えれば過去を踏まえて相対化して生まれた思想である。しかも単純な復古主義・懐古主義や反近代主義でもない，また反市場経済，反中央集権，単純な分権主義でもない。この考え方も科学主義に収斂する考え方の対極にあるホリスティックなものの見方である。全体のバランスの中でものごとを考えるべきであろうとする思想である。

地域主義にもいくつかの定義が考えられる。1970年代後半に地域主義研究会を立ち上げた玉野井芳郎は「地域に生きる生活者たちがその自然・歴史・風土を背景に，その地域社会または地域の共同体に対して一体感をもち，経済的自立性を踏まえて，自ら政治的・行政的自律性と文化的独自性を追求すること」と定義している（玉野井芳郎『地域主義の思想』農山漁村文化協会，1979）。

またその研究会にも参加していた清成忠男も，経済成長・物質主義の反省に立って，「人間生活と生態系の調和をはかること」そして「そのためには空間的に限定された地域を設定しそれが社会の基本機能を備えること」を目的として，地域主義を，「地域を土台にして社会の再組織化をおし進めようとする考え方」と定義している。その時の，社会の基本機能（「原基形態」と清成は呼ぶ）には計画的土地利用（市場機能を使わない），住民参加による計画の策定，行財政の地域分権化，地域経済の自立等が考えられる。そして地域主義は補完の原則に基づいて運営されるとしている。つまり，市町村段階で決定できることは市町村が主体的に決定し，市町村のレベルを越えた問題や市町村相互の利害が対立する問題については都道府県が調整し，都道府県のレベルを越えた問題や都道府県相互の利害が対立する問題については，国が調整する

のである（清成忠男『地域主義の時代』東洋経済新報社，1978，pp.3-8）。

　アメリカでも1990年代の初めピーター・カルソープ（Peter Calthorpe）を中心とするニューアーバニズム（New Urbanism）の都市計画家も同様に，従来の行政区域ではなくて，新たに地理的・経済的・文化的・歴史伝統的にまたエコロジー的に一体となって経営すべき地域を設定する。地域を運命共同体として捉え，リージョンと定義する。旧来の行政区にこだわる必要はないとし，その意味で新しい概念としてリージョナリズムを提唱した。玉野井はドイツの歴史を踏まえ地域主義を唱えたが，アメリカで都市スプロールが起こる時代に同様の発想で地域主義的発想が誕生している。

　また，経済学者広井良典も定常社会はおのずと分権社会を導く（広井良典『定常社会――新しい「豊かさ」の構想』岩波新書，2001，p.164）と指摘し，新しいコミュニティづくりの基本に地域をおいている。なお彼の定義する定常社会とは物質・エネルギー消費が一定で経済の量的拡大を基本的価値とせず変化しないものにも価値を置く社会と定義している（pp.142-145）。

　フランスではアングロサクソンとは異なる独自の経済学をつくり上げている。なかでも環境経済学者セルジュ・ラトゥーシュ（Serge Latouche）は著作（中野佳裕訳『成長なき社会発展は可能か？――〈脱成長〉と〈ポスト開発〉の経済学』作品社，2010）の中で，エコロジカル社会は複数のローカルな小規模自治体により構成されるべきであるとする小規模自治体主義を明確に打ち出している。

　なお，地域主義に関連しては1990年代より建築家の間でアーバンビレッジやイタリアのスローフードに発したスローシティなどという言葉が使われ始めている（同上ラトゥーシュ，p.189）。

13）岡崎晴輝他編『はじめて学ぶ政治学――古典・名著への誘い』（ミネルヴァ書房，2008）p.13
14）同上　岡崎，p.242を参考にしている。
15）ヴァン・マーネンは「キャリアとは，人と人に公式なポジションを与えるもの（組織や機関）との関係性が反映されたものである。さらにその関係性も時間の経過とともに変わる。その変化の仕方がまたキャリアに反映することになる。したがってキャリア研究とは，個人と組織の変化の研究であると同時に社会の変化（societal change）をもカバーすべきものとなる」と指摘している（*Handbook of Career Studies*, edited by Hugh Gunz, Maurey Peipel, Sage Publications, 2008, p.4）。
16）R. ダール／高畠通敏訳『現代政治分析』（岩波書店，1999），小門改訳
17）川崎修他編『現代政治理論』（有斐閣，2006）p.8
18）1961年1月20日のJ.F. ケネディ大統領就任演説より。
19）郵便法違反容疑（郵便料金割引制度の悪用）で虚偽の証明書を作成したとして村木厚子さんが虚偽有印公文書作成・同行使罪で起訴された事件。その後，供述調書が検事の誘導によるものであることが立証され，証拠認定に至らず2010年9月に無罪判決となった。担当した検事らが証拠の改ざんによる証拠隠滅及び上司による犯人隠避の罪状により逮捕起訴され，検察に対する信頼を失墜させた。政治家と官僚の癒着を暴こうとする検察官僚の正義のシナリオを強引に行った国策捜査ともいえる事件である。
20）*ODE* によれば，republic は "a state in which supreme power is held by the people and their elected

representatives, and which has an elected or nominated president rather than a monarch" である。
21) Jeremy Rifkin, *The European Dream*, Tarcher Penguin 2004, p.154（柴田裕之訳『ヨーロピアンドリーム』NHK 出版，2006）
22) 山脇直司『公共哲学とは何か』（ちくま新書，2004）p.111
23) 注7　河上，p.32
24) 同上　河上，p.47
25) ウィルフリード・スウェンデン／山田徹訳『西ヨーロッパにおける連邦主義と地域主義』（公人社，2010）p.12
26) 同上　スウェンデン，p.12
27) ただし，当時ドイツ君侯諸国の中で圧倒的な支配勢力をもっていたのがプロイセンであった。プロイセン国王がドイツ皇帝として陸・海軍の統帥権を持ち外交の支配権を握っていた。日本が国家体制の模範と仰いだのはドイツではなくこのプロイセンであった。プロイセン王国の専制的中央集権制と官僚制を学んだのである（玉野井芳郎「国家と経済」(『人間の世紀　第6巻　文明としての経済』潮出版社，1973) p.38 を参考にしている)。
28) 同上　玉野，p.38 を参考にしている。
29) 同上　玉野，pp.31-32 を参考にしている。
30) 西尾勝『地方分権改革』（東京大学出版，2007）pp.8-9 を参考にしている。
31) 同上　西尾，pp.126-127
32) 戦後わが国の地域政策は中央政府の強い主導の下で進められていく。そのスローガンが開発とナショナルミニマムであったといってよい。戦後復興の見通しがたった 1950 年，国土計画法が制定されるが，政治経済情勢がめまぐるしく変化するなかで，所得倍増計画の決定を受けた 1962 年にようやく，第一次全国総合開発計画が策定される。その時代の日本は，高度経済成長・工業開発のまっただなかにあり，全国横断的な全総に対して都道府県ではなくて関連省庁が地域指定という形で中央指令の形で縦割り的行政を断行した。地域政策は中央主導の地域開発が進行する。第一次総合開発計画を受けて 1962 年に新産業都市建設促進法が制定され三大工業地帯以外の地方のコンビナート開発が実行される。この結果，地方では環境破壊と公害，農村の過疎化などが進行する。総合開発計画は見直され，高度成長後の 1969 年新全総，石油ショック後の三全総，そして世界の製造業大国として君臨した 1987 年の第四次全国総合開発計画まで継続される。その間のテーマが「均衡ある国土の発展」，「ナショナルミニマム」であった。工業化・効率化・平等化による地域間の格差是正が大義であった。QOL に関係すると思われる広域生活圏の設定について法では謳われているが，財源も与えられない非力な地域に責任を押しつけるもので具体的な成果は得られていない。
　　そうしてようやく基本思想に変化が起こるのは 1990 年代バブル崩壊後である。少子高齢化・地球環境問題を視野に入れ，地域の自立と美しい国土の創造がテーマとして謳い込まれ，開発が国土のグランドデザインという言葉に置き換えられる。「地方分権の推進を図るための関係法律の整備等に関する法律」（地方分権一括法）が 1999 年に制定される。しかし，本文にあるように地域分権は緒に着いたばかりである。
33) 1897 年イギリスのウェッブ夫妻（Sidney James & Beatrice W. Webb）が提起したもの。

34) 注 30　西尾，pp.260-262
35) ロラン・レヴィ他／中里亜夫他監訳『欧州統合とシティズンシップ教育――新しい政治学習の試み』（明石書店，2006）p.14
36) ジル・ジョーンズ，クレア・ウォーレス／宮本みち子監訳，鈴木宏訳『若者はなぜ大人になれないのか――家族・国家・シティズンシップ』（新評論，1996）p.43
37) 注 7　河上，pp.33-34 を参照している。
38) 小玉重夫『シティズンシップの教育思想』（白澤社，2003）p.12, p.173；注 36　ジョーンズ／ウォーレス，p.44 および T.H. マーシャル，トム・ボットモア／岩崎信彦他訳『シティズンシップと社会階級――近現代を総括するマニフェスト』（法律文化社，1993）より作成。
39) G. Delanty, *Citizenship in a global age*, Open University Press 2000, p.4（佐藤康行訳『グローバル時代のシティズンシップ――新しい社会理論の地平』日本経済評論社，2004）
40) 同上　Delanty, p.19
41) 同上　Delanty, p.17, p.19
42) *Habits of the Heart: Individualism and Commitment in American Life*, with Richard Madsen, William M. Sullivan, Ann Swidler, and Steven M. Tipton, (University of California Press, 1985, updated ed., 1996), p.167（抄訳）
43) Hannah Arendt (1906-1975)　ドイツ生まれのユダヤ人で，ハイデッガー，フッサールの影響を受け，ヤスパースの指導を仰ぎ，フランス亡命を経て 1941 年アメリカに渡り，全体主義を徹底的に糾弾，自由社会アメリカをポジティブに捉える著書で有名な政治哲学者・政治思想家。
44) 杉浦敏子『ハンナ・アーレント入門』（藤原書店，2002）pp.85-90 を参考にしている。
45) 2010 年 1 月，時の鳩山由紀夫首相が施政方針演説で使った言葉。
46) NPO 研究で有名なレスター・サラモン（Lester M. Salamon）が命名（原田晃輝編『NPO 再構築への道――パートナーシップを支える仕組み』勁草書房，2010，p.32）。
47) NPO 設立に関してはなお役所が介在する。認証という役所手きが必要である。従来の許認可に比べればその手続きは簡便化されたといわれている。しかし，会社設立やアメリカの NPO 設立手続きに比べるとなお隔たりがある。
48) なお広井は自助（個人，自己責任ないし市場）・共助（伝統的な共同体）・公助（公共性）という表現で区分をしている（広井良典『定常型社会――新しい「豊かさ」の構想』岩波新書，2001，p.177）。
49) 一般的には市民社会の領域を説明するのには政治システムとして国家と経済社会システムとしての経済社会，そして市民社会の三つに分類する。ここでは三つ目の領域を生活空間であるコミュニティとしてサードセクターの機能を明確化しようとしたものである。
50) Perter F. Drucker, *The Essential Drucker*, Harpercollins 2008, p.335
51) 注 46　原田，pp.18-20 を参考にしている。
52) 山中優『ハイエクの政治思想――市場秩序にひそむ人間の苦境』（勁草書房，2007）pp.55-56 をベースに小門が全面的に書き換え。
53) バーリン／小川晃一他訳『自由論』（新装版）みすず書房，2000

54) 注44　杉浦，p.84
55) デューイ／松野安男訳『民主主義と教育』下（岩波文庫，1975) p.163 を参考に，理解が進むように小門が意訳。
56) Robert Bellah, *The good society*, Vintage 1991, p.9
57) 佐伯啓思『アメリカニズムの終焉――シヴィック・リベラリズム精神の再発見へ』（TBSブリタニカ，1998）pp.198-199
58) 注44　杉浦，pp.101-106 を参考にしている。
59) 同上　杉浦，pp.101-106 を参考にしている。
60) 西尾幹二『個人主義とは何か』（PHP新書，2007）pp.204-206
61) Jeremy Rifkin, *The European Dream*, Tarcher Penguin 2004, p.13
62) "Education for citizenship and the teaching of democracy in schools", *The Crick Report* 1.5（注13　岡崎を参考に改訳）
63) 同上　*The Crick Report* 2.10-2.12, 6.7
64) 注13　岡崎，p.248 を参考にしている。
65) 注38　小玉，p.166
66) 同上　小玉，p.167
67) 注35　レヴィ他，p.44 を参考にしている。
68) 同上　レヴィ他，p.125
69) 同上　レヴィ他，p.5
70) 同上　レヴィ他，p.38
71) 同上　レヴィ他，p.131
72) 同上　レヴィ他，p.126
73) republicanism（共和主義）とは，それはラテン語の「レス・プブリカ」（res pubulica），つまり公共の事柄を意味する言葉を語源とする。すなわちローマの共和政に範をとり，市民相互の共同生活を可能にするために，市民自らが共通の事項を処理する公的領域（公共空間）に，積極的に参加し，公的決定に関わり，公的幸福を得ようとする考え方を示す。そこでは市民の「自発性」が要求され，市民は単なる権利の担い手ではなく，共同の活動への参与という「共同性」の視座からとらえられる。つまり制度をつくり運営する主体としての性格にポイントを置き，政治的能動性を持つ市民を重要視するのである。
　　その空間では，ギリシアのポリスがそうであったように，そこにふさわしい「徳」が要求される。勇気，名誉，栄光，卓越といった徳である。人は自ら生きる意味をこの公的領域での徳の発現の中に見いだすのである。そこは公共空間を創出する「自由」(freedom) の領域でもあり，政治的自由とは「公的関係への参加，公的領域への加入」という市民権を意味する。市民権の獲得によって人々は平等な関係に入り，自由を行使するのであるが，その際の統治形態が共和制と呼ばれた（注44　杉浦，p.75，p.93 を参考に小門が加筆修正)。彼女の思想を最も適切に表現するものは，「能動的シチズンシップ（公民性）に裏打ちされた（公共空間を提供する）共和主義」の考え方である。共和主義は市民参加と集団的討議をその構成原理とし，マキャヴェッリ，モンテスキュー，ジェファーソンらによって体系化された思想である（同上　杉浦，p.74 を

小門が加筆修正)。

74) 翻訳語としての日本語の「公共」の使われ方は，原語としては明治初年，租税公共論の典拠の一つとなったモンターニュ派権利宣言（木庭繁訳，1793）では general であるし，明治期訳語の多くを生み出した西周は socialist を公共党と訳していたこともある。また英語には official という言葉がある。"Relating to an authority or public body and its activities and responsibility" と ODE にある。権限や権威に関係するという意味で，「公式の，公の，公務の，やや踏み込んで正式の」と英和辞典には説明されている。

75) "of or concerning people as a whole, open to or shared by all the people of an area or country, of or involved in the affairs of the community, especially in government or entertainment"

76) "done, existing in open view"

77) "provided by the state rather than independent, commercial company"

78) "pertaining to or affecting the people or community"

79) "for everyman's use, widely well known"

80) "ordinary people in general" 以上 ODE による。

81) 佐々木毅・金泰昌編『公共哲学3 日本における公と私』（東京大学出版会，2002) p.66

82) 同上 佐々木・金，p.69

83) ODE によれば elite は次のように書かれている。"a group of people considered to be superior in a particular society or organization, because of their talent, intelligence, power, or wealth"

84) 高貴な身分には社会的責任と義務を伴うという意で欧米社会の基本的な道徳感（『大辞泉』）。

85) 網野善彦『日本の歴史をよみなおす』（ちくま学芸文庫，2005) pp.196-197

86) 江戸時代から明治初期に活躍した。全国ネットワークで物資を動かした。「他国行商」，「持ち下り商い」など上方の商品を地方へ，地方の産品を京都へ，やがて取引先にも店を出す。近江地方（滋賀県）とくに八幡，日野，五個荘など，近江の若者のキャリアのスタートはコミュニティで低利で資金を借り行商へ，得意先を作り商売を広げていった。失敗した場合，債権は放棄されていた模様。経営力は近江出身者で固めた信頼ネットワークが支援。近江商人の起こした企業には伊藤忠，ふとんの西川，ワコール，小杉産業，丸紅，トーメン，高島屋，西武，大丸，日清紡，東洋紡，日本生命などがある（Community Information No.21，関西電力㈱を参考にしている）。

87) 「特定の場における人間関係を示す世間という公共が日本ではまかり通る」と阿部謹也は指摘する。世間に対し日本人はきわめて自己規制的である。アングロサクソンにとっての世間は正義である。正々堂々と正義を追求することが競争である。毅然とした個人の行動をとる欧米人。それが直接民主主義の基礎になっているといわれる。それに対し，われわれ民族は，常に群れたがり大勢におもねりやすい。民主主義自体が日本に根付かないのではと危惧することがある。

88) 注22 山脇，p.107

89) 和辻哲郎は『人間の学としての倫理学』（岩波書店）を1934年に著している。

90) 同上 和辻，p.109

91) 佐々木毅・金泰昌編『公共哲学2 公と私の社会学』（東京大学出版会，2002) pp.239-243

92) カリフォルニア州の政府法（ガバメントコード）36516条には，市会議員の給与は，人口3万5000以下の市＝月300ドル以下，人口5万以下の市＝月400ドル以下，人口7万5000以下の市＝月500ドル以下，人口15万以下の市＝月600ドル以下，人口25万以下の市＝月800ドル以下，人口25万以上の市＝月1000ドル以下と規定されている。
93) Jeff Loux, Robert Wolcott, City of Davis "Innovation in Community Design" 1994; "The Davis Experience" paper presented the Making Cities Livable Conference Feb.22-26, 1994 San Francisco, California を参考にしている。
94) 国家存立の必須要件である連邦税の徴税はリンカーンが大統領となる南北戦争の時代まで待たねばならない。連邦国家発足後80余年が経過している。連邦政府が大きな役割を演じるのは大恐慌後のニューディール政策以降のことである。
95) アレクシス・トクヴィル／井伊玄太郎訳『アメリカの民主政治』（講談社学術文庫，2002）下巻 pp.200-207
96) 同上　トクヴィル，p.193 より
97) アメリカは州によって市（municipal government），町（township），準郡（sub-county）などや，さらに学校区，交通区，電力区，灌漑区などの特別区自治体（special district）と呼ばれる多様な自治体が存在する。これらは州の下部機構ではなく独立した組織として設立されており，それぞれに理事会があり，理事長が選ばれる（岡部一明「アメリカのボランティア活動」（内海成治編他『ボランティア学を学ぶ人のために』世界思想社　1999））。
98) 人口300万人を越える大都市は特別都市（chartered cities）と呼ばれる。一般の市は general law cities と呼ばれ小さい。カリフォルニア州統治法（California Government Code）3500条以下の規定による。
99) 市のガバナンスの仕組みは市の規模などにより異なる。彼らは市の設立時にその形態を選択する。私がここで述べている地域コミュニティは規模が人口10万までのカリフォルニア州の小都市のガバナンスである。
100) conduct the policy, actions and affairs of a state, organization, people with authority
101) action or manner of governing a state, organization
102) the group of people with the authority to govern a country or state　以上 ODE による。
103) The best government is that which governs least. Henry Thoreau のエッセイ Civil Disobedience (1849) で用いられたフレーズ。もともとは第三代大統領トーマス・ジェファーソンのものとされる。
104) アメリカ西海岸シリコンバレーで PPP 方式により地域再生に成功した人たちがそのように定義した。オランダでも同様の考え方に基づいた仕組みをつくりあげている。この定義は，彼らの理論的バックボーンになった元労働長官ガードナを顧問にして設立された Regional Stewardship 協会の説明を引用している。
105) OECD 政策フォーカスをベースに No. 24-2000 年12月の翻訳をベースに書き換えた。
106) 個が集団をなす場合には，コミュニティといった自然発生的なもの以外に，組織，ネットワーク，人の集団の知の視点などからの分析もある。知の形成に関しては共同（コーポレーション）・協働（コラボレーション）という形，知の内容として形式知や暗

黙知といった概念も生まれている。
107) 山岸俊男『安心社会から信頼社会へ——日本型システムの行方』（中公新書，1999）
108) 宮川公男他編『ソーシャルキャピタル』（東洋経済新報社，2004）
109) Jane B. Jacobs, *The Death and life of Great American Cities*, 1961 の中で取り上げられている。都市のコミュニティが，緩やかな弱いネットワークを形成し，それを使って，旧勢力の強い絆と摩擦をおこさないで共存しつつ，多様性と創造性を生み出し，しかもその生成過程に安定性を与えている。その都市コミュニティのネットワークに潜む力を彼女はソーシャルキャピタルと呼んだ。
110) 1980年代に「ソーシャルキャピタルは目に見えないもので機能において定義され，他の資本と同様に価値を生み出すものである。信頼関係を築き域外にそれを拡大しようとする地域コミュニティは，信頼関係を構築できないコミュニティに比べその成果物において大きな差が発生する。また，お互いの信頼性の評判が協力を誘発するが，相手に対する信頼性の便益を軽視すると信頼性を高める努力を怠るようになる。その意味でソーシャルキャピタルは，社会活動の副産物である」(James S. Coleman, "Social Capital in the Creation of Human Capital", *American Journal of Sociology* vol.94 1988, Supplement S95-S120) とソーシャルキャピタルの重要性を指摘している。
111) 彼は人間集団に形成されるネットワークはさまざまな機能を果たすようになるが，その機能が継続的に維持され蓄積される場合，その蓄積物の総体をソーシャルキャピタルと定義している（Pierre Bourdieu and Loïc J. D. Wacquant, *An Invitation to Reflexive Sociology*, University of Chicago 1992）。
112) 戦後憲法では州による分権統治を定めるが，社会主義国家と隣接することとなり，集権による経済復興をめざした。
113) *Making Democracy Work : Civic Traditions in Modern Italy*, 2000（河田潤一訳『哲学する民主主義——伝統と改革の市民的構造』NTT出版，2001）
114) 大江比呂子『サステナブルコミュニティ・ネットワーク——情報社会の地域マネジメント戦略』（日本地域社会研究所，2007），p.29 を参考にしている。
115) 同上　大江，p.32
116) Wayne Baker, *Achieving Through Social Capital*, Michigan Business School 2000（中島豊訳『ソーシャルキャピタル——人と組織の間にある「見えざる資産」を活用する』ダイヤモンド社，2001）
117) このほか以下の図書を参考にしている。
　　稲葉陽二『ソーシャル・キャピタル——「信頼の絆」で解く現代経済・社会の諸課題題』（生産性出版，2007）；フランシス・フクヤマ／加藤寛訳『信無くば立たず』（三笠書房，1996）；Nan Lin, *Social Capital*, Cambridge University Press 2001; John Field, *Social Capital*, Routledge 2003; Edward Elgar, *The Creation and Destruction of Social Capital*, Gunnar Lind Haase Svendsen 2004; Malcolm Gladwell, *The Tipping Point*, Little Brown 2000.

第Ⅱ部

理想とする社会を求めて

君たちは日本という文化伝統を有する特異な国が変わらなければいけないタイミングに生まれついた。日本的共同体や組織で安心安定を構築していた経済社会の仕組みやものの考え方が変わりつつある。個には，自立し自分の力で人生を構築することができるような能力が求められるようになったと言ってよい。このような不安定な状態のことを欧州ではプレカリテ（précarité）と呼ぶが，日本もその例外ではなかった。共同体の中で安心安定を得ていた日本社会が変わらざるをえなくなっている。

　君たちには，このような社会を生き抜いてもらうために，第Ⅰ部では世界の人たちと互して生きていくための三つの行動原理を提示した。

　第Ⅱ部では，君たちが新しい社会をつくるに当たって参考となるような理想とされる社会について，まず欧米人の考えるまちという器について都市計画家の視点での捉え方と，そしてユートピア社会だと言われたアメリカに疑問をもち研究を進めた社会学者の見方を紹介する。同時に，われわれ日本人が欧米近代に翻弄される前に築いていた江戸（文明）について振り返り，キャリアデザインという自己変革・社会変革を実現するために理解しておいてほしい希求すべき社会像について，日本の知識人の考え方と近代という枠を超えようとする内外の経済学者の考え方のいくつかを示し，最後に究極の行動原理としてスチュワードシップという概念を提示したい。

第4章
キャリアの先進国アメリカ人のめざすまち・めざす社会

The American Experiment is still in the laboratory. And there could be no nobler task for our generation than to move that great effort along.　　　　John W. Gardner[1)]

1　アメリカのまちづくりの思想
　　──エッジシティからサステイナブル・コミュニティへ

　アメリカは有り余る広大な国土の中で自然を克服して，常に豊かで質の高い生活を求めて都市を形成してきた。価値観も宗教も違う多種多様な民族が自由と民主主義を共通のアイデンティティとしてコミュニティをつくってきた。そのアメリカが，1980年代，物質文明が進展するなかで民主主義の礎であるコミュニティが失われつつあるという反省にたって，そして将来に立ちはだかる資源の有限性や地球環境の維持という壁に気がついて，敢然として新しいまちづくりを始めた。建築家・都市計画家たちがニューアーバニズム（New urbanism）と呼ばれるまちづくりのデザインを提示し実践した。
　アメリカは豊かである。生活の質はきわめて高い。ロサンジェルスの南東約60キロメートルにアーヴァイン市がある。このまちは，大地主であったアーヴァイン家が私有地450平方キロメートルを投げ出して理想郷の創生をめざしたところである。1965年大学のために約4平方キロメートルの用地を無償で提供してカルフォルニア大学を誘致する。それを核にしてハイテク企業の立地

が進み，生活し・学び・働き・遊ぶという四つのコンセプトを合わせ持つ新しいまちが建設された。この地域の住宅地として建設されたコミュニティの一つがウッドブリッジ・ヴィレッジである。中央に二つの人工の湖を配し，林の中に遊歩道を設け，人口島でテニスコートと人工の海水浴場（ラグーン）を結ぶ。総面積は約7平方キロメートル，約6000の集合住宅と約3000の一戸建を擁し，独身者から老夫妻まで多様な所得階層・年齢層の家庭が共生できるコミュニティをつくっている。驚くべきことに，各年齢層を考慮して39の公園とテニスコート，47のプール，サイクリング，ジョギングロードなどのアメニティ施設を設置している。芝生に囲まれた家，湖岸に面した家もある。日本的に言えば職住近接のリゾートハウスを4000〜5000万円から購入できる。

アーヴァイン市の南西にはラグナビーチ市が広がる。南仏を想わせる海沿いの町である。その一角に1964年に建設され人口1万8000人を擁する，レジャーワールドと呼ばれるリタイヤメント・コミュニティがある。アクティヴ・リタイアメントを合い言葉にスポーツに学芸にさまざまなクラブを作り，住民が自らコミュニティを運営し，豊かな老後を送っているという。日本では特別扱いされがちな高齢者が自分たちの社会を自ら作り，自由で明るく豊かな生活を営んでいる。われわれ日本人にとってのアメリカは，豊かで夢のようなところに見える。

アメリカのまちづくりの歴史はたかだかこの200年のことである。アメリカの都市建設は文化的にも技術的にも時代を表現し，常に若く自由であった。アメリカ中西部にあるユタ州の州都ソルトレークシティは，モルモン教の理想郷としてその心臓部に聖堂（Mormon Tabernacle）を据えて1833年に設計された。カルフォルニアの州都サクラメントは1860年代のゴールドラッシュ時代に急成長を遂げた町だ。拡散したロサンジェルスは自動車時代の幕開けによってのみ可能となった町だ。アリゾナ州フェニックスは空調の普及によって生まれた町だ。ネバダ州のラスベガスは法整備をふくめて先駆的カジノ・インフラにより誕生した砂漠都市である。フェニックスもラスベガスもまたたく間に人口は200万人を超えた。

アメリカは，豊富な土地の供給が原動力となって空間豊かな住宅建設が進み，短期間に多くの町を生み出してきた。アメリカでは今でもなお新しい町やコミ

ュニティが生まれている。新しい社会の複雑なニーズに応えるため，常に新しい形の町が生まれている。アメリカの町は，旧い原理にたいしてはチャレンジし，未来を担う世代からの有形無形のプレッシャーに対してはアジャストしながら，拡大している。

　戦後の経済拡大は一戸建てをもつことを可能にする。働く者にとってはそれがアメリカンドリームとなる。しかし，それは同時に都市の空洞化・スラム化という大問題をもたらすことになった。いわゆる都市のスプロール化が進行したのである。

　『ワシントンポスト』紙のスタッフライターであったジョエル・ガロー（Joel Garreau）は，1991年『エッジシティ』（*Edge City: Life on the New Frontier*）という本を著し，この戦後のスプロール現象を分析し三期に分けた。第一期は都市の郊外化（suburbanization）である。大戦後，帰還兵を中心に何百万人もの人が，それまでの伝統的な都市の境界を越え，その外側の地域に住居を移した。第二期は商店街の巨大モール化（the Malling of America）である。1960年代・1970年代，商店街を郊外に移動させ大都市郊外に巨大なショッピングモールが出現した。そして第三期が複合機能を持つ副都心街区（Edge City）の出現である。職場も郊外に移動させ都市機能のほとんどをそこに集約させた。1990年代全米のオフィス・スペースの3分の2はこのエッジシティが供給したといわれている。エッジシティの特徴は次の通り。(i) 低層で幅の広いビルが広い地域の中に点在する，(ii) 駐車場完備の近代的オフィスビルは緑に囲まれ，広々とした空間を強調するために大きな中庭を設け，歩行者用の長い廊下やシャトルバスが各建物をつなぎ，敷地内の丘や池のまわりにはジョギング用の小道がある，(iii) 複数車線の道路網と駐車場，そして近くに空港やフリーウェイが整備され，マイカーにとっての最高の利便性が提供されている，(iv) 街の中心部に企業本部・ショッピングプラザ・フィットネスセンター等のコアの施設があり，アトリウム（天窓があり屋内に巨大な空間を持つ建物）が象徴的建物として鎮座する，(v) 周囲には芝生に囲まれた単一家族用戸建て住宅が完備されている，(vi) ほとんどの場合市という行政区画を形成しない。これらの地域は，昔の都市と違って拡散しているが，都市が備えるべき機能を完璧に備えている。ガローは旧市街地の周縁部に形成された新たな都市として，エッジシティ（Edge City）と命

名した。エッジシティの華やかな佇まいは日本では東京副都心や福岡市早良区の百道開発に応用されたようだ。しかし、日本のそれは人間の利便性を追求した結果としての自動車（を持つ人のため）のダウンタウンではない。人間本位で人にやさしい空間をつくっているわけではない。形だけのきらびやかさが残るだけである。

　ニューアーバニズムを唱える人たちはこのようなアメリカの都市の将来について強い懸念を表明した。エッジシティでは自動車がないと人と人が出会えない。コミュニティが形成されにくい。乱開発で自然を破壊する。エッジシティの造成はアメリカ社会に取り返しのつかない損害を与える。彼らはサステイナビリティの原則に立ち返りまちづくりを考えるべきだと訴えたのである。

　1991年の秋、彼らはカリフォルニア州にあるヨセミテ国立公園の有名ホテル「アワニー」(The Ahwahnee) に地方自治体の幹部を集めた。この会議で採択されたのが、ピーター・カルソープ (Peter Calthorpe) やマイケル・コルベット (Michael Corbett) などによって起草された「アワニー原則」である。乱開発が進むアメリカのまちづくりに一石を投じたのである。日本でも厚生白書（平成10年度）に全文が掲載された。東北の地域の新しいまちづくりにも考慮されるべき基本的な考え方である。

　「アワニー原則」では、このようなまちの実現のために遵守すべき事項を、①コミュニティの原則、②コミュニティよりも大きな区域であるリージョンの原則、そして、③これらの原則を実際に適用するための戦略、に分けて記されている。

　「アワニー原則」は1991年の秋、約100名の地方公共団体幹部を前に発表され、今後の都市開発プランの策定に当たって取り入れていくように各幹部に理解を求めた。マイケル・コルベット氏の妻であるジュディー・コルベット (Judy Corbett) が事務局長 (Executive Director) となっている団体「ローカル・ガバメント・コミッション」(Local Government Commision) が主催した。この団体はその後も機会のある毎に、「アワニー原則」の広報に努めている。参加した6名の建築家の名声が高まるにつれ、各種の建築関係雑誌もこの「原則」を取り上げるようになり、「アワニー原則」は次第に建築関係者の間に広まった。

　以下に、「アワニー原則」の全文を紹介する（小門監修）。

1) 序言（Preamble）：

現在の都市および郊外の開発パターンは，人々の生活の質に対して重大な障害をもたらしている。

従来の開発パターンは，以下のような現象をもたらしている。
- 自動車への過度の依存によってもたらされる交通混雑と大気汚染
- 誰もが利用できるような貴重なオープンスペースの喪失
- 延びきった道路網に対する多額の補修費の投入
- 経済資源の不平等な配分
- コミュニティに対する一体感の喪失

過去および現在の最良の事例に依拠することによって，そのコミュニティの中で生活し，働く人々のニーズに，より的確に対応するようなコミュニティを創り出すことが可能である。そのようなコミュニティを創り出すためには，計画書策定の段階で以下のような原則を遵守することが必要である。

2) コミュニティの原則（Community principles）：

① すべてのコミュニティは，住宅，商店，勤務先，学校，公園，公共施設など，住民の生活に不可欠なさまざまな施設・活動拠点を併せ持つような，多機能で，統一感のあるものとして設計されなければならない。

② できるだけ多くの施設が，相互に気軽に歩いて行ける範囲内に位置するように設計されなければならない。

③ できるだけ多くの施設や活動拠点が，公共交通機関の駅・停留所に簡単に歩いて行ける距離内に整備されるべきである。

④ さまざまな経済レベルの人々や，さまざまな年齢の人々が，同じ一つのコミュニティ内に住むことができるように，コミュニティ内ではさまざまなタイプの住宅が供給されるべきである。

⑤ コミュニティ内に住んでいる人々が喜んで働けるような仕事の場が，コミュニティ内で産み出されるべきである。

⑥ 新たに創り出されるコミュニティの場所や性格は，そのコミュニティを包含する，より大きな交通ネットワークと調和のとれたものでなければならない。

⑦ コミュニティは，商業活動，市民サービス，文化活動，レクレーション

活動などが集中的になされる中心地を保持しなればならない。
⑧　コミュニティは，広場，緑地帯，公園など用途の特定化された，誰もが利用できる，かなりの面積のオープンスペースを保持しなければならない。場所とデザインに工夫を凝らすことによって，オープンスペースの利用は促進される。
⑨　パブリックなスペースは，日夜いつでも人々が興味を持って行きたがるような場所となるように設計されるべきである。
⑩　それぞれのコミュニティや，いくつかのコミュニティがまとまったより大きな地域は，農業のグリーンベルト，野生生物の生息境界などによって明確な境界を保持しなければならない。またこの境界は，開発行為の対象とならないようにしなければならない。
⑪　通り，歩行者用通路，自転車用道路などのコミュニティ内のさまざまな道路は，全体として，相互に緊密なネットワークを保持し，かつ，興味をそそられるようなルートを提供する道路システムを形成するものでなければならない。それらの道は，建物，木々，街灯など周囲の環境に工夫を凝らし，また，自動車利用を減退させるような小さく細いものであることによって，歩行者や，自転車の利用が促進されるようなものでなければならない。
⑫　コミュニティの建設前から敷地内に存在していた，天然の地形，排水，植生などは，コミュニティ内の公園やグリーンベルトの中をはじめとして，可能な限り元の自然のままの形でコミュニティ内に保存されるべきである。
⑬　すべてのコミュニティは，資源を節約し，廃棄物が最小になるように設計されるべきである。
⑭　自然の排水の利用，旱魃に強い地勢の造形，水のリサイクリングの実施などを通して，すべてのコミュニティは水の効果的な利用を追求しなければならない。
⑮　エネルギー節約型のコミュニティを創出するために，通りの方向性，建物の配置，日陰の活用などに充分な工夫を凝らすべきである。

3)　コミュニティを包含するリージョン・地域の原則（Regional Principles）：
①　地域の土地利用計画は，従来は，自動車専用高速道路との整合性が第一

に考えられてきたが，これからは，公共交通路線を中心とする大規模な交通輸送ネットワークとの整合性がまず第一に考えられなければならない。
② 地域は，自然条件によって決定されるグリーンベルトや野生生物の生息境界などの形で，他の地域との境界線を保持し，かつ，この境界線を常に維持していかなければならない。
③ 市庁舎やスタジアム，博物館などのような，地域の中心的な施設は，都市の中心部に位置していなければならない。
④ その地域の歴史，文化，気候に対応し，その地域の独自性が表現され，またそれが強化されるような建設の方法および資材を採用するべきである。
4) 実現のための戦略（Implementation Strategy）：
① 全体計画は，前述の諸原則に従い，状況の変化に対応して常に柔軟に改訂されるものであるべきである。
② 特定の開発業者が主導権を握ったり，地域のそれぞれの部分部分が地域全体との整合性もないままに乱開発されることを防ぐために，地元の地方公共団体は，開発の全体計画が策定される際の適正な計画策定プロセスの保持に責任を負うべきである。全体計画では，新規の開発，人口の流入，土地再開発などが許容される場所が明確に示されなければならない。
③ 開発事業が実施される前に，上記諸原則に基づいた詳細な計画が策定されていなければならない。詳細な計画を策定することによって，事業が順調に進捗していくことが可能となる。
④ 計画の策定プロセスには誰でも参加できるようにするとともに，計画策定への参加者に対しては，プロジェクトに対するさまざまな提案が視覚的に理解できるような資料が提供されるべきである。

アメリカの抱える社会問題は，コミュニティの崩壊によってもたらされたものである。このコミュニティ崩壊の原因は自動車に過度に依存したエネルギー大量消費型のまちづくりにある。彼らは，その解決策として自動車への依存を減らし生態系に配慮し，そして何よりも人々が自分たちの住むコミュニティが強いアイデンティティ（自己同一感）を持てるようなまちの創造を提案する。同時にコミュニティ設計の観点からも，職住接近を実現するミクストユース

(老若男女・職業・人種，独身既婚，高所得・低所得が混ざり合って住むコミュニティ，商業施設・オフィス・住居の混在する建物)，自動車の利用削減のための交通計画，広場・道などのオープンスペースの確保，画一的でなくいろいろな意味で工夫された個性的なハウジング，そして省エネ・省資源への配慮が，重要な要素であると主張した[2]。

マイケル・コルベットは，みずから人口約5万人のデービス市[3]の市長になって，長年の夢を実践し成功させた。ヴィレッジホームズである。彼のまちづくりの思想は，第一に生態学的に持続可能なコミュニティの建設 (ecologically sustainable community) である。快適な人間の暮らしと豊かな自然との共存であり，自然と人間とがより密接に関わりを持てるようなコミュニティの創造である。食用となる実を付ける樹木の植栽，自然排水システムの整備，歩行者用・自転車用専用道路などの整備。コミュニティへの自動車の直接的乗り入れの規制を行った。第二は，強いコミュニティの建設であった。地域住民の強い一体感の形成や孤立せず連帯感のある生活が，犯罪などさまざまな社会問題の発生を抑制する。また土地に密着したライフスタイルの実現も経験を分かち合い相互に依存する関係の中で住民は連帯感をより深めることができる。さらに郵便箱でさえ家の前に置かず道の突き当たりにまとめて設置することにより，住民同士のコミュニケーションの機会を増やしている。このような小さな工夫が随所になされている。その他の特徴を整理すると次の通り。(i) 域内での食料の生産 (the edible landscape)，(ii) 自然を生かした排水システム，(iii) 太陽エネルギーの活用，(iv) 自動車用道路の工夫，(v) 多数の歩行者用・自転車用道路，(vi) 小さい住宅の区画，(vii) 広いパブリック・スペース，(viii) 自由でお互いに快適な生活を保障する規則づくり，(ix) 共用地の創生と管理である。

コルベット曰く。サステイナブル・コミュニティにおいては通勤のために自動車を毎日1時間も2時間も運転する必要はない。職場には歩いていくことができる。自転車を利用する。家庭の食物のほとんどを自給できる。農薬まみれになった野菜などを食べる必要はない。自分の時間が増えより健康的な生活が送れるようになる。よくよく考えるとこの考えは日本人が培ってきた農村のエコロジーシステムそのものではなかったか。ヴィレッジホームズを歩いてみると日本の昔の農村を思いだす。

ニューアーバニズムの旗手であったピーター・カルソープはより大きなユニット，すなわち地域圏（region）という概念を提唱する。彼は当初エネルギーと物質の消費量をその地域の供給可能量以内におさめる地域の需給均衡を重視していた。しかし，その後生活スタイル自身を問題にする。地域の将来にわたる生存（viability）を危うくするような生活スタイルや技術を採用するべきではないと主張する。地域の定義についても市や町という単位ではなく，より広域である地域圏という概念を打ち出す。そしてサステイナビリティ実現の具体的な道筋について，四つのレイヤーを提示した。第一は自動車依存からの脱却，第二は気候等の周囲の環境に対応した省エネルギー型の建築物の建設，第三は廃棄物・排水・雨水などのリサイクル処理，そして第四のレイヤーは地域内における食料の生産である。これらのレイヤーは順序を示すものではない。すべてを充足しないとサステイナブル・コミュニティになりえないともいってはいない。しかし第一レイヤーの自動車依存からの脱却だけは不可欠だとしている。オープンスペースの確保，大気汚染や地球全体のエネルギーの過剰消費などを考えるとき，それは不可欠であるからだ。彼は歩行可能な（walkable）コミュニティ，つまり公共交通機関を中心としたまちづくりを唱える。自動車を全廃しなくてもよい。しかし新しいまちづくりの設計により自動車依存のライフスタイルを変えるべきだと強く訴えている。

　広域圏に関しては，生物体系（biology）や環境体系（ecology）として一体である地域を想定する。例えばサンフランシスコのベイエリア（湾岸地域）は一つの地域として考えるべきだとする。ベイエリア内の個々の市のまちづくりは地域全体という視点が欠落している。全体調和が重要である。カリフォルニア州には地方政府としては市とそれを包含するカウンティ（county：郡）しかなく，ベイエリア全体をコントロールするような地方政府は存在しない。オレゴン州のポートランド市を中心とする地域には，新しい行政単位として地域政府（regional government）が生まれた。この地域政府は三つのカウンティを包含し，その中には24の市が存する。この地域圏は地理的にも経済的にも文化伝統的にも，そして災害的にも（地震地帯）一体である。一種の運命共同体といってもよい。地域全般にわたる都市づくりをこの地域政府は担っている。アメリカではオレゴン州とワシントン州が州法によって地域政府の成立を認めている。

オレゴン州では1978年無制限に都市化が進むスプロール現象の発生を抑止するために「都市成長境界線」(UGB：Urban Growth Boundary) を設定する。カルソープは新しい「地域政府」に依頼され地域の将来像の策定に参加している。この地域は地域全体を緑地帯で囲む。その緑地が「都市成長の境界線」となる。高速道路を取り壊して路面電車 (new light rail systems) を導入した。路面電車の沿線にまちが形成された。彼の主張するTOD (transit oriented development：都市交通を基本とする開発) 型の開発が実施された。さびれていたポートランド市のダウンタウンに人が戻り、多くの人々が集まる都市のセンターとなっている。カルソープはベイエリアにもいくつかのコミュニティをつくった。その理念は地域に浸透しているように見える。まちづくりは「経済的に無駄がなく環境的に健全で社会的に進歩するもの、そして持続可能なガバナンス」("economically feasible, ecologically sound and socially progressive, and sustainable governance") でなければいけない。現代が求めるまちづくりを実践するカルソープの言葉である。

　彼らの強いメッセージ一つは「開かれた強いコミュニティ」の創造である。もう一つはコミュニティの持続性 (サステイナビリティ) の追求である。前者は人と人とのつながり、わがまちといえるまちづくりをすることによってまちに愛着を持たせ、アメリカ民主主義の原点の一つであるフレンドシップの確立を図るものである。後者は、文明に対する反省、効率だけを求めた超過密都市に対する反省にたって、半永久的に長続きのするまちを設計するものだ。現代技術を用い伝統的な地域の技術も駆使しながらハードとソフト両面から現代にふさわしい新しい枠組みを造ろうとするものだ。

　元来、都市そのものがコミュニティであったわけだが、科学の進歩を背景に、生活の利便化や多様化にともない必要最低限であるべき構造物が目立つようになり、コミュニティを分断したり公害を誘発したりするようになってきた。車優先の交通システム、コンクリートでつくられた塀や上下水道施設、夜になっても気温の下がらないアスファルトで固められた道路や広場など、再検討されるべきハードウエアはたくさんある。

　日本は、農業国から工業国に移行する過程で地域主義を放棄した。権力を中央に集中した大国主義であり経済を優先する経済主義の道を選んだ。農村から

都市への人口流出を促進した。それは東京一極集中という後進国的な国造りに結果した。人口 1 億を超える国で中央集権の先進国は日本だけである。ナショナルミニマムとは聞こえはよいが，その意味するところは中央集権，つまり権限の一極集中のなにものでもなかった。工業化を促進する地方の都市拡張政策がこれに拍車をかけた。地方のほとんどは地域発の産業創生を放棄し，安易にも公共投資に飛びついた。土建業を中核とする産業構造をつくり上げた。あげく日本はセメントづけになった。経済効率の名のもとに東京圏に人材を収奪し，地域コミュニティが培ってきたかけがえのない文化や独自性を喪失させ，コミュニティ意識を衰退させ，地域技術や生活ソフトが消失する。自然との共生やリサイクルといった古来の伝統も放棄させられた。人の心がすさむ。この失われた 20 余年を経てようやく地域や中小企業やスモール・プレーヤーの重要性に気がつき始めたのか。地域文化・町民文化が花開いた江戸という時代が再評価されている。

　人々は繋がりを求め始めた。コミュニティの重要性に気がつく地域が増えてきている。そのコミュニティは昔の束縛しあうものではない。独立し自律した個人が自由な生活を営みながらもお互いを理解し助けあう，緩やかな繋がりだが助けあう，そして，それは決してお上頼みではなくて自らの手で自らが責任を持つコミュニティだ。自分たちのまちに愛着と誇りを持って，自ら立ち上がりチャレンジ精神溢れるまちづくりを行うのである。シティズンシップを実践するような機運が生まれてきたように思える。

　元来，日本の農村は世界に冠たるサステイナブル・コミュニティであった。しかし，その時代の人々は貧しく衛生状態は悪く短命な社会であった。日本人は今戦後を総括し今にふさわしい新しい生活様式をつくりださないといけないと考える。地域の技術を掘り起こし地域を革新する新しいまちづくりを実践するときを迎えている。原発を安全神話で糊塗し地域活性化と謳い上げるような政策は総括しなければならない。ホモ・エコノミクスと化した旧人類ではなく君たち若人が行動すべき時がきたのだろう。隗より始めよ。君たちのために君たちの子供たちのために，質の高い生活（QOL）とは何であるかを問いだだし，新しいまちづくりを進めなければいけない。

　東京はあまりにも大きくなりすぎた。ショックに弱い。巨大なリスクを抱え

ている。地震が来れば帰宅難民が発生する。ライフラインの保障コストが高すぎる。ごみ処理のための埋め立て用地の余命はせいぜい10年と聞く。交通が確保されてもエスカレータが動くとは限らない。老人が地下深くから這い上がるのは大変だ。域外・海外に依存する食料調達もままならない。コルベットのヴィレッジホームズでは小路の両側には果樹があり，手を伸ばせばリンゴやモモをとることができる。自給自足も可能である。コミュニティがあり助け合いの仕組みもできている。日本は巨大都市の華やかさや経済力の陰に隠れて，人間としての愛をはぐくみ安心や真の快適さを提供するハードもソフトもなおプアなのではないか。新参者にはコミュニティ形成は難しい。歴史的アイデンティティの象徴である町名が廃止され画一化が進行する。コミュニティ意識は薄れ，町はセメントづけ，そして人類史上まれにみる高齢化社会である。就業と子育てを両立させるためのハードもソフトも未整備である。そして柔軟に動けない肥大化した官僚大組織。エッジシティは自動車をもつ人に最大の利便性を提供した。日本の町は歩行者にとってやさしいか。生きとし生けるものである人間にとってのまちをめざしているのだろうか。答えは複雑ではなくてもっと単純なところにある。足早に駆け抜けるビジネスマンに老人をいたわる余裕はない。人口が減り，民度が低くなり，町は衰える。人に優しくない高コスト都市はいずれ死滅する。その時期はカルソープが予言する最悪のまちロサンジェルスの滅亡より早いかもしれない。

　人口が中規模の都市では商業施設の郊外化が顕著である。当然のこと町の中心は空洞化する。市町村の農政課の仕事は農地転用を促進することなのか。地域に土地利用の哲学が欠如する。緑豊かでかつてはサステイナビリティがあった村が過疎化・高齢化し崩壊寸前である。わが国の町は，その6割は江戸時代に起源をもち，400年の歴史に培われたしっかりした町の骨組みを持っていた。歴史に裏付けされたアイデンティティを持ったコミュニティであったはずだ。まちには経営哲学があり恒常性（homeostasis）が保たれていたのではなかったか。

　日本の道路は，モータリゼーションの前の時代，鉄道が主たる交通手段として普及していたときには，歩行に十分の広さを提供し，大人が談笑し子供たちも遊べる広場的機能も果たしていた。郊外電車の沿線駅はウォーカブルな（歩

いて用がたせる）コミュニティ・サイズとしては最適の駅間を形成していた。カルソープの設計する TOD に近いものである。現在東京の郊外電車の駅は巨大化した。人工地盤が形成され立派なバスターミナルをもつ。昔日のコミュニティの面影はない。雑然として人がごった返す。それは自動車がわが物顔で進入する潤いのない騒然たる街区にすぎない。

　重化学工業化が華やかなりし頃はゾーニングという土地利用には意味があった。脱工業化時代・知識産業の現代にはミクストユースに基づいたまちづくりを実行しなければいけない。都心居住を推進し職住近接の豊かな生活空間を創造すべきである。近年コンパクトシティという概念が普及している。街の再設計が叫ばれている。しかし，それは技術的に物理的に生活空間をコンパクトに設計するもので，まちをつくりかえ発展させるコミュニティの発想に乏しい。

　都市近郊に新たに中小規模のコミュニティをつくる場合は，ここで述べた二つの理念と七つの要素が参考になる。既成市街地では，駅周辺（半径 800 メートル）を核とするウォーカブルなコミュニティの再生を検討すべきだ。また働き方として SOHO にまともに取り組むべきであり，せめて駅前にサテライト・オフィスを設けることは実現したい。コミュニティの強化とサステイナビリティの問題をとことん議論してもらいたいと思う。 人口 50 万人程度の地方中核都市については，既述のオレゴン州ポートランド市の開発抑制政策が参考になる。また人口 80 万人のカリフォルニア州サンフランシスコ市が 80 年代から町の適正規模を意識してオフィス供給を抑制した。人口規模はサンディエゴ市およびサンノゼ市に抜かれることになったが，市民生活はむしろ安全で豊かになったといわれている。

　超過密の巨大都市はどうするのか。集中した都市機能の分散を国是として徐々に進めていくしかないだろう。巨大都市をサステイナブルな単位となるよういくつかのリージョンに分割し，個々のリージョンについて適正居住人口，適正就業人口をはじき出すか，それが難しい場合には適正指数を表示して町の再開発を進めるべきだ。全国規模で住みやすさ度数をさまざまな観点から計測し，評点を出して格付けするのも一案である。地域分権ではなく新しい行政区域の設定が必要である。地理的に文化的そして環境的に一体として機能させるべき地域の設定を，住民のイニシアティブで創り上げていかなければいけない

だろう。東京のような巨大都市のサステイナビリティを高めることはきわめて困難である。しかし一歩ずつ前進するしかない。

2 アメリカ人がめざす社会，そして EU

　アメリカは地域主義が息づく国である。州により地域によりまったく異なる顔を見せる。東部と西海岸，アメリカのリベラルな思想をリードする地域である。東部にはハーバードをはじめとする有名大学が林立し，ニューヨークという大都会が広がる。そこは世界の金融センターであり，世界の商業・文化・エンターテインメント・ファッション・メディアをリードする。カネと情報が飛び交うところだ。アメリカのエスタブリッシュメントと呼ばれる自信にあふれた人たちが活躍する。そしてサンフランシスコやシリコンバレー，ロサンジェルスを代表とする西海岸。ハイテク産業や映画産業の集積地となった。ヒッピーやニューミュージック，環境問題にもきわめてセンシティブな地域である。良い意味でも悪い意味でも，時代先端的・時代先駆的な人たちが多いところであった。東の人たちからの流れものとの蔑みを受け流す度量もある。

　その代表格シリコンバレーは自由でカジュアル，オープンで寛容な文化を生み出した。競争と協働が同居する。一方でドッグイヤーのスピードが求められ，他方生活ではスローフードを追い求める。投資はリスクをとるという厳粛な決断であるが，同時に若人に賭ける，新しいものに賭けるという夢の実現の場になる。投資して支援する。利益を地域に還元する恩返しの精神（giving-back）も実践される。若きベンチャーや NPO を志す人たちへの投資を惜しまない。

　そこでは，90 年代には「競争は勝つことではなくてみなで競い合うことだ。利益の独り占めではなくてみなでシェアすることだ。みなで分かち合えば合うほど（アウトソース），みなが利益を上げることができる」とする協働の価値観を信条に掲げ業績を伸ばした企業があった。サン・マイクロシステムズ（現在オラクルに吸収されている）[4] である。そのような情報化時代の先駆的な企業群が地域文化を牽引した。2000 年に入ると，「世界を変える。よりよい世界をつくりたい」を理念に掲げ，利益にこだわらないグーグルという企業の出現を許す[5]。そして，まちづくりでもスタンフォード大学のまち，パロアルト市は全

米に先駆けてサステイナブル・コミュニティ宣言をした。また，グーグル本社のある隣町マウンテンビュー市も率先して新しいまちづくりを実行した。さらにシリコンバレー最大の都市サンノゼ市もニューアーバニズムに則った公共交通重視のまちづくりでダウンタウンを再生した。人間本位のコミュニティづくりが行われている。寄付文化を背景に民間のNPOを中心にスラムが一掃される。悪名高いイーストパロアルトにも開発の手が伸びる。コミュニティ意識が強い。彼らは市場的であることの本質をよく理解しているからこそ，市場合理性では解決できない問題への対処ができるのではなかろうか。この地域には経済の興隆とコミュニティの強化が共存して進化を遂げる。

　ロバート・ベラー（Robert N. Bellah）はアメリカ南西部生まれでハーバード卒の社会学者である。宗教学にも詳しい。シリコンバレー発展に貢献した大学の一つであるカルフォルニア大学バークレー校で30余年にわたり研究を続けている。ちなみに，計画された偶発性を唱える心理学者クランボルツも1961年スタンフォードの准教授に着任して以来この地で研究を続けている。ベラーの近代を否定しつつアメリカ文化を肯定する思想やクランボルツ（J. D. Krumboltz）の楽観的で前向きな人間の捉え方は彼の地の文化を反映している。彼の地を知る者にはそのことが実感できる。彼らは間違いなく彼の地の地域文化の代弁者なのであろう。それは豊かな空間で明るい太陽の日差しを毎日のように浴びながら，明るく自由におおらかに多様に生きているからなのだろうか。

　アメリカはどのような社会に向かおうとしているのか。その答えはアメリカのリベラルな地域である西海岸がヒントを与えてくれる。第二次大戦後も東部の伝統社会に息苦しさを覚え，自由を求めた人たちは西をめざした。西海岸も人種の坩堝であり，人種のサラダボールとなった。その濃度は高い。西にアジア，南にメキシコが控える地である。多文化共生を宿命とする地域である。経済的繁栄が社会問題をかき消したのか，多様性を受け入れる風土が経済的反映をもたらしたのか，いずれにせよ人種や文化の多様性が当たり前のこととして存在する地域である。彼の地が1960年代の新しい若者文化であるヒッピーやニューミュージックも生み出した。オレンジ畑にノーベル賞学者が移住してきて半導体産業興隆の引き金をひく。そして経済もアメリカを牽引することになる。アメリカの首都ワシントンDCから飛行機で5時間以上もかかる僻地であ

る。かの地シリコンバレーがその後のアメリカのハイテク産業をつくり上げることができたのは，このような自由を求める東からの流れ者や異文化の人たち，そして米国内外から移住してくる多様で個性的な人たちの受け入れの場となったからであろう。ロサンジェルスのハイスクールでは 35 カ国語が話されているという。人種・文化の由来する摩擦，対立や衝突は当たり前，それらを前提としながら妥協点を探らざるをえない社会構造がそこにある。苦闘の中で血も流しながら自由と民主主義という理念を掲げて社会に知恵が蓄積していった。摩擦が厳しければ厳しいほど，対立が深ければ深いほど，新しい社会をつくりだそうとするエネルギーは高まっていくのであろう。彼らの 21 世紀の社会もその延長線にある。

　ここでは，西海岸でアメリカ社会の現状を長期にわたり調査分析を行っているベラーたち研究者の描く未来社会の姿と，シリコンバレーの人たち自身が自主的に構想した地域コミュニティづくりの事例を考察したい。アカデミズムが導き出したものと，現実のコミュニティのうねりの中で生まれた思想である。

2.1　社会学者ベラーたちの描く未来

　1985 年ロバート・ベラーたちは『心の習慣』（*Habits of the Heart*）を上梓する。彼らは近代という時代についてはその欠点を率直に認めている。科学万能主義を排し，専門家指向のカフェテリア大学（マルティバーシティ）を痛烈に批判する。ホリスティック（全体的）で学際的研究の必要性を訴える。資本主義については，その膨張が古き良きコミュニティに存在した天職（calling）意識を奪い，成功者がいかに寄付という形で公共善を実践していたとしても，個の欲望が勤労における公共善意識を超えるシステムには懸念を表明している。

　そして，彼らは近代の強い個であり続けるためにセラピストという職が機能していることも指摘している。さらに彼らはアメリカ社会は今なお夫婦愛や家族愛そして友情で結ばれているが，社会の総和としては分離・剥離・孤独化傾向にあることは否定はしない。彼らはそのような状況のなかで個が他の人との繋がりや絆を渇望し，安心や安らぎを求める傾向があることを感じ，その個の依存心や依頼心の高まりが，またぞろ専制やファシズムの脅威につながるのではないかとして警告も発している。

彼らは複雑化し危ういこのような時代に，人間としての生き方を，地域の人たちに対するインタビューを通じて自らに問を発し，新しい社会を展望している。『心の習慣』には次のように記されている。

　おそらく人生は，先頭を切ることが唯一のゴールであるような競争ではないだろう。
　おそらく真の幸福は，たえず前の者を追い抜くことで得られるものではないだろう。おそらく真理は，近代西洋を除く世界の大部分がつねに信じてきたこと，すなわちそれ自体において善い，そのものとして充実をもたらしてくれる生の実践が存在するということのなかにあるのだろう。おそらくそれ自体として報いのある労働の方が，ただ外的な報酬があるだけの労働よりも人間にとってふさわしいものだろう。おそらく愛する者への永続的なコミットメントと同胞市民への市民的友情は，休む間もない競争や不安げな自己防衛よりも好ましいものだろう。おそらく存在そのものの神秘に触れて発する感謝と驚きの表現としての共同の信仰は，何よりも重要なものだろう。もしそうであるなら，私たちは私たちの人生を変えなければならない。そして私たちが好んで忘れてきたものを思い出さなければならない。
　私たちは自らを創造したわけではない。私たちが今こうしてあるのは，私たちを形成した共同体があるからである。……このことを私たちは思い出す必要がある。私たちはこの地球上での私たちの生命の物語を，打ち続く成功の連なりとしてではなく，喜びと苦難の歴史として見る必要がある。私たちは，今日の世界において苦しんでいる何百万という人々のことを，そして過去における彼らの苦しみが今日の私たちの豊かさを可能にした何百万という人々のことを，思い出す必要がある。
　何にもまして，私たちは（物質的に恵まれていても）本当は貧しいことを思い出す必要がある。……私たちの現状の真実の姿は貧困である。私たちは結局のところ，この地球上において無防備である。物質的な所有は，私たちに幸福をもたらさなかった。私たちの軍隊は，核による破壊を防ぐことはできない。いかに生産性を上げたところで，新しい武装システムを造

ったところで，私たちの現状の真実を変えることはできない。
　私たちは，自分たちが他の人間から区別された特別な創造物だと思ってきた。20世紀後半の現在，私たちは，自らの貧困はもっとも貧しい国々の貧困と同じくらい絶対的なものだということを理解している。……私たちは人類にふたたび加わり，自らの本質的な貧しさを贈り物として捉え，私たちの物質的富を貧しい人々と分かち合った方が良いのだ。
　こうしたヴィジョンは，現在のアメリカの政治的言説の切り詰められたスペクトラムから見ると，保守でもリベラルでもない。それは，「伝統的な」社会の調和の世界へと引き返そうとするのではない。そうした社会の知恵から学ぶ用意は十分あるとしても。それはいっさいの伝統に対する近代的な批判を拒絶しようというのではない。しかしいまやそれは批判の批判を展開し，人生は，信じることと疑うこととのバランスをとりつつ歩んでゆくものだと主張する。こうしたヴィジョンは，知識人の理論だけからもたらされるのでなく，アメリカ人がすでに営んでいる生の実践からもたらされるものである。こうしたヴィジョンは，社会的関心を究極的関心へと結びつけ，そのどちらをも軽んずることがないようなあり方を求める。とりわけこうしたヴィジョンは，私たちの友人，私たちの同胞市民たちの討論と実験によって確認され，訂正されることを望んでいる[6]。

2.2　新しい社会づくりに向けた地域市民の実践

　ベラーたちの住むところはベイエリア（サンフランシスコ湾岸地域）とも呼ばれる。シリコンバレーを広義に捉えたときこの地域もカバーされる。ベラーはサンフランシスコ湾の左岸にあるカルフォルニア大学バークレー校にいる。バークレー校を湾づたいに南西部に行ったところにシリコンバレーが展開する。80年代，この地域はこの地域にとって戦後初の大不況に見舞われる。日本の半導体企業が当地の産業を駆逐したからである。そのとき地域市民によるコミュニティ意識が覚醒される（ケーススタディにて詳述）。1990年代に入り，彼らは自分たちで地域創生のプロジェクトを実践し，地域の成功を支えた。シリコンバレーはネット革命のメッカに生まれ変わる。その時この地域コミュニティの人たちは，繁栄するIT社会の将来のあり方を描いて見せた。1997年彼らは

『シリコンバレー 2010』という新時代の地域像を提示した。21 世紀に向けた地域コミュニティによる地域コミュニティのための地域コミュニティ計画であった。それは彼らの子供や孫のためのものである。そのために地域コミュニティにコンセンサスを形成しようとしたものであった。人種・宗教・種々の党派的集団の垣根を越え政治家・経済界・地場企業団体が同じテーブルについて議論する。多くのアンケートとインタビュー，電話ヒアリングなど，さまざまなコミュニティ・コミュニケーション手法を駆使したものであった。その成果物が『シリコンバレー 2010』という地域計画[7]である。その特徴は，

① 自分たちで NPO を立ち上げ，専門家の知恵を借りながら，地域の理念や目標を市民の手で策定したこと
② 経済の問題ではなくて，地域の社会・環境・文化風土の問題としてホリスティックに検討し，そして目標を具体的な指標に結実させたこと
③ 旧来の行政区域を越えて行政も政治家も巻き込んで広域の地域圏（リージョン）という新しい時代の地域行政の考え方を提示したこと

などである。彼らはその理念を憲章として次のように謳いあげる

> 私たちは，われわれの子孫みんなが経済的繁栄と健康で魅力的な生活環境を享受するために，また彼らのコミュニティが多様性に対して常に寛容で受容性の高いものとなるように，地域コミュニティの構成員が革新と起業の精神でもって地域全体に対するスチュワードシップを持つ文化基盤を築く。

　彼らは同時に，革新性のある経済（innovative economy），持続可能な環境（livable environment），多様性を受けいれる社会（inclusive society），そして地域コミュニティのスチュワードシップ（regional stewardship）の四つを信条として掲げる。さらに，それらを実現するために地域活動を測定するために具体的な 17 の指標を選びだし，数値目標を設定した。毎年計測され『インデックス』と称する地域白書でもって新年 1 月に定例の発表会を催している。白書に示された 17 の指標の実績値を振り返りながら，地域の現状についてコミュニティの人たちと議論するのである。

このプロジェクトの発表会に参加する人は，日本のように会社や組織の代表としてではなく，あくまでもコミュニティの一員という自覚の下に参加している。このような試みはその過程で数多くの地域リーダーを生んだ。彼らは地域のリーダーとしての素養も高めた。彼らはさらに踏み込む。みんなで共有した地域コミュニティの経営方針を「シリコンバレー・ウェイ」として宣言する。そこにはシティズンシップに満ち溢れた地域住民が地域をマネージしようとするアントレプレナーシップに富んだ意思が働いている。シリコンバレー・ウェイという言葉を使ったのは，シリコンバレーの歴史そのものであり世界企業に成長したヒューレット・パッカード社の有名な HP ウェイ経営になぞらえたからである。

　シリコンバレー・ウェイ[8]とは，①地域コミュニティへの恩返し（giving back）精神であり，②地域コミュニティ変革と結果重視の考え方であり，③他人に迎合しない投資判断を行う力とその後のプロジェクトへの（例えば役員となって）直接関与であり，④自分が属す小さなコミュニティを越えて行政区域をまたがる地域（地域圏）で絆を形成することであり，⑤職場と地域コミュニティが連帯してことにあたることである。

　事実，彼らリーダーは経済問題をコミュニティと結びつけた。そしてコミュニティの結束を強化した。そしてさまざまなプロジェクトに関与した。自らもプロジェクトを立ち上げた。自ら汗を流して経営資源の調達に奔走した。かの地のその方法はハンズオンのベンチャーキャピタルがごとく厳然とプロジェクトに向き合った。そして彼らは彼らの営為を新しいタイプの市民のかたちであると認識した。そして自らを「市民企業家」と称したのである。

　彼の地は世界に冠たるハイテク先端産業の集積地，シリコンバレーである。市場メカニズムの中でしのぎを削る競争社会で生きている人たちでもある。その彼らが一方でこのような地域活動に果敢に取り組み，コミュニティの連携や絆を強めたということは記憶にとどめるべきであろう。コミュニティの強さが地域の発展を底支えしていたのである。彼らが地域創生のため行動力や決断力を地域コミュニティの人たちに求めた。それが大きな輪に発展する。そして，それは情報化時代の駆動力である「ネットワークの外部性」に火をつけた。コミュニティという媒体を通じてネットワークの外部性が如何なく発揮されるこ

とになった。

　なお，シリコンバレーの地域創成物語は全米各地の地域コミュニティに影響を与えた。このNPOの影の功労者ダグラス・ヘントン（Douglas Henton）たちは地域創成の手引書（『社会革命と地域市民』[9]）を著した。そこには合衆国は幾多の複雑な相克の克服の歴史である旨が詳しく記述されている。そして相克を五つの命題にわけ，それぞれについての実践例をあげながら解決策を提示している。五つの命題とは個人とコミュニティ，信頼と説明責任，経済とコミュニティ，保守と革新，理想と現実である。また同書の中でアメリカ憲法制定の経緯を説明するくだりがある。東部13州の偉大かつ壮大な妥協の産物であったことに触れ，ジェファーソンの言葉「憲法は世代ごとに修正していくことを前提に構築した」を紹介している。その時代にふさわしい憲法をその時代を生きる世代が創り変えていくのである。幾多の相克を乗り越えた建国者の面目躍如たるものがある。

2.3　そしてEU

　このシリコンバレーの人たちの描いた社会理念は同時期ヨーロッパで進行したEU（欧州連合）のそれと符合する。アメリカのジャーナリスト，リフキン（Jeremy Rifkin）はこの思想をアメリカンドリームに対峙させてヨーロピアンドリームと命名し，2004年に発刊した同名の著作 *The European dream* [10] の中で次のように述べている。

> ヨーロピアンドリームは個人の自律よりコミュニティの結びつきのほうが重視される。同化よりも文化的多様性に，富の蓄積よりも生活の質に，際限なき物質的成長よりも持続可能な発展に，たゆまぬ労苦よりも人間性の実現に，財産権よりも普遍的人権と自然の権利に，権利の一方的行使よりもグローバルな協力に重点がおかれる[11]。……新しいヨーロピアンドリームは強力だ。それは①生活の質（quality of life）[12]，②持続可能性（sustainability），③平和と調和（peace & harmony）に注目する新たな歴史を敢然と提示しているからだ[13]。……それは，サステイナブル・ディベロプメント[14]をめざすことである。際限なき物質的発展の時代の終焉であり，啓蒙主義

により囚われの身となったわれわれの物質主義という名の牢獄からの解放である。物質的欲望を持つ個からの全面的脱皮（personal transform）が求められている。富を求めるのではなく人間精神（human spirit）の高揚を求めなければいけない[15]。

1) Douglas Henton, John Melville, Kim Walesh, *Civic Revolutionaries*, John Wiley & Sons, Inc., 2004, p.1
2) これらの七つの要素を説明すると以下の通りである。
    i) アイデンティティ：そこに住んでいることが誇りになるようなコミュニティか、象徴的な建物や広場、ランドマークなどがあるか、歴史や伝統を大切にしているか、住民参加が促進されているか、住民の意識は高いか、住民同士の強い結びつきがあるか。
    ii) 自然との共生：緑にあふれたコミュニティか、自然との調和・共生を指向したコミュニティか、コミュニティ内での食物の生産が行われているか、コミュニティの境界として自然を考えているか。
    iii) 交通計画：自動車の使用を抑制する仕組みがとられているか、より大きなネットワークとの調和がとれているか、歩ける程度の大きさのコミュニティか、歩道、自転車道などが積極的に整備されているか、道路の配置はクルドサック（袋小路）か、グリッドシステムか、その特徴をよく理解して利用しているか。
    iv) ミクストユース：生活する上でのさまざまな活動拠点を持っているか、自己完結型コミュニティを指向しているか、一つの建物の中に商住混在しているか、商業施設や工業施設がコミュニティと共存しているか、集約されたコンパクトなコミュニティか、犯罪防止の効果も上がっているか。
    v) オープンスペース：中心となるような、誰もが利用するような公的な広場があるか、住民にとって魅力のあるオープンスペースがあるか、コミュニティ内外に自然保護のためのオープンスペースがあるか、コミュニティの境界をなす緑地帯等のオープンスペースがあるか。
    vi) 画一的でなく、いろいろな意味で工夫された個性的なハウジング：画一的でない個性的な家を造る努力がなされているか、地域に根ざした技術や工夫をこらしているか、エネルギー効率を考えているか、さまざまな人が住めるような多様な住宅のタイプが準備されているか、まちづくりに関して基本的なコードがコミュニティにあるか。
    vii) 省エネ・省資源：自然排水溝、水のリサイクル等水の効果的利用を追求しているか、省エネのための工夫がコミュニティになされているか、太陽エネルギーなどソフトエネルギーが積極的に利用されているか、廃棄物などのリサイクルがなされているか、エネルギー効率の観点から各建造物に工夫が見られるか。
3) Davis：カリフォルニア州の州都サクラメント（Sacramento）の南西約26キロメートルに位置し、緑豊かで静かな田園地帯に囲まれたまちで、農学部が有名なカリフォルニア大学デービス校（UC Davis）がある。また、フリーウェイが州都と直結しており、大学

関係者や州政府関係者が数多く住んでいる。
4) 清成忠男・橋本寿朗編『日本型産業集積の未来像――「城下町型」から「オープン・コミュニティー型」へ』(日本経済新聞社, 1996) p.65
5) ケン・オーレッタ／土方奈美訳『グーグル秘録――完全なる破壊』(文藝春秋, 2010) p.11
6) Robert Bellah et al., *Habits of the Heart*, University of Berkley Press 1985, pp.295-296(島薗進・中村圭志訳『心の習慣――アメリカ個人主義のゆくえ』みすず書房, 1991, p.354 を参考に改訳)。
7) *Silicon Valley 2010*, Joint Venture: Silicon Valley Network, 1998.
8) Community Foundation Silicon Valley, "Giving Back, The Silicon Valley Way." 1998 Report on Giving and Volunteerism in Silicon Valley.
9) 小門裕幸監訳『社会革命と地域市民』第一出版, 2005
10) Jeremy Rifkin, *The European dream*, Tarcher Penguin 2005 (柴田裕之訳『ヨーロピアンドリーム』NHK 出版, 2006)
11) 同上　Rifkin, p.3 (訳書, p.11)
12) QOL については教育・健康・幼児・児童の安全, 安全 (decent education, assuring our good health, providing adequate care for our children, and living in safe neighborhoods and communities.〔同上　Rifkin, p.78〕) と定義している。また, EU コミッションは, 健康や社会関係, 自然環境の質, 現実の生活状況, そして個の主観的な豊かさの物質的でない側面 (immaterial aspects of the living situation like health, social relations or the quality of the natural environment, and actual living conditions as well as the subjective well-being of the individual citizens〔同 p.82〕) としているのに対し, アメリカでは生存, 自由, 幸福の追求などの特定の奪うことのできない権利 (life, liberty, pursuit of happiness〔同 p.82〕) と定義している。
13) 同上　Rifkin, p.3
14) 1987 年 "Our Common Future" と題して発表された, いわゆる Brundtland 委員会報告書で使われた言葉で, 現代の世代が, 将来の世代の利益や要求を充足する能力を損なわない範囲内で環境を利用し要求を満たしていこうとする開発 (development that meets the needs of the present without compromising the ability of future generations to meet their own needs) と定義している。
15) 同上　Rifkin, pp.7-8 (訳書, p.16) を参考にしている。

第5章
日本はこれからどうすればよいのか

America would need a revolution every thirty years or so to survive.
　　　　　　　　　　　　　　　　　　　　　　Thomas Jefferson[1]

　この章では，まず近代以前の日本が築きあげたサステイナブルな文明とでもいうべき社会システムを振り返る。そして，日本の知識人が今世紀に入って議論を重ねてつくりあげた21世紀の社会のあり方にかかわる審議会の答申などを紹介する。これらは日本社会で認知され合意形成がされたものである。さらに3人の経済学者の洞察を紹介する。日本人，フランス人と，アングロサクソンの世界を生きたが強くアジア文化に感化されたドイツ人の3人である。とりわけ2人の欧州人は戦後一貫して，近代という時代を強く反省し，アングロサクソン中心の主流の経済学とは一線を画してきた人たちである。彼らの来るべき時代についての見識を確認する。そして最後に，われわれ地球人があまねく追及すべき究極の行動原理としてのスチュワードシップという考え方を提示したい。スチュワードシップは聖書の言葉であるが，それは日本文明の基本であったし，ほんの数十年前までわれわれ日本人が意識せずに実践していた行動原理でもある。

1 近代に翻弄される前の江戸というサステイナブル社会

17世紀のはじめから19世紀の半ばまで，約2世紀半のあいだを江戸時代と呼んでいる。その時代，日本は鎖国をしていた。オランダと中国以外の国との交易を禁じ，交易場所も日本列島の西端である長崎に限定していた。国外の攪乱要因を遮断し，国内の平穏を保ち，世界にまれにみる平和で安全でサステイナブルな社会を実現していた。経済的には資本節約・労働集約型の生産体制を確立し，土地生産性の高い自給自足を実現していた。しかもその生活水準は決して低くなかったようだ。日本研究で知られる社会学者スーザン・ハンレー（Susan B. Hanley）は「19世紀に自分が生きられるならば，貴族としてならばイギリス，庶民としてならば江戸に住みたい」と指摘している[2]。ヒマラヤ山脈にある小国ブータンが幸せの国の象徴のように取り上げられるが，江戸時代の日本も欧米人の眼にはそのように映っていたのではなかろうか。市井の歴史家渡辺京二は欧米人の言葉を借りて次のように述べている。

> 武装した支配者と非武装の被支配者とに区分されながら，その実，支配の形態はきわめて穏和で，被支配者の生活領域が彼らの自由にゆだねられているような社会，富める者と貧しき者との社会的懸隔が小さく，身分的差異は画然としていても，それが階級的な差別として不満の源泉となることのないような，親和感に貫かれた文明だったのである。……日本を支配している異常な制度について調査すればするほど，全体の組織を支えている大原則は，個人の自由の完全な廃止であるということが，いっそう明白になってくると言いながら，他方では個人が共同体のために犠牲になる日本で，各人がまったく幸福で満足しているようにみえる。……そして，彼らが幸福であり生活に満足していればこそ礼儀正しく親切であるのだ[3]。

経済史学者である速水融は，西洋の産業革命（industrial revolution）に対し，江戸時代の特徴を勤勉革命（industrious revolution）と命名した。プロテスタントの倫理が資本主義の精神として重要な役割を担ったとするマックス・ヴェーバー（Karl Emil Maximilian Weber）の所説に対し，日本ではこの勤勉革命のエトスが明

治以降の資本主義発展の原動力となったとするのである。

　勤勉性は江戸期の社会経済構造の産物である。小家族による農家経営が長時間の厳しい労働を強いた。しかし一生懸命に働けば貧困や経済的苦境を乗り越えることを可能にし，そのテンポは遅々たるものではあったが，生活水準向上が期待できたのである。その結果，勤労という価値観が道徳として定着することになる。勤労が美徳となり家族の内部で親から子へと脈々と受け継がれていったと速水はいう[4]。また，戦国時代の自治都市に市民性の萌芽がみられたが，残念ながら織豊政権樹立以降の政権の支配下に呑み込まれ，またこのような資本節約・労働集約生産方式の成功がイノベーションの芽を摘んだため企業家を生み出すことはなかったと，シティズンシップやアントレプレナーシップ発揚の可能性についても言及している[5]。

　当時の日本は，エネルギー的にもリサイクルの観点からも，模範的な循環型社会を実現していた。まずエネルギー資源としての木材である。日本は面積比では世界屈指の森林国である。1992年現在でも国土の67％に相当する2500万ヘクタール弱が森林で，1ヘクタールに生えている樹体量（樹木の重量）は平均250トンである。江戸時代も現在の森林と同様の賦存状況にあるとすれば，人口が約3000万人であるから，1人当たりの樹体量は208トン。また1年間に5％成長すれば1人当たり樹体量は10.5トン増えることになる。薪1キログラムの熱量は約4000キロカロリーなので，約4200万キロカロリーの熱源が毎年生まれることになる。この数字は現在われわれが1年間に直接間接に使うエネルギー4000万キロカロリーとほぼ等しい。当時の日本は今以上の森林国である。また1人当たりのエネルギー使用量も現代人の1/100以下であると推定される。樹体量の年間増加量の範囲で十分エネルギーをまかなえたであろう。次に主食である米である。その米を作るのに必要なエネルギーの大部分は人力だった。人力の源は食糧である。太陽エネルギーの恵みで国中が動いていたといえる。

　19世紀の初頭，ロンドンの人口は90万，パリが50万，江戸（東京）は120万だった。江戸は世界の大都市であった。その大都市に18世紀すでに延々110キロメートルに及ぶ上水道が完備されていた。しかも江戸の海辺や川辺はきわめて美しかった。隅田川に白魚が棲み，東京湾に棲む魚が寿司のネタにな

っていた。江戸前である。環境の専門家が浮世絵をみて海辺，川辺の美しさに驚いている。都市の人糞は農村部に100％運ばれる。貴重な肥料（商品）として取引が行われていた。川に汚水が流れ込まなかった。パリのセーヌ川には汚水が流れ込んだ。花の都パリは悪臭が漂い，ペストが発生した。

　日本人は古来より自然と共生する民である。すべてのもの（森羅万象）には神が宿る。八百万の神信仰だ。「バチがあたる。もったいない」文化があった。倹約が奨励され，ものを粗末にしない。ほとんどのものがリサイクルされる。そうでないものは土に戻った。暮らしも自然と共にあった。時刻は不定時法を採用。日の出前の明るくなり始めた頃を明け六とし，日の入り後の暗くなり始めた頃を暮れ六とした。その昼と夜をそれぞれ六等分して一時と呼んだ。昼と夜の時間の長さが違った。人間の生活のリズムをお天道様（太陽）に合わせていたのである。江戸時代は自然のリズムにあわせ合理的な生活をしていたのである。

　政府の仕組みもうまく設計されているようにみえる。「小さな政府」で地域分権である。民の最終課税負担率は2割程度という説もある。大名が一国一城の主として各地域を治めていた。その数は270に及ぶ。藩毎に自治権が与えられており徴税権もあった。紙幣の発行もできた。地域に個性的な産業が起こる。地域で人材も育まれる。江戸，大坂，京の三大都市を中心に独自性の高い文化が各地で花開いた。

　社会秩序の維持は幕府や藩の行政組織と都市や村の自治組織によって担われ，そしてその二重構造を地域コミュニティが支えていた。まずサムライの数が少なく効率的な行政組織であったことが大きな特徴だ。現在の東京都の人口は約1000万人。中央政府の管理下に東京都庁が東京都を治めている。都庁職員と警察を合わせると20万人。職員1人が50人の面倒を見ていることになる。18世紀は，奉行所が警察・裁判・その他行政一般を司っていた。奉行所が今の都庁である。江戸には南と北の二つの奉行所があった。各奉行所には旗本に準ずる与力50人，御家人階級である同心240人の計290人が詰めていた。江戸の人口を100万として奉行所職員1人で1724人の面倒を見ていた計算になる。また徳川の所領をあずかる代官は通常5万石から10万石を管理していた。中央政府（幕府）から派遣されるのはたったの2人。この規模の大名であれば

300から500人の家臣を持っていたのに比してもきわめて効率的であった。彼らは地元の人材を巧みに使って所領（地域）を経営していた。

　次にしっかりした地域自治組織である。大都市江戸には民代表としての3人の町年寄りがいた。彼らは世襲で、町触れ・戸籍の管理、商人や職人の統制、調停・調査などの行政事務を代行していた。彼らの下に区長のような存在の町名主がおり、その下に町内会の代表としての家主(いえぬし)がいた。家主は大家のような存在で、江戸市中に約2万人おりコミュニティをまとめ治安も担当。彼らはボランティアである。地方も村方三役という行政との調整役がおり入れ札で選ばれる。村の重要事項は村民の寄り合い（議会）により決められる。家族単位で一票を持っていて多数決、時には全会一致で運営されていた。

　そして、地域コミュニティの存在である。セキュリティや防災は基本的には向こう三軒両隣と呼ばれるコミュニティが責任を持ち、自分たちのことは自分たちの力で守った。民のボランティア的行為が支えていたのである。

　わが国は木造建築のため、都市は頻繁に火事に見舞われる。江戸は防火のために町内毎に町火消しを組織化していた。鳶職・仕事師と言われる土木建築を請け負う人たちがこれを担当した。彼らが、コミュニティの私設警官・変則民兵・ネットワーカー・ガードマンの役割も果たしていた。やくざもの・暴れ者を厄介者とせずにコミュニティの重要な仕事を割り当てることも行った。むしろ犯罪者となる可能性のあるものをコミュニティの秩序維持に組み入れている。巧妙なシステム構築をしている。彼らは火消しという仕事に美学を見いだしてボランティアで命をかける。地域コミュニティの知恵が仕事の仕組みを生み出したのではないか。

　教育に市場的システムを導入している。実に合理的だ。庶民向けに寺子屋という私塾が盛んであった。藩毎にも高等教育機関があった。寺子屋は江戸に1500ヵ所。幕末には全国で1万5000ヵ所以上あったと言われる。1850年頃の江戸、庶民の就学率は7割を優に超えていた。1837年の先進国たるイギリスの大都市の就学率は20％という統計がある。その頃のロンドンの下級層の識字率は10％程度だったそうである。寺子屋では、読み・書き・算盤・漢文・お花・茶道などが教えられていた。優秀なものは藩校や、幕府の昌平黌（昌平坂学問所）へ行くことも不可能ではなかった。江戸時代の教育は学びたいもの

が学び，その人の能力・進度に応じて，また家庭の事情に合わせて時間帯も早朝や夜など柔軟に対応していた。また，集団的画一教育ではなくて，一対一の対面個別教育が行われていた。先生は生徒の前に座り，前から逆さ文字を書いて指導した。モンテッソーリ教育（Montessori method）を想起させる。先生が生徒に直接向き合うことで，全人格な教育が実施されていたと言うべきなのかもしれない。専門的なリテラシー教育だけではなくて，行儀やしつけも上手な先生におのずと人気が集まる。人の道も説いたのである。先生は尊敬され地域社会の秩序づくりに貢献していた。江戸時代の教育は，ボランティア精神に富む立派な先生がいて，自分の家を教室に開放し，そこには備え付けの教科書があった。お上が指定するのではなく，よくできた教科書が代々伝えられ，それが自然と定番となっていったようである。切磋琢磨・競争原理がそこにある。

　身分社会で窮屈と思われがちだが，武士も町人もある年齢に達すると職務や職業を辞めて隠居することが多かった。職業が世襲であったことも一因ではあるが，隠居後が人生の本番。一番好きなことをした人が多い。文化興隆の一因である。世のため人のためになっているケースも多い。絵師になる人，俳人となる人，支援する人，植物園を作る人，落語家になる人。ヨーロッパ文明を待つまでもなく日本地図を完成させた伊能忠敬も隠居人であった。隠居という名の下に過去のしがらみから解放される。余裕のあるボランティア社会だったようだ。

　既述の渡辺京二は「江戸という文明は終わった」と書いた。その時代，世界に誇るべき見事なまでのサステイナブルな仕組みを作り上げていた社会は消え去った。美しいたたずまいも美術作品も，それを守ろうとする力はしばし日本人以外の人たちに期待するしかなかった。

　その後の日本の歴史は周知の通りである。どこで間違えたのか。分権・サステイナブルな豊かな文明を過去のものとしてしまった。概観する。

　1868年，天皇という権威を復活させ，国民一丸となって近代化をひた走る。政府主導の産業革命を断行し，プロシアに中央集権官僚システムを学ぶ。廃藩置県を行い知事は中央から任命。東京に皇居を移し，首都東京中心の国づくりが始まる。文明開化・殖産興業の名の下に江戸の価値観は否定され，神道国教化政策の下で廃仏毀釈が起こった。教育勅語が発布され全国一元的教育が実行

される。天皇は神であり国民は天皇の臣民となる。生活空間や QOL などは一顧だにされず，帝国主義の領土拡張政策を推進し列強との対立関係を生みだし，軍部の独走を抑えることができず，第二次世界大戦に突き進むことになる。国土は破壊される。戦後は平和憲法を定め，個人の尊厳を基軸にする自由と民主主義の社会づくりをめざした。しかし日本は官僚主導の経済大国に変貌する。日本人はエコノミックアニマルと揶揄された。公害で国土は汚れ，経済成長と同時に進行した国土の均衡ある発展政策は，営々として築き上げてきたかけがえのない自然環境を破壊し，セメント漬けにすることに帰結した。世界に冠たる製造業大国となり世界もうらやむ金融大国になったが，優秀な人材は地方から中央へ収奪され，地方の個性や伝統が失われた。自由の美名に踊らされる若者は東京に集まり核家族化が進行した。地域のコミュニティは崩壊する。

　日本人はいまだに真の豊かさを定義できないのである。民に自己責任意識はなく，お上に依存するパーターナリズムの伝統が払拭できない。組織内のトラスト，大組織間のトラストの形成に汲々とし，自律した個が本音で語り合う，個人と個人，個人と組織とのトラスト関係づくりが難しい寂しい社会をつくってしまったのではないか。個人の尊厳を中核に据える真の個人主義が放置されたままである[6]。

2　現代の日本が認知する日本の未来像

　日本が衰退を始めた 90 年代後半，多くの人たちが日本はこれでよいのだろうか，構造的な問題を抱えているのではないだろうかと危機意識を募らせた。そのようななかで政界がリーダーシップをとり，識者を集め日本変革に向けた議論を行った。いくつかの委員会が立ち上がり報告書が提出されている。小泉構造改革はその流れを汲んで政策として実行に移そうとしたものである。そこには日本人の心の持ちよう，個の自立問題にまで言及されている。

　ここでは三つの報告書を紹介する。ひとつは，故小渕首相が音頭をとった，『「21 世紀日本の構想」懇談会最終報告書』（2000 年 1 月発表，会長河合隼雄）であり，もう一つは，日本の国のかたちを根こそぎ変えようとする，「司法制度改革審議会意見書」（2001 年 6 月発表）である[7]。また，これらを受けて，新教

育基本法（2006年制定）に向けた中央教育審議会（2003年3月）の答申も発表されているので参考までに概観する。

2.1 『「21世紀日本の構想」懇談会報告書』

「日本のフロンティアは日本の中にある——自立と協治で築く新世紀」がこの報告書が打ち出したビジョンである。「国民が国家と関わる方法とシステムを変えること」，そして「市民社会における個と公の関係を再定義すること」の二つを最優先課題とした。基底にあるものは日本人の個のありようである。個が自立することの必要性と，そのような個が創造する新しい「公」の形成を図ることの重要性を訴えている。報告書には，「それには，まず個を確立することである。自由で自立し責任感あるしっかりとした個であり他者を人間的共感によって包容する広がりのある個を解き放つ。そうしたたくましく，しなやかな個が自らの意志で公的な場に参画しそれを押し広げることで躍進的な公を作り上げていく。……そうしてこそ，より果敢にリスクをとり，先駆的な挑戦に挑み，より創造的で，想像力のある，多様で活力のある個人と社会も登場する」とある。

戦後，個の自立と平等は言葉としては何度も繰り返されてきた。しかしそれはお題目にすぎず，われわれは個を虚しくし従わざるをえないような存在（偉いさん）を常に抱えていた。序列の中で個の存在は薄れる。自由や平等という概念とはかけ離れた伝統的な日本的集団主義の構図の中に個は埋没していた。この報告書では，個をベースとして，個の自主性により，個自らが参加し関与し決定し，そして決めたことは遵守するような「公」を形成すること，つまり「お上」の概念を払拭しようとするものである。実現すれば，それは日本の伝統文化の舵を大きく切ろうとする大宣言となる。18世紀後半に起草されたアメリカの独立宣言とそれに続く人権宣言に匹敵するものとなる。

ちなみに，この報告書の中で，「生涯を設計する」というテーマの下，「ライフスタイルの自由な選択と自己実現の重要性や生涯学習の必要性」が指摘されている。また教育に関しても，①人間として生きるために不可欠な約束事，②社会人として生きるための基礎知識，③職業人として必要な基礎知識と技能を育てることを基本に体系化すべきと提言されている。

2.2 「司法制度改革審議会意見書」

　司法制度改革はそもそもの近代日本の国のかたちを変えようとした画期的な試みであった。21世紀にもし日本が世界で存在感を示したいのであれば国の骨格に手をつけなければならない。この審議会ではそのために司法という切り口から政治・経済・社会の各分野の構造変革を大胆に提言したものである。意見書の副題には「21世紀の日本を支える司法制度」とある。お上に任せないで自分たちで社会を裁く。これまでの国の統治（ガバナンス）の哲学を180度転換する大改革である。

　意見書は個の意識革命の喫緊性を訴え，個としての政治的自立を強く要請している。真に自立する個としての国民の基盤がなければ21世紀の日本社会は描けないのである。日本が世界のリーダーとして存在するために日本人が国際人として強く生きていくために，きわめて重大な決意を表明している。以下，意見書Ｉの第1「21世紀の我が国社会の姿」の全文を紹介する。

　　国民は，重要な国家機能を有効に遂行するにふさわしい簡素・効率的・透明な政府を実現する中で，自律的かつ社会的責任を負った主体として互いに協力しながら自由かつ公正な社会を築き，それを基盤として国際社会の発展に貢献する。

　　我が国が取り組んできた政治改革，行政改革，地方分権推進，規制緩和等の経済構造改革等の諸改革は，何を企図したものであろうか。それらは，過度の事前規制・調整型社会から事後監視・救済型社会への転換を図り，地方分権を推進する中で，肥大化した行政システムを改め，政治部門（国会，内閣）の統治能力の質（戦略性，総合性，機動性）の向上をめざそうとするものであろう。行政情報の公開と国民への説明責任（アカウンタビリティ）の徹底，政策評価機能の向上などを図り，透明な行政を実現しようとする試みも，既に現実化しつつある。

　　このような諸改革は，国民の統治客体意識から統治主体意識への転換を基底的前提とするとともに，そうした転換を促そうとするものである。統治者（お上）としての政府観から脱して，国民自らが統治に重い責任を負い，そうした国民に応える政府への転換である。こうした社会構造の転換と同

時に，複雑高度化，多様化，国際化等がより一層進展するなど，内外にわたる社会情勢も刻一刻と変容を遂げつつある。このような社会にあっては，国民の自由かつ創造的な活動が期待され，個人や企業等は，より主体的・積極的にその社会経済的生活関係を形成することになるであろう。

　21世紀にあっては，社会のあらゆる分野において，国境の内と外との結び付きが強まっていくことになろう。驚異的な情報通信技術の革新等に伴って加速度的にグローバル化が進展し，主権国家の「垣根」が低くなる中で，我が国が的確かつ機敏な統治能力を発揮しつつ，「国際社会において，名誉ある地位」（憲法前文）を占めるのに必要な行動の在り方が不断に問われることになる。我が国を見つめる国際社会の眼が一層厳しくなっていくであろう中で，我が国がこの課題に応えていくことができるかどうかは，我々がどのような統治能力を備えた政府を持てるかだけでなく，我々の住む社会がどれだけ独創性と活力に充ち，国際社会に向かってどのような価値体系を発信できるかにかかっている。国際社会は，決して所与の秩序ではない。既に触れた一連の諸改革は，ひとり国内的課題に関わるだけでなく，多様な価値観を持つ人々が有意的に共生することのできる自由かつ公正な国際社会の形成に向けて我々がいかに積極的に寄与するかという希求にも関わっている。

　このようにして21世紀において我々が築き上げようとするもの，それは，個人の尊重を基礎に独創性と活力に充ち，国際社会の発展に寄与する，開かれた社会である。

　この意見書は自律的かつ社会的責任を負った主体としての個，自由かつ創造的な社会を築く主体としての個を謳いあげ，個（国民）が統治客体（統治される側）から統治主体（統治する側）意識への転換を基底的前提とするというアメリカの独立宣言もどきの大宣言を行っている。個（国民）自らが統治に重い責任を負う政府への転換である。他人任せではなく自分で決断をし自分で責任をとる。福沢諭吉のいう「一身独立して国独立する」，そのような気概が求められている。個（国民）には自由かつ創造的な活動が期待され個や企業は，より主体的に社会経済的生活関係を形成しなければならない，そしてそのために

個は国際社会に向かってどのような価値体系を発信できるか，自由かつ公正な国際社会の形成に向けていかに積極的に寄与できるかが問われているのである。

2.3　新教育基本法

そして，新教育基本法に向けた中央教育審議会の答申（2003年3月）でも，その2章で「21世紀を切り拓く心豊かでたくましい日本人の育成」をめざすための五つの目標を掲げている。その第一は，自己実現をめざす自立した人間の育成をあげている。すなわち，「すべての国民は，一人の人間としてかけがえのない存在であり，自由には規律と責任が伴うこと，個と公のバランスが重要であることの自覚の下に，自立した存在として生涯にわたって成長を続けるとともに，その価値が尊重されなければならない。個人の能力を最大限に引き出すことは，教育の大切な使命である。一人一人が学ぶことの楽しさを知り，基礎的・基本的な知識，技能や学ぶ意欲を身に付け，生涯にわたって自ら学び，自らの能力を高め，自己実現をめざそうとする意欲，態度や自発的精神を育成することが大切である」としている。

ちなみに，第二は，豊かな心と健やかな体を備えた人間の育成，第三は「知」の世紀をリードする創造性に富んだ人間の育成，第四は新しい「公共」を創造し，21世紀の国家・社会の形成に主体的に参画する日本人の育成（個人の主体的な意思により……自発的な活動への参加意識を高めつつ，自らが国づくり，社会づくりの主体であるという自覚と行動力……），そして最後に，日本の伝統・文化を基盤として国際社会を生きる教養ある日本人の育成をあげている。ただし，改正基本法は，旧法第2条（教育の方針）の大幅訂正追加の形をとり[8]，第2条（教育の目標）と第3条（生涯学習の理念）に衣替えされた。審議会答申に比べ個の自主自立についてのニュアンスが十分盛り込めずトーンダウンしている観は否めない。新教育基本法には次のように定められている。

第二条　教育は，その目的を実現するため，学問の自由を尊重しつつ，次に掲げる目標を達成するよう行われるものとする。
　一　幅広い知識と教養を身に付け，真理を求める態度を養い，豊かな情操と道徳心を培うとともに，健やかな身体を養うこと。

二　個人の価値を尊重して，その能力を伸ばし，創造性を培い，自主および自律の精神を養うとともに，職業および生活との関連を重視し，勤労を重んずる態度を養うこと。
　三　正義と責任，男女の平等，自他の敬愛と協力を重んずるとともに，公共の精神に基づき，主体的に社会の形成に参画し，その発展に寄与する態度を養うこと。
　四　生命を尊び，自然を大切にし，環境の保全に寄与する態度を養うこと。
　五　伝統と文化を尊重し，それらをはぐくんできた我が国と郷土を愛するとともに，他国を尊重し，国際社会の平和と発展に寄与する態度を養うこと。
　第三条　国民一人一人が，自己の人格を磨き，豊かな人生を送ることができるよう，その生涯にわたって，あらゆる機会に，あらゆる場所において学習することができ，その成果を適切に生かすことのできる社会の実現が図られなければならない。

3　近代という枠を越えようとする3人の経済学者の考え方

　ここでは近代という枠組みに新たな光明を感じさせてくれる3人の経済学者の考え方を紹介したい。彼らは市場経済を否定するものではない。メカニズムとしての市場も取り入れるが，社会の根源的な価値や社会のもの考え方，秩序のあり方を変えようとする試みである。
　厚生省官僚の経験があり，福祉医療の眼から日本を見つめ経済学にも詳しい広井良典の定常型社会というコンセプト，物質文明に疑問を投げかけ人間中心の社会を問い続け成長神話からの解放（経済成長なき社会発展）と地域主義を唱えるフランスの経済哲学者ラトゥーシュ（Serge Latouche）のデクロワサンス論，そしてアングロサクソンの世界に染まりながら仏教的世界に遭遇し，地域主義的な解決方法をアジアに見つけたシューマッハー（E.F. Schumacher）の small is beautiful 論を取り上げる。

3.1　定常型社会

広井良典は科学哲学からスタートし，厚生行政にも携わり，社会科学の幅広い分野で活躍する学者である。経済学にも詳しい。2001年『定常型社会——新しい「豊かさ」の構想』（岩波新書）を出版する。また2009年には『コミュニティを問いなおす——つながり・都市・日本社会の未来』（ちくま新書）を著し，定常社会の核となるコミュニティについて論じている。

日本社会は少子高齢化・人口減少のトレンドにある。地球環境問題という巨大な壁がその前途に立ちはだかる[9]。そのようななかにはあるが，個人に社会保障というセーフティネットが与えられ同時に真の機会均等を担保することさえできれば，個人には自由な職業選択による自己実現の道が開かれる[10]。しかしそれは，自由という価値観を越えた，生全体に意味づけを与える，より根源的な価値がその根底になければいけないのではないか[11]と主張する。

人類は資源やエネルギーの有限性という制約に直面している。その帰結とし世界に遍在する豊かさにメスを入れなければいけない。広井は個人にはニーズに基づく物質やエネルギー消費（マテリアル消費）と情報にかかる消費の2種類があり，今後情報消費が増えるとしてもマテリアル消費を抑制する経済システムの構築は可能であるとする[12]。量的拡大を目標にせず，伝統や文化やコミュニティなど変化しないものに価値を置く社会の創造をめざすべきである。そのようなパラダイムシフトを実現した社会を広井は定常型社会と呼ぶ[13]。

彼は時間の意味についても再考を促している。人間が生きるということは根源的な時間というものをもっているということを意味する。それは経済/市場の底に「時間」の層があることを意味し，それはよりゆっくりと流れる時間，より永続的な時間の層とのつながりをもつものである。そして，それはまた変化しないものに価値を置くことができる感覚ということでもある。人間はそのような時間に対する根源的な欲求をもっているのではないのだろうかと訴えるのである[14]。この考え方は後述の，人が地球人として生きるための行動原理であるスチュワードシップの考え方に繋がるものである。

3.2　成長呪縛からの解放と地域主義

欧米ではアメリカを中心とした成長・開発に未来を描こうとするアングロサ

クソンの考え方に対し，常にそれにブレーキをかけようとする知識人が存在する。とりわけ経済成長や途上国の開発・地域の開発という時代の趨勢に対し警鐘をならし続けた思想がある。『沈黙の春』や『静かなる革命』など1970年代より有限なる地球を強く意識した一群の知識人たちである。ローマクラブ，持続可能な開発，地球温暖化会議の流れに至る人たちである。

ここで紹介するフランスのセルジュ・ラトゥーシュ[15]は，成長/開発主義に対する対立軸を強烈に打ち出し体系化した科学哲学者である。近代という時代に対して，あるいは経済至上主義のアングロの世界に対してアンチテーゼを強く提示している。彼はそれをデクロワサンス（décroissance：フランス語の原義は減少という意味）という言葉に凝縮して表現している[16]。経済的価値を中心的な価値とはしない社会，つまり経済を究極の目的としてではなく人間生活の単なる手段として位置づける社会を構想している。そしてそれは地球環境の決定的な破壊を回避するためだけではなくて現代に生きる人間の心理的かつ道徳的な貧困から脱出するためにも必要であるとするのである[17]。マネー・市場・賃金制を放棄するものではないが，マネーや市場が支配する社会にはしない。私的所有や資本主義を真っ向から廃止するものではなく成長に執着する資本主義の精神に変革を求める[18]。そのような考え方に基づいて社会変革を狙っている。したがって，「よいということ」はより多くやよりよいという意味ではない。それは価値・規範・文化的選択肢により判断すべきものであるとする。言い換えればGDP至上主義ではなく尊厳ある生活の営みを優先するということだ。地域主義と組み合せると共愉に溢れるものとなるとする[19]。

彼はRを頭文字とする八つのプログラムを提示する。再評価する（réévaluer），概念を再構築する（reconcepualiser），社会構造を組み立てなおす（restructuer），再配分を行う（redistribuer），再ローカリゼーションを行う（relocalization），削減する（réduire），再利用する（réutiliser），そしてリサイクルを行う（recycler）の八つである。なかでも再評価（réévaluer）と削減（réduire），そして再ローカル化（relocalization）の三つのRが重要であるとする[20]。再評価とは，際限なき競争より協力を，労働への執着よりも余暇と快楽とあそびへの精神を，グローバルよりもローカルなものを，他律性よりも自立性を，科学的合理性よりも思慮深さ（実践倫理：raisonable）を，物質的なものより人間的なものを重視しようとする

考え方である[21]。そして削減とは生活様式と消費様式を生物圏への影響を限りなく縮減することであり，それはスローフードやスローライフという言葉を象徴とし，自ら住む土地を誇りに思う思考形態に密接な関係がある。同時にそれは労働時間を削減し仕事中毒を解毒することでもある[22]。再ローカル化とは地産地消を行い地域定住圏の構築をめざすもので，経済的にも政治的にも環境的にも危機管理的にも文化伝統的にも地域が単位となり地域の力で意思決定し実行に移すこと[23]である。それは地域に根差した多極分散ネットワーク[24]が生態学的な自己持続可能性を与えるということを意味する。すでにその試みはイタリアのコムーネ（comune：もともと共同体の意味，現代ではイタリアの自治体の最小単位＝基礎自治体を指す）にみられ[25]，アメリカでもアーバンビレッジやスローシティという言葉が誕生するなど多くの地域でその試みが始まっている。このようなローカルなプロジェクトは閉鎖的でなく自己中心的でもない，むしろ開放性があり域外の人たちへの贈与性があり，域外の人たちを受け入れる寛容性が合言葉である。ローカルで選択されるアイデンティティは複数あるがローカル自らの運命には共通の展望を有する[26]。ラトゥーシュ曰く，「デクロワサンスは伝統的な共同体的束縛への回帰ではなくて地域の有機的な再編である」[27]。

　オランダでは食料自治・経済金融の自治が模索されている。地域でのエネルギーの自律，ローカルビジネスの奨励[28]，より少ない交通量，透明性のある生産チェーン，維持可能な生産・消費の推進，多国籍企業への依存の削減など，地域で解決するということが地域のサステイナビリティを高め，可能な限り大きな安全を担保してくれる。地域経済を再生し経済を地域社会に再び組み入れるということは，最終的には自然環境を保護し，経済運営を各人に対して開き，失業を削減し，社会参加や連携を強めることになる[29]。これはかつて東京大学名誉教授玉野井芳郎らが指摘した地域主義（第3章注12参照）と一脈通じるものがある。地域は経済原理だけではない地域の原理との融合で機能していくのであり，そこに地域のリジリエンス（resilience）が同居するのである。

　なお，ラトゥーシュは次のような政策を提言している。それらは，現状のエコロジカル・フットプリントの75％削減，適切な環境税や輸送活動によって生じる外部費用（公害）を輸送コストに乗せること，諸活動の再ローカリゼー

ションを行うこと，農民による農業の再生，生産性の増加分を労働時間の削減および雇用の創出に転換させ失業を圧縮すること，友情や知識など人間関係に基づく財の「生産」を推進すること，燃料の浪費を削減することである。

3.3　Small is beautiful.

　シューマッハーは戦後活躍した経済学者でありジャーナリストであった。旧ドイツ（西ドイツ）の首都であったボンに生まれ，ボン大学で経済学の碩学シュンペーターに学ぶ。ナチス台頭のなかイギリスにわたり，ケンブリッジで泰斗ケインズにセミナーへの参加を許可され，米国コロンビア大学で教員となった。その後ドイツを経由してロンドンに戻り，生涯の大半をアングロサクソンの国で過ごした。近代という時代の欧米文化を全身で受け止め，その是非を嗅ぎ分けた大学者であったいうべきだろう。彼が他の学者と一線を画するところは，ミャンマーを筆頭に幾多の途上国におもむき，あるいはイギリスの政府機関などでの現場の経験を踏まえて経済学の体系を構築しているところにある。実践行動派の知識人であった。彼の人間の経済学は欧米近代に毒されない途上国，なかでも仏教国の影響を強く受けたものとなっている。

　彼の研究の原点は人間，そして人間が働くということにあった。そこに彼自身の哲学を確立する。健全な人に必要なものは，創意を発揮して生産すること，サービスを提供すること，そして自分の道徳心にしたがって行動すること，であるとする。そして，この三点すべてにおいて，現代社会は大多数の人を常に不満の状態に追いこみ，この不満が人々を不幸にし，不健全にする。不満のあげく人々は自分の価値を疑い，無力感にとらわれるのだ，と訴える[30]。

　また彼は仕事について，人間にその能力を発揮・向上させる場を与えること，一つの仕事を他の人たちとともにすることを通じて自己中心的な態度を棄てさせること，そして最後に，まっとうな生活に必要な財とサービスをつくり出すことという三つの役割があるとする[31]。さらに，人間の仕事の三つの目的として，第一に必要な財とサービスないしは有益な財とサービスを社会に供給すること，第二に良き管理人のするように，各人がその才能・能力をつかい，またつかうことによってそれを完成させること，そして第三にこれらのことを生来の自己中心主義から脱却できるように，他人に対するサービスとして，また他

人と協力して行うことの三つを導きだす[32]。

　その上で，彼は，本来人間は自立する途を知っていたし，生活するなかで固有の自然環境に合った生活形態を見いだしていた。おのずと経済をうまくまわすすべを心得ていたし，戦争で壊滅される場合は別にして，暮らしを成り立たせた上で変化に対応するための蓄えも行っていた。こうした独自の形態を捨て堕落すると社会や文化は崩れてしまうと主張する[33]のである。

　したがって彼は，人間の本来の生活の仕方に違背する，欧米経済の肥大化/巨大化や人間的スケールを越え持続可能性を失った生活の仕方や，人間の尊厳と創造性を奪うような仕事のあり方を強く批判し，社会はつかの間の価値ではなくて永遠の価値ある財の生産を行うべきであり，汚れのないエネルギーの供給の重要性を力説する。そして人間の仕事の尊厳や所有権，それらと技術の役割にも注目し，それらをバランスさせることができる組織/組織構造を見いだす必要性も説くのである。彼はこれらを実現することができるのは小さいユニットに還元できる，多極分散的地域主義的な考え方であるとする[34]。

　現代社会の環境悪化は，時代の物質主義という形而上学が今環境と直接衝突しているからであるとし，環境悪化が提起する問題は一義的には技術的問題ではない。原因は科学的ないしは技術的能力不足や科学教育の不十分，情報不足とか訓練された人員の不足，あるいは調査研究資金の不足のいずれでもない。原因は現代社会の生活様式にあり，それはまた現代世界の基礎的な信条――いうなればその形而上学によるのであると主張する[35]。

　彼のイメージする「地域」は次のようなものである。ある種の内部的なまとまりと特徴をもち，地域センターとして機能する都市が少なくとも一つある。各村に小学校が一校あり中学校をもつ町がいくつかあって，地域センターには高等教育機関を持つだけの規模がある。そして基盤となる「文化構造」が重要であると強調する。どんな国でもスイスのような小さい国にもインドのような大国にも内部「構造」としてのそれが必要だとする[36]。

　彼は，自然に対する新たな態度の構築，大きければ大きいほどよいという考え方を捨てること，そして健康と美と永続性という徳目をもつ道に新しい技術を立ち返らせること[37]を主張する。彼のキーワードは small であり，地域であり，新しい生産生活様式である。それらは中小企業・ベンチャーに刺激と喜び

を与えるだけでなく，成長減速に悩む大企業においても歓迎されるもので，そこでは創造的活力に富む小単位の技術や小単位の経営グループによる組織の再編成，アトム化やスピンアウトが進められ小さい規模のエコロジーが実現されるのである[38]。

4 究極の行動原理としてのスチュワードシップ

　究極の行動原理としてスチュワードシップを提示したい。広井，ラトゥーシュ，そしてシューマッハーの思想の根底に流れている考え方である。実は日本人には昭和の中期までこの行動原理が生きていた。

　スチュワードシップとは，一般的には「人々から委ねられているものを注意深く責任をもって管理すること」で，旧約聖書を貫いている考え方である。「神から受けた恵みに対し人間がきちんと応えること，具体的には身も心も神にあるいは社会に捧げ感謝する」という意味である。世界の厚生のために地球というかけがえのない時空間を守るために，その一部を構成するわれわれ自らがその責務を果たすということである。全体の一部である個が全体のために貢献しようとする意志と表現されることもある。

　スチュワードシップは地球環境問題が深刻化するなかで重要性が増している。それは，人間が地球と深くかかわっていることを強く自覚することであり，自然や生態系との関係を常に意識することであり，生きとし生けるものとして，自然に対し責任を負うことである。（神から与えられた）自然環境をわれわれが利用している。そのとき，当然のこととして，受託責任[39]が発生する。それがスチュワードシップである。子供や孫により良い生きる空間を継承できるようにするためにわれわれがとるべき行動原理と言い換えてもよい。われわれ日本人は欧米人に教えられるまでもなく，森羅万象に神が宿りそれらを崇めてきた。神である自然を損傷することは神を冒瀆することになり「バチ（罰）があたる」と言って厳しく戒める「バチ文化」を育んできた。バチ文化はスチュワードシップそのものであり，つい最近までわれわれ日本人は自然に対する節度ある行動を取ってきた。

　スチュワードシップという考え方はアメリカ西海岸シリコンバレーにおいて

地域創生の過程で誕生し普及した概念でもある[40]。また，ドイツの社会学者マックス・ヴェーバーは，資本主義の生み出した精神のない専門家を，彼らはスチュワードシップ的職業観を喪失してしまっているとして非難する。「彼らは全体観を失い，自分の行っていることが人類の運命にとって，どのような意味をもつかについて無頓着である。無知でありまた知ろうとする内面的要求も持たなくなっている。資本主義の下さまざまな形の感覚的な刺激を追い求めるが，それが真の楽しさや真の美しさとして彼らの内面にまで到達することがない。将来資本主義の鉄の檻に住む人々はこういうことにならざるをえない」[41]とするのである。

さらに，既述ジェレミー・リフキン（Jeremy Rifkin）も，人間は物質的欲望を持つ個からの全面的脱皮が求められており，富を求めるのではなく人間精神の高揚を求めなければいけないと訴える[42]。そしてわれわれのめざす道は，①生活の質[43]，②持続可能性（sustainability），③平和と調和（peace & harmony）に意を用いることである[44]とする。大著 *European Dream* の最後には[45]きわめて重要な概念としてスチュワードシップという言葉を使って次のように締めくくっている（残念ながら邦訳にはスチュワードシップは訳出されていない）。

> 人類がまだ成し遂げていない仕事は，生きている地球を構成するより大きな生命共同体に対するアカウンタビリティという「個としての倫理」を取り入れることだ。世界を変えるには，ほかの人間や生き物，そして私たちが共有する生物圏に対する責任を，集団が法で定めるだけでなく個人が心で感じなければならない。……アメリカ人が自分たちに深く根づいた個人の責任感を示す場所を，個人の物質的繁栄という比較的狭量な目標から，グローバルな倫理の向上というより広量な関心に変えることができれば，アメリカン・ドリームを，台頭しつつあるヨーロピアンドリームと共存させることができるかもしれない。
>
> ……われわれは私利私欲や国益の枠を超えて，「グローバルに考え，ローカルに行動する」必要がある。……ドミニオン（支配・統治）という言葉は，スチュワードシップという言葉に再定義されなければいけない。われわれは，神の管理人（care taker）として創造物を利用するのではなく，

むしろ育むべきなのである。

1) 第4章注1　Henton, p.161
2) スーザン・ハンレー／指昭博訳『江戸時代の遺産——庶民の生活文化』(中公叢書，1990) p.47
3) 渡辺京二『逝きし世の面影』(平凡社ライブラリー，2005) pp.289-290, pp.262-263
4) 速水融『近世日本の経済社会』(麗澤大学出版会，2003) p.179
5) 同上　速水, p.183
6) 本節では次の文献も参考にしている。
　　スーザン・B. ハンレー『江戸時代の遺産——庶民の生活文化』(中公叢書，1990)；石川英輔・田中優子『大江戸ボランティア事情』(講談社文庫，1999)；石川英輔『大江戸テクノロジー事情』(講談社文庫，1992)；石川英輔『大江戸リサイクル事情』(講談社文庫，1997)；石川英輔『大江戸生活事情』(講談社文庫，1997)；石川英輔『大江戸えねるぎー事情』(講談社文庫，1993)
7) 『「21世紀日本の構想」懇談会最終報告書』は http://www.kantei.go.jp/jp/21century/index.html に、また「司法制度改革審議会意見書」は http://www.kantei.go.jp/jp/sihouseido/report/ikensyo/index.html に掲載されている。
8) 旧教育基本法第2条（教育の方針）には次のように定められていた。「教育の目的は、あらゆる機会に、あらゆる場所において実現されなければならない。この目的を達成するためには、学問の自由を尊重し、実際生活に即し、自発的精神を養い、自他の敬愛と協力によって、文化の創造と発展に貢献するように努めなければならない。」
9) 広井良典『定常型社会——新しい「豊かさ」の構想』(岩波新書，2001) pp.1-2
10) 同上　広井, p.78
11) 同上　広井, p.90
12) 同上　広井, p.138
13) 同上　広井, pp.143-144
14) 同上　広井, p.158
15) セルジュ・ラトゥーシュ／中野佳裕訳『経済成長なき社会発展は可能か？——〈脱成長〉と〈ポスト開発〉の経済学』作品社，2010 (*Survive au développement* 2004, *Petit traité de la décroissance sereine* 2007 を翻訳したもの)。
16) 同上　ラトゥーシュ, p.12
17) 同上　ラトゥーシュ, p.123
18) 同上　ラトゥーシュ, p.12
19) 同上　ラトゥーシュ, p.126
20) 同上　ラトゥーシュ, p.185
21) 同上　ラトゥーシュ, p.172
22) 同上　ラトゥーシュ, pp.180-181
23) 同上　ラトゥーシュ, p.178
24) 同上　ラトゥーシュ, p.186

25) 同上　ラトゥーシュ，p.188
26) 同上　ラトゥーシュ，pp.188-190
27) 同上　ラトゥーシュ，p.190
28) 同上　ラトゥーシュ，pp.191-192
29) 同上　ラトゥーシュ，p.194
30) シューマッハー／酒井懋訳『スモールイズビューティフル再論』（講談社学術文庫，2000）p.85
31) 同上　シューマッハー，p.52
32) 同上　シューマッハー，p.100
33) 同上　シューマッハー，p.112
34) 同上　シューマッハー，p.20
35) 同上　シューマッハー，p.21
36) 同上　シューマッハー，pp.191-192
37) 同上　シューマッハー，pp.46-48
38) シューマッハー／小島慶三・酒井懋訳『スモールイズビューティフル』（講談社学術文庫，1986）pp.397-399
39) 受託責任という言葉は日本人には理解することが難しい。これも欧米から輸入された概念である。古くは簿記の哲学として導入された。受託責任であるスチュワードシップと説明責任であるアカウンタビリティとが対の概念として使われている。スチュワードシップは他人から財貨の委託を受けたものが与えられた裁量権の中で行う業務執行責任であり，アカウンタビリティがその説明責任である。また経営の分野でも製品の安全管理という意味でプロダクト・スチュワードシップという言葉が使われている。
40) シリコンバレーでは地域コミュニティについてもこの言葉を当てはめた。そこでの定義は地域のリーダーが地域で決定したことを確固たる責任をもって実行に移すことであり，同時に住民・ビジネス・政府・教育機関などの遂行主体となり，それぞれが責任のネットワークとして存在することであった（ケーススタディ参照）。
41) 大塚久雄『社会科学における人間』（岩波新書，1977）p.158
42) Jeremy Rifkin, *The European Dream*, Tarcher Penguin 2004, p.8
43) 第4章注11参照
44) 同上　Rifkin, p.7
45) 同上　Rifkin, pp.380-381

case study　市民企業家についての考察 I

地域蘇生のために彼らは何をしたのか
―地域再生マネージメントを学ぶ―

　次のエッセイは，シリコンバレーで生きる地域市民の物語をケーススタディにしたものである。自主・自発の精神の旺盛な地域の人たちが地域コミュニティを変革していく。地域のみなが動き連携しNPOを立ち上げた。それが1990年代に起こったネット革命のテストベッド（ネットビジネス，eガバメントなど）となり，世界を動かすことになっていく。その原点は地域の人たちのアントレプレナーシップにあった。

　次の問に答えなさい。

① 主たる出演者を整理し，その役割と，バックグラウンド（どのような職場で働いているかなど）を書きなさい。民間の人か，民間でも大企業の人か，地元の中小企業なのか。公共部門の人なのか，政治家なのか，教育関係の人なのか，単に地域コミュニティに住む人なのか，などを区分しなさい。

② ストーリを箇条書（第一幕第一場のように，シーン毎に分けて）で要約しなさい。

③ このストーリーから読みとれる今の日本経済との類似点を述べなさい。

④ シリコンバレーの人たちと日本の地域の人たちとの類似点・相違点について考察しなさい。

⑤ エド・マクラッケンは，申し出を受けるだろうか。YesかNoか？　その理由を述べなさい。申し出を受諾した場合，彼はどのような生活を送ることになるのだろうか。

シリコングラフィックス社
エド・マクラッケン社長への電話

　1993年の9月，シリコングラフィックス（SGI）の社長エド・マクラッケン（Edward R. MacCracken）は，マウンテンビュー市にある本社を出て家路を急いでいた。シリコンバレーの幹線道路280号線に乗って，車を走らせている。彼はSGIの人材の育成・調達を考えていた。

　当時SGIは売上げで年率32％の急成長を遂げ，シリコンバレーで2000人を超える従業員を雇用し，シリコンバレーの花形企業であった。しかし，人事関係者は優秀なエンジニアが辞めていくと嘆いている。その報告を受けたばかりである。

　従業員はSGIには不満がない。良い会社である。しかし，シリコンバレーの住宅費は高すぎる。公立の学校は最悪と

の不満がくすぶっている。有能な人材を残留させ，新たに優秀な人材を引きつけ，採用するためには，どうすればよいのだろうか。

繊細な画像映像を創りだす魔法のコンピュータを製造するSGIは，成長と成功をどのようにして維持するのか。これから，どうやってトップ・タレントをシリコンバレーに引っ張ってくることができるのだろうか。

シリコングラフィックス社――シリコンバレーの成功物語には必ず登場する，スタンフォード大学の准教授だったジム・クラーク（James H. Clark）の創立（1982年）である。1990年代の初頭，映画『ジュラシックパーク』のデジタル画像を提供したことで有名になった。若き大統領クリントンと副大統領ゴア（1993～2000年）も西海岸に来るたびに立ち寄り，ICT革命による米国再生を声高に叫んだところだ。

エド・マクラッケンは，アイオワ州生まれ，トウモロコシ農家の出身である。アイオワ州立大学でエンジニアリング学科を卒業後スタンフォード大学に転じ，1968年MBAを取得以来，シリコンバレーの住人である。シリコンバレーの技術者の登竜門であるヒューレット・パッカード社に16年勤め，製品部長のポストから，1984年に当時のベンチャー企業シリコングラフィックス社（売上げ500万ドル，700万ドルの赤字）のCEOに転進する。そのSGIを1993年売上げ11億ドル，利益9500万ドル，従業員3500人の大企業に育て上げた（1986年株式公開）。

エド・マクラッケンは，ハンドルを握りながら，次々と発表されるシリコンバレーの経済指標を思い浮かべていた。シリコンバレーの経済は悪化の一途をたどっている。生活の質も確実に低下した。彼は，その日に受けたアプライドマテリアル社の会長兼CEOのジム・モーガン（James C. Morgan）からの電話に思いあぐねていた。

アプライドマテリアル（Applied Materials）社は半導体製造装置のトップメーカーである。ジム・モーガンは，投資銀行家から転進して，当時ベンチャー企業であったアプライドマテリアル社を世界的企業に仕立て上げた人物である。日本進出も早い。参入障壁の高い日本市場をがっちりつかんだことでも有名な人物である。半導体不況の中，世界的視野でシリコンバレーを見つめていた。

モーガンがマクラッケンに言った。「官民連携（Public Private Partnership）のシリコンバレー再生のための組織（NPO），ジョイントベンチャー・シリコンバレー・ネットワーク（JVSVN）の共同議長（会長）になってくれないか」。マクラッケンは考えている。JVSVNはシリコンバレー経済を再生軌道に乗せてくれるロケットになりえるか。シリコン

グラフィックスは，会社市民（コーポレートシティズン）としてコミュニティに対し責任を果たしていたのだろうか。JVSVNでこれらの任務を果たすことは良い方法かもしれない。JVSVNは，シリコングラフィック社に対しても，戦略的理念の実現に福音を与えてくれるかもしれない。しかし，SGIの仕事をしながら，どうやってJVSVNに貢献できるのだろうか。

疲弊する地域
1990年代初頭のシリコンバレー

1980年代，アメリカの製造業は壊滅的打撃を受ける。日本の製造業がアメリカを打ちのめした。アメリカでは，競争力強化をもくろむ「ヤング・レポート」が発表され，危機にあるアメリカに警鐘を鳴らした『メイド・イン・アメリカ』が世に出た時代である。アメリカは，日本を標的にして躍起になって経済の再生を訴えた。ジャパンバッシングの時代である。

製造業不況は，戦後一貫してアメリカ経済を牽引していたカリフォルニア州にとっても例外ではなかった。カリフォルニア州は当時人口3000万人を擁するアメリカ最大の経済州である。規模はイタリア経済に匹敵する。企業誘致と人口拡大による経済の高度成長が止まり，財政赤字が累増していた。私がカリフォルニアに着任した1991年，カリフォルニア州に立地する工場の40％が州外，国外への移転を計画していた。

私の住まいする地域の最寄の中学校がリストラで閉鎖されていた。教員の給与も一律30％カットされていた。失業率が高まり，一皮剥けば庶民の苛立ちが爆発しそうな時代であった。事実，1992年4月にロサンジェルスの大暴動が起こっている。当時のロサンジェルスの失業率は15％に達していた。

世界の半導体産業，パソコン産業をリードしていたシリコンバレーは，さまざまな課題に直面していた。半導体，コンピュータ産業の競争力が著しく後退し，防衛費の大幅削減の影響を受ける一方で，住宅をはじめとする生活コストの増大に，州の環境規制の強化が追い討ちをかける。地域の交通インフラにも問題が生じていた。

1992年，ビジネスの景況感指数が過去最悪をつける。年率7％（1972〜1984）を維持してきた雇用の伸び率が，0.7％（1984〜1991）に低下し，全米平均の1.9％をも下回ることになった。リストラの嵐がやまず，この間製造業と防衛産業で4万人の失業が発生している。しかも新規起業が著しく低下していた。建設業など一部の関連産業では失業率が30％になんなんとし，住宅コストは，周辺地域と比較すると5割増。周辺諸州と比較する2倍から3倍に高騰していた。地域の

アンケート調査でも，そこに継続的に住みたいか，そこで起業したいかとの問いに，36％が「ノー」と回答していた。

1980年代の後半，連邦政府の出資の大型プロジェクトである技術開発協同組合，セマテック，MCCの誘致合戦にテキサス州オースティンに敗退する。論理的には当然シリコンバレーに誘致されるべきであったものであったが，オースティンに奪われた。さらに，地震研究センターも地震のないニューヨークへの立地を決定する。シリコンバレーにとってショックな事件が立て続けに起こる。「何かがおかしい」。シリコンバレーの心あるものはみながそう感じ始めていた。

シリコンバレーの企業は，競争に打ち勝つためには，有能な技術者，効率的かつ迅速な行政手続き，強力な情報通信インフラが必須であると認識している。それらは，コミュニティから声にしなければならなかった。シリコンバレーの生活の質では有能な人材を確保できない。コストがなお上昇を続ける。政府部門，政府機関，そして個人の意識も，民間企業の効率性の追求を阻んでいた。ある公共体では建築許可に36カ月以上もかかった。これはシリコンバレーの製品サイクルを遙かに超えている。企業は，製造部門のみならず，最先端の研究開発部門さえ，域外に移し始めている。とりわけテキサス（2150万人）のオースティン，隣接州のアリゾナ（550万人）フェニックス（130万人）やオレゴン（340万人）ポートランド（54万人，地域圏200万人）が誘致に積極的である。

これらの事件はみな他人事であった。地域の疲弊も自分には一切かかわり合いがない。他人のせいにして批判する。誰も責任をとろうとしない。誰も行動を起こそうとしない。「非難の文化」が蔓延していた。市民性に乏しく自分のことしか考えない住民，企業家。企業家精神が欠如し自己閉塞する公共団体。このような状況を打破すべくJVSVNが誕生する。

中堅企業アプライドマテリアル社 ジム・モーガン会長の危機感

1991年のはじめ，アプライドマテリアル社のジム・モーガンは，シリコンバレー本社の危機に直面していた。彼は，取締役会（ボード）の会長であり最高執行責任者（CEO），社長であった。今でこそ売上げ10億ドルを超える世界最大の半導体製造装置の大企業であるが，当時は，株式公開を果たした中堅企業である。1987年以来，積極果敢にシリコンバレーに人材・設備両面で巨額の投資を行なっていた。シリコンバレーに競争力のあるビジネス拠点を建設する。売上げは，なお年率30％の成長が続く。拡大戦略のシナリオを描いている。立地条件を比較してみた。テキサス州オースティン（65万人，地域圏125万人）がずば抜けて優れ

ている。その結果に，全員が唖然とした。担当者は，グローバル事業企画のトム・ヘイズである。後にJVSVプロジェクトを提唱する人物である。ジム・モーガンは，いかにシリコンバレーを愛していても，経営者としてはオースティンへの進出を決定せざるをえない。

アプライドマテリアル社は日本への進出が早い。日本の半導体メーカーにいち早く設備を提供し，業容を拡大した会社である。日本での設備投資に際して，日本開発銀行（現日本政策投資銀行）の外資系企業に対する融資第一号に輝いた企業でもある。同社への融資を端緒として，外資系融資は投資摩擦解消を目的とする投資促進融資として定着する。同社は閉鎖的な日本市場をうち破った典型的な成功企業として，日米両政府から注目された。ジム・モーガンはその経緯を *Cracking the Japanese Market* と題した書物に著し，その日本語訳（植山周一郎訳『ニッポン戦略――世界で成功したければ日本で勝負しろ』ダイヤモンド社，1991）はベストセラーの一角を飾った。

モーガンは先見の明のある経営者だ。日本の事情にも精通している。私は，銀行に勤めていたことから，幸運にも，繁く同社を訪問する機会を得ている。オースティン工場も開設直後に訪問した。世界に冠たる日本の製造業の時代だった。日本的経営を導入するアプライドマテリアル。オースティン工場でも，個室を持たず日本的大部屋方式の執務室や，日本を彷彿とさせる従業員食堂，従業員の福利施設などを見ることができた。日本的なセンティメントのある工場長だったと記憶する。シリコンバレーに比べて住宅コストが3分の1。給与水準も半分。シリコンバレーでは廉価な労働力とされるベトナム人（優秀でよく働くが言葉に問題有り）の給与と地元テキサス大学オースティン校の工学部の院卒の給与がほぼ同額である。オースティンはアラスカ州（64万人）に次ぐ巨大州テキサスの州都である。石油もある。人口も多い。生活の質（QOL）もすばらしい。

オースティンの商工会議所の専務は「毎年シリコンバレー詣をして，気に入った企業を選択的に誘致しています」と息巻いていたのを思い出す。アメリカでは，都市間の仁義なき戦いが展開する。ジム・モーガンは，怒りを隠せない。どうして，シリコンバレーはそこまで追い込まれたのか。シリコンバレーには多大なる恩義がある。シリコンバレーには幾多の世界的先端的技術企業群の集積がある。「アプライドマテリアル社がシリコンバレーにおいて健康を回復すれば，ほかのシリコンバレー企業にも連鎖するのではないか。シリコンバレーをビジネス面でも生活面でもベストの土地に再度蘇らせなければいけない」直感的にそう思った。彼はシリコンバレー再生のための伝道師になった。

地場の中小企業社長ケネットの登場
インフォーマルなグループJVSVの誕生

　同じ頃1991年の5月，シリコンバレー最大の都市，サンノゼ（人口90万人）の商工会議所でも，シリコンバレー経済回復の方途を探る情熱家がいた。ベンチャー企業家（ピザズ印刷社のオーナー社長），ジョン・ケネットである。次期会議所の会頭（理事会＝ボードの議長）に選ばれていた。彼は会頭に就任する前から動き始める。二つの経済関連団体を招集し議論を重ね，連携の可能性を探った。その年の秋，商工会議所の理事会は，連携を施策の最優先の課題においた。

　経済が悪化の一途をたどり，商工会議所も行動計画に結びつく具体的なテーマが求められた。理事会メンバーであったPR会社の社長ブレナ・ボルガが，その枠組みを示す言葉として「ジョイントベンチャー・シリコンバレー」（JVSV）を提示する。明けた1992年1月，ケネットは，サンノゼ市が属するサンタクララ郡の製造業グループ，米国エレクトロニクス協会，半導体協会，建設業協会などを招集して会議を始めた。シリコンバレーの総合的な将来像を描かなければならない。第1回目の会議は，サンノゼ市の南約80マイルにあるリゾート，モントレーで行なわれた。「オレゴン州ポートランドもテキサス州オースティンも経済は急回復している。州のほとんどが砂漠に覆われ，原子爆弾の製造・実験を行なっているので有名なニューメキシコ州のアルバカーキにはインテルが20億ドルの投資を決定した。シリコンバレーはどうなるのか」ケネットの危機意識はとりわけ高い。

　ケネットは東部の出身。オハイオ州（1140万人）で法律を学び，ペンシルバニア州（1230万人）でMBAを取得している。1973年シリコンバレーに移住。夫婦で法律と不動産に関する地元新聞2紙を発刊。1985年に売却して，1992年当時は新しい印刷会社を経営していた。1991年，米国中小企業庁（SBA）からアメリカ西部地区の中小企業チャンピオンに選出され，その余勢をかって商工会議所の会頭に選ばれている。「ビジネス界は行政をまったく信じていません」彼は，はき捨てるように言った。彼の行動の原点はそこにある。

ハイテク企業のサラリーマン，ヘイズの登場
地場企業とハイテク企業の橋渡し

　その会議の終了後，ケネットは理事会のメンバーの一人であったアプライドマテリアル社のトム・ヘイズに，この会議の今後の運営について相談を持ちかける。ヘイズは地域広報を担当していた。その関係で商工会議所にも出入りしている。ヘイズなら，地場のサービス産業とハイテク産業の橋渡しができる。ケネットは

そう考えた。ヘイズは，このプロジェクトに強い関心を持っており，シリコンバレー全体を纏め上げることができる人材だった。

ヘイズは民間企業からプロジェクトの鍵を握る有能な人材を1人ずつ，JVSVプロジェクトに巻き込んでいった。断られたケースもあった。若干32歳である。「恐れるものは何もなかった。失敗は喜んでしたい。そんな心境だった」と振り返る。

アプライドマテリアル社は半導体製造装置業界では最大の企業であったが，シリコンバレーではまだ中堅である。シリコンバレーには，その歴史そのものであるヒューレット・パッカード社，半導体製造メーカーの雄インテルを筆頭とする半導体の有力メーカー，シリコンバレーにパソコン時代を築いたアップルなど，ハイテク企業が勢ぞろいしている。ベンチャーから成功したメインフレームのアムダール社も当時は，アプライドマテリアル社よりは大きい。

ヘイズは，広報担当で，半導体協会，エレクトロニクス協会などにも顔を出しており，その関係で何人かの社長は知っていた。その程度である。ケネットも当時40歳台前半。本人が言うように一介の印刷屋の親父にすぎなかった。大企業とは比べものにならない。彼ら2人が，情熱に任せて火をつけて回る。

最初にやるべきことはシリコンバレーのバイタリティを存続させるための青写真を描くことである。理事会（ボード）メンバーは53人に膨れあがっていた。彼らは1992年の1月から1993年の5月まで隔週で集まって議論を重ねることになる。「世の中の方向性が見えなくなるときは，取り残されるのがいやだから，みんな参加する」ヘイズはそう考えている。

彼らは，周囲の懐疑的な視線を背中に感じながら，さまざまな問題を摘出し，粘り強く粛々と作業を続けた。

専門家による地域の調査・分析の発注

ヘイズは，外部のコンサルを使って地域の分析をすることを提言する。外部を使うことには経費もかかることから反対が強かったが，ヘイズはそれを押し切った。地域調査のプロ集団SRI（スタンフォード・リサーチ・インスティテュート）を念頭においていた。スタンフォード大学が大学経営の一環としてつくった調査研究会社で，スタンフォードリサーチパーク（大学キャンパス内に造成された工場団地）と同様，シリコンバレー生みの親，フレデリック・ターマン（Frederick Terman）教授の発案により設立された会社である。ヘイズは，SRIが地域経済分析に関して関西の経済団体にプレゼンテーションをしたという話を社長モーガン

から聞いていた。それを思い出しただけである。それ以上は知らない。

彼は，直ちにSRIに電話を入れる。委託調査費として7万5000ドルが必要だ。彼は，独断で彼の部局（アプライドマテリアル社）の持つ予算からシードマネー2万5000ドルを拠出することを決意する。会長モーガンには事後に了解を取り付ける。残額はモーガンが保証して作業が始まる。

SRIでは，ダグ・ヘントン（Doug Henton）が指揮をとることになる。東部の名門エール大学とカリフォルニア大学バークレー校で政治経済学・公共政策を修め，中央政府のアカデミズムとのつながりも強い優秀なコンサルタントである。彼は，このプロジェクトの成功後，独立してコラボラティブ・エコノミクス社を立ち上げ，NPO法人JVSVN（ジョイントベンチャー・シリコンバレー・ネットワーク）の頭脳となり，同時に全米各地の地域コミュニティ再生プロジェクトを仕掛け，現在なおアメリカ地域再生のうねりの一端を担っている。

スタンフォード大学ビル・ミラー教授の参加

ダグ・ヘントンは，この調査の過程で，彼の昔の上司，SRIの社長であった，スタンフォード大学のビジネススクールで教鞭をとるビル・ミラー（現在名誉教授）を訪問する。ビル・ミラーは，スタンフォード大学の産学連携の仕組みにも深く関与した功労者である。ビジネスと技術，両部門に才のある人物で，米国産業界のみならず世界的に顔が広い。

彼は，もともと中部アイオワ州の田舎の出身である。パデュー大学で学びスタンフォードの住人になっている。コンピュータ・サイエンスの権威であるが，企業との付き合いが深まるなかで，企業経営に関心をもち研究を進める。退任するまでスタンフォード大学のビジネススクールで企業経営・公企業経営論の教鞭をとっていた。

幾多の企業の社外役員，スタンフォード大学の副学長を務め，1990年まで民間企業SRIの社長で陣頭指揮をとっていた。民間企業経営の経験を持つ。内外のアカデミア，産業界で知己の多さは大学屈指である。シリコンバレーの草創期から現在にいたるまで有力な人物はほとんど知っている。当時70歳を超える老人であるが，スタンフォード大学名誉教授として研究室をもち，ベンチャー企業，NPOの役員を兼務し，海外での講演も積極的にこなしている。その献身的な姿には頭が下がる。またアフリカの自然を愛し暇を見つけては出かけゴリラの写真を愛妻とともにとり続けている。そのエネルギーは尽きるところがない。

ダグ・ヘントンの訪問により，ジョイントベンチャーの試みは，ミラー教授の

知るところとなる。「この話は面白い。何かが起こる」とミラーは感じた。ミラー教授の参加により産業界と大学のトップがスクラムを組んだ。ミラー教授は組織作りの名人である。彼のコミュニティのネットワークが輝く。ジョイントベンチャーは加速することになる。

「このプロジェクトに，ヒーローがいたとすれば，それはジム（モーガン）でしかありえない。彼が最大の功労者だ」とミラー教授は断言する。モーガンとの付き合いも長い。スタンフォード大学のコンサルタント分門，SRI 社の社長時代，日本・アメリカ西部財界人会議の事務局を SRI が引き受けていたことがある。同会議の，アメリカの代表が，ジム・モーガンであった。2 人はそのとき以来の付き合いである。ちなみに，日本の代表はソニーの故盛田昭夫と後任の富士ゼロックスの小林陽太郎であった。

モーガンとヘイズ
黒子になって地域を動かす

モーガンは，ヘイズをうまく動かしていたように思える。彼を指導し彼を支援した。ジョイントベンチャーのシナリオは彼が描いていたようにも見える。彼はハイテク企業だけでは力にならない。地域コミュニティとの連携が何が何でも必要だという強い信念を持っていた。地元に根ざした彼らの知恵とネットワークが

なければ地域再生の答えは出てこない。彼はそう考えていた。

この間，ジム・モーガンは，ハイテク企業の社長（CEO）を説得してハイテク社長会 38 人委員会の組成を進める。

スタンフォード大学の有力者ビル・ミラーが参加するジョイントベンチャーは大学からの参加を得て駆動力が増した。草の根では，ヘイズがしっかりきになって動き回っている。

ヘイズのエネルギーはどこからくるのか。彼はトラブルメーカーだと自認していた。何かを仕掛けないと気がすまない性格である。彼はマサチューセッツ州（640 万人）（東海岸），ボストン（59 万人，地域圏 440 万人）郊外の繊維で栄えた古い小さなまち，ローエル市に生まれている。高校時代クラス委員だった彼は，新しい高校の建設を要求する。まちを巻き込む大騒動になったらしい。当時から活動家だった。ボストン大学で政治経済を学ぶが，技術者が西に流れる波に彼も乗った。シリコンバレーに定住し，そこで結婚し子供もいる。シリコンバレーをこよなく愛する住民の一人である。

アプライドマテリアル社の 2 人，会長モーガンと広報担当ヘイズについて，特筆すべきは，彼らは，主役ではなく舞台裏にいて，この運動を支えていたことである。決して，表舞台に出て，手柄を上げようはしなかったことだ。最初から最後まで強いリーダーシップをとったモー

ガンは,やむをえず暫定共同議長のポストに就くが,常に黒子に徹していた。また,ジョントベンチャーを立ち上げ,官と民の大同団結を実現した大功労者であるヘイズも役割を終えると表舞台からは消えていることである。決して手柄を自分のものにしようとはしていない。シリコンバレーの風土は,カリスマ的指導者を嫌っているように見える。リーダーは固定しない。次から次へと現れる。そのような仕掛けがあるようだ。

トム・ヘイズは現在もアプライドマテリアル社の関係する地域,オレゴン州ポートランドやバージニア州(730万人)リッチモンド(20万人,地域圏110万人)で,地域再生のためのNPO(New Economy Coalition および Richmond Revolution)の理事ポストに座っている。折を見つけては全米各地を訪問し地域の支援を行っている。

フェアモント(ホテル)会議 「危機にある経済」の調査報告会

SRIに依頼した調査が進む。ダグ・ヘントンは,コミュニティのリーダーをしらみつぶしに回り,インタビューする。その数は百人を超えた。シリコンバレーは深刻である。「この調査は,地域にインパクトを与える。今がタイミングだ。シリコンバレーの流れを反転させるためのプロジェクトを起こさなければいけない」とジム・モーガンは,ヘイズに言った。

調査結果を発表するランチョン・ミーティグ(フェアモントホテル会議)の日程も決まった。「危機にある経済」。報告書のタイトルも決まった。ケネットとヘイズたちは会議を重ねている。それまで抵抗勢力として遠ざけていた公共セクターを舞台に上げないと地域再生の答えが見つからない。シナリオが描けない。対立の構図にある公共セクター。その代表格であるサンタクララ郡の人口の大半を占めるサンノゼ市市長,スーザン・ハマー。彼女に近づいて説得しなければならない。ジョイントベンチャーは,最大の難関を迎えることになる。二大勢力の合体工作。若干32歳のヘイズがその大役に挑戦する。

太平洋の荒波が,サンフランシスコ市(人口約80万人)の北端,切り立った褐色の断崖を,金門橋(ゴールデンゲートブリッジ)を霧に包みながら,サンフランシスコ湾に注ぎ込む。対岸は森と海に囲まれた風光明媚な観光地,ソーサリートがあり,芸術家も数知れず住んでいるところである。サンラファエル郡は,自然環境に恵まれていることから人材も移り住み,マルチメディア産業の集積が見られる。キャド・キャムの大手企業,オートデスク(Autodesk)の本拠があり,90年代初めには,映画産業の英傑ルーカスがデジタル・スタジオを設けている。一時期,ハリウッドとシリ

コンバレーが合体したというので，シリウッドという言葉が生まれたところだ。

　ゴールデンゲートブリッジを越えて南に，ベイブリッジ，さらにペンバートンブリッジも過ぎたサンフランシスコ湾の奥まったところに，広大な平野が展開する。サンノゼ市。シリコンバレーの南部に位置し，面積，人口ともシリコンバレー最大の都市である。アメリカの都市の宿命であるが，このまちも60年代以降，中心市街地は荒廃した。黒人とメキシカンがたむろして観光客が近づけないスラム化したところであった。

　しかし，90年代に入り様相が一変する。ダウンタウンを始点として縦横に公共交通であるトラムを走らせ，町並みも整備された。補助金をつけて大企業を中心地に呼び戻し，ICTベンチャーを育成するインキュベーション施設も1丁目1番地に設置した。橙瓦が鮮やかなスペイン風の中層の建物群が，まちに潤いと落ち着きを与える。魅力的なまちになった。清掃が行き届いた街路をお洒落なトラムが走っていく。原色に染められた大小の旗が彩りを添えている。この中心街の核となっているロータリーに面してフェアモントホテルが建てられている。市庁舎も近い。

　1992年6月「危機にある経済」は，この高級都市ホテル，フェアモントで発表される。1000名を超える地域のリーダーが集まった。会場は人で溢れ300余人が入場できなかった。往時に比べ，シリコンバレーの競争力が著しく低下している。地域のインフラは弱体化した。時代に合わなくなっている。次から次へと厳しい調査結果が発表される。

　三つのシナリオが提示される。どのシナリオを取ればよいのか。

① ハイテク・マンハッタン——若干のR&D（Reseach and Development）機能は残すが，生産は行わない。本社とアドミ機能だけの都市となる。産業は潤うが，コミュニティは衰退する。
② バーチャル・バレー——R&Dが中心。高付加価値のものづくりとマーケティングに限定。地域の成長は鈍化し他の地域と競争は激化する。ビジネスは成長するがコミュニティは停滞する。
③ アメリカン・テクノポリス——シリコンバレーの相対的強味を再構築する。企業は経済インフラに支援され，ビジネスもコミュニティもさらなる発展の可能性がある。わが国のテクノポリス構想を知っていたジム・モーガンの意見が反映されている。

産業界と行政の連携が始まる

　ジム・モーガンが登壇した。十字軍に喩え，再生プロジェクトへの参画を迫った。
　「われわれは，歴史的な転換点にいま

す。シリコンバレーは，深刻な状況に直面しています。われわれは胸を張って子供や孫にこのコミュニティを継承させることができるのでしょうか。われわれは変わらなければいけません。企業家の寄り合い所帯でばらばらだったシリコンバレーから，企業家精神に満ちあふれ連携するコミュニティに変身させなければいけません」。

参加者の中には，ヘイズの根回しの甲斐あって，サンノゼ市の女性市長スーザン・ハマーの顔がのぞく。ようやくのこと彼女は腰をあげてくれた。彼女のリーダーシップで何人かの市長も参加している。ヘイズはほっと一息をついた。

大事件が起こる。半導体メーカー，サイプレス社（Cypress）の社長ロジャーズ（T. J. Rodgers）が，突然立ち上がった。「地方政府はけしからん。民間企業の事業の妨害ばかりしている」とこき下ろしてしまった。ヘイズは，顔面蒼白になった。成功したベンチャー企業家ではあるが，歯に衣着せぬ発言で何かと問題を起こす人物とは聞いていた。今回ばかりはさすがに参った。産官連携の大同団結の見通しがようやく立ったのに台無しにしてくれた。

フェアモント会議は，参加者の約3分の1以上の人が賛同の意思表示をした。その限りでは成功のように見える。しかし，基軸となる公民連携（Public Private Partnership）の構図に暗雲が漂った。ヘイズは気が動転している。

その夜，案の定，サンノゼ市長の秘書役（チーフスタッフ），ブランスティンの怒りが爆発する。「俺の顔をつぶした。どうしてくれる」わめき散らしている。事務方の打ち上げ会はぶち壊しになった。その場は，ヘイズの同僚のとりなしで何とか収まった。「今までの苦労が水の泡だ」ヘイズは，ひとりつぶやいた。

翌朝，戦々恐々としていたヘイズのところに知らせがはいる。雨降って地固まる。スーザン・ハマー市長は，シリコンバレー4郡をカバーする自治体円卓会議の開催と議長を受諾した。彼女も地域の疲弊には重大な関心があった。地域を思う心は共通していたのである。ヘイズの懸念は杞憂に終わった。

ハイテク・サミット（サンタクララ大学会議）若い女性が会議の流れを変えた

地域コミュニティの人たち，とりわけリーダーたちにいかにしてジョイントベンチャーに参加してもらうか。フェアモント会議の熱気は参加の戦略に転化していく。

1992年10月ハイテク・サミットと称した一大イベントが企画された。アルビン・トフラー（Alvin Toffler）をはじめとするアメリカのオピニオン・リーダーを招聘して，地元のハイテク企業の社長，公共団体の長，NPO，大学関係の有力

者がパネルに上がる。錚々たるメンバーである。シリコンバレーの将来ビジョンの構築がテーマである。会場となったサンタクララ大学に400人を超える市民が参加している。「栄光のシリコンバレー,知識社会となる21世紀」。トフラーはブレイン・フォース(頭脳力)という言葉を使ってシリコンバレーにエールを送った。シリコンバレーは不滅で過去の栄光が続く。そのような雰囲気のなかで会議は進行する。

ありきたりの会議に一石を投じたのは若い女性の発言だった。「皆さんはことの緊急性を本当に理解されているのでしょうか。私たちは,シリコンバレーには素晴らしい歴史があっていかに将来性があろうと,そんな議論にはまったく関心がありません。私たち若者は,集まれば,不況の地シリコンバレーからどうやって脱出するか。そのことばかりを話しています」場内は静まり返った。コミュニティのリーダー,マイク・ホンダ,郡の首長(スーパーバイザー)もマイクを取った。「われわれは同じ船に乗っている。前の席に穴が開いている。水があふれ始めた。みんなで水をかい出して穴をふさがないと,船は沈む。まだ間にあう」。建設業交易組合のジョン・ニースは,「サクラメント(カリフォルニア州の州都)やワシントンDCは決してシリコンバレーを助けてはくれない。彼らは答えを持っていない。シリコンバレーの問題は,シリコンバレーにいるわれわれにしか解けない。まず,われわれが変わらなければいけない。変革を起こさないといけない。そしてわれわれで治めなければいけない」と結論づける。

会議の流れは変わった。次々と深刻なシリコンバレーの事実を裏づける発言が続く。企業の経営者は事の重大さに気づかされ,行動に奮い立たされた。JVSVの面々は次のステージを迎えることになる。

(参考文献)

"Graduate School of Business, Stanford university PM-43A"

Joint Venture: Silicon Valley Network, *The Joint Venture Way: Lessons for Regional Rejuvenation*, 1995

Joint Venture: Silicon Valley Network, *The Joint Venture Way: Lessons for Regional Rejuvenation* Vol. 2, 1998

Joint Venture: Silicon Valley Network, *The Joint Venture Way: Lessons for Regional Rejuvenation Supplemental Case Studies*

Joint Venture Silicon Valley, *An Economy at Risk. Center for Economic Competitiveness,* SRI International, June 1992

Joint Venture Silicon Valley, *Blueprint for a 21st Century Community. The Phase II Report,* June 1993

Smart Valley Inc., *Cultivating a Smart Valley*, 1998

Smart Valley Inc., *Corporate Bylaws of Smart Valley Inc.*

Douglas Henton, John Melville and Kimberly Walesh, *Grassroots Leaders: For New Economy,* Jossey-Bass Inc., 1997

David D. Chrislip, *The Collaborative Leadership Fieldbook,* Jossey-Bass Inc., 2002

http://www.jointventure.org

http://www.geocities.co.jp/SiliconValley-PaloAlto/8285

（インタビューの記録）
Linus Torvalds　1999年8月9日
　　（於：サンノゼヒルトンホテル）
Seth Fearey　2003年3月17, 18日（於：メンロパークのコネクテッド・コミュニティ社）
William Miller　2003年3月21日
　　（於：スタンフォード大学）
John Kennett　2003年3月20日
　　（於：サンノゼ商工会議所）
Tom Hays　2003年3月21日（於：サンノゼのアプライドマテリアル社）

case study　市民企業家についての考察 II

NPO を組成して彼らはどのようにプロジェクトを遂行したのか
―NPO の経営手法を学ぶ―

以下のケーススタディを読んで次の点について議論する。
① このストーリーで展開される政策の立案や実施は，誰がどのような立場で行ったか。そのためにどのような組織化が行われたか。日本とは何が違うのだろうか。
② 彼らは自分たちのことを市民企業家と命名した。君は市民企業家をどのように定義するか。
③ この組織は法人化（NPO 化）される。法人化にはどのような意味／意義があるのだろうか。
④ この NPO のミッションは地域価値の創造にある。日本の NPO のイメージと異なる点があれば指摘しなさい。
⑤ 彼らは政府（中央政府・州・市役所・郡政府・町役場など）をどのようなものだと考えていると思うか。
⑥ このストーリーからわれわれが学ぶべき点は何か。
⑦ このエッセイにはバウンダリレス・キャリアを暗示するところがある。そこはどこか。

再生のためのプロジェクト創生
作業部会とリーダー会議が始動する

ジョイントベンチャー実行理事会は，民間部門と公的部門の有志を巻き込んで地域再生のための作業部会をテーマ別にいくつか立ち上げた。彼らに地域再生のためのプロジェクトを構想してもらったのである。シリコンバレーの産業の将来を考え，必要なインフラを構築するための戦略を練ってもらうことがその使命である。

作業部会は，産業部会とインフラ部会の 2 グループに別れ，その間の協働を期待した。産業部会には，コンピュータ・コミュニケーション，ソフトウエア，半導体，航空宇宙，バイオサイエンス，環境，サービス産業の 7 作業部会，インフラ部会は，労働力，技術，ニュービジネス，規制環境，環境問題，租税・財政政策の 6 部会，その後，二つの部会が追加され，15 の部会が設置された。これらの部会で，議論を重ねアイデアを捻り出し，再生プロジェクトが構想されていく。それぞれの部会は 2 人の議長を置いた。共同議長方式で運営されていく。利害が対立する二つグループがあるとき，アメ

リカでは，共同議長方式をとることがよくある。お互いに議論を戦わせ妥協点を見いだすためである。ジム・モーガンは，コミュニティのリーダーに共同議長就任を依頼する。

ジム・モーガンは，さらに各議長に，部会の議長で構成される議長会の設立を提案する。モーガンの意見に反対する者はいなかった。実行理事会（ワーキングボード，53人[1])，ハイテク企業社長会（38人），地方公共団体円卓会議（郡の首長，市長，州議会の議員，連邦の下院議員，計41人[2]）に加えて，四つ目の組織，共同議長会の誕生である。これらの組織はコミュニティに横断縦走的に網を掛けることになり，市民の参加意識の高揚にも貢献した。

「民間企業とコミュニティの代表，双方の重鎮を舞台に上げなければならない。彼らが実践を誓ってくれなければプロジェクトは成就しない。彼らは，最後にはうまく治めてくれる。協力して良い考えを創り出すことができる人たちである。ヒト・モノ・カネ，いろいろな組織体，彼らはこれらをうまく組み合せて新しい何かを創ってくれる。それが成功の秘訣だ」。

ジム・モーガンは，精力的にコミュニティのリーダーの巻き込みを図った。実行理事会・社長会への参画依頼，作業部会の共同議長就任と共同議長会への参加依頼。ほとんど断られなかったという。

彼は彼が長年シリコンバレーのコミュニティで培ったネットワークがここで活きたといっている。モーガンがこれまで築いてきた信頼関係のおかげであった。

これら四つのグループのリーダーたちは，リーダー会議を構成し，15のプロジェクトを検討する部会を見守った。単に報告を受けるだけではない。内容を吟味しプロジェクトの優劣をつけ採否を確定する。それが彼らの役割であった。

ハイテク企業社長会は，モーガンがみずから委員長を務める。メンバーには，シリコンバレーを代表する企業の社長・会長が勢ぞろいしている。ヒューレット・パッカード，インテル，アップル，ソレクトロン，シリコングラフィックス，サイプレスなどの有力ハイテク企業，ベンチャー専門の証券会社ロバートソンステファンスの社長，そして有力ベンチャーキャピタリストであるバレンタイン（セコイアキャピタル）やモアダビド（USベンチャーキャピタル）などが集まってくれた。

この社長会はJVSV法人化の後は，顧問会議（アドバイザリーボード）として位置づけられる。アドバイザリーボードには，大学（スタンフォード大，サンタクララ州立大，サンノゼ州立大），不動産業界，有力コンサルタント（ジェミニグループのレジスマッケナー，SRIの有名コンサルタントなど），そして，州外からもテキサスで産業クラスタ創生に成

功した偉人テキサス大学教授ジョージ・コズメツキーが，またマスメディアの代表として，地元有力紙『サンノゼ・マーキュリー・ニューズ』の社長も新たに参加することになった。

地方公共団体円卓会議は，サンノゼ市長のスーザン・ハマーが議長を務めた。現職市長（15市）のみならず前職（6市）も参加，サンマテオ，サンタクララ，サンタクルーズ3郡の首長（スーパーバイザー）も参加している。学校区の区長そして州の議員も参加する。上院議員4人，下院議員6名。そしてその中に，のちにこのJVSVプロジェクトを率いることになる第11選挙区の上院議員ベッキー・モーガンもいた。

ヘイズが率いる実行理事会（法人化後正式な理事会に改組される）には，地元の企業，業界団体，商工会議所，コンサル・弁護士，労働団体などから広範な人材が集まってきている。

ジョイントベンチャーは，商工会議所や業界団体が主導するやり方を越えたものであった。ジョイントベンチャーはサービスを提供する組織ではない，政府に請願する圧力団体でもない。政治的にも中立的で，協働（コラボレーション）により成果をあげることを目的にしていた。

43プロジェクトの誕生と絞り込み 『21世紀のコミュニティの青写真』の完成

作業部会は都合3回開催された。1992年9月，産業部門の第1回の会合が開かれた。各産業分野ごとに，六つのインフラ（労働力，技術，ニュービジネス，規制，環境問題，租税財政政策）についての問題点の摘出と緊要度を議論した。この会議を受けて12月第1回リーダー会議（JVSV実行理事会，38人社長会，公共体円卓会議，共同議長会のメンバーの集まり）が招集され，各部会の報告を受け内容を吟味，産業部会全体から出てきた問題点の優先劣後を議論する。この段階では，情報基盤に関する部会および医療問題タスクフォースが追加され部会の数は15になっていた。

この後，第1回の六つのインフラ部会が開かれ，ソリューション（解決策）の見える分野が絞り込まれていく。第2回の部会は，産業部会では，彼らの業種にかかわる問題を解決するためのプロジェクトを具体化し，インフラ部会では第1回会議の協働作業のアイデアをさらに洗練させていった。この作業の後共同議長会が開かれ，どのようなプロジェクトが出来上がったか，それをどのように進めるか，摺合せが行われた。13の作業部会は計43のプロジェクトを構想していた。

第3回の会合の目的は，優先度の高いプロジェクトを選別し，事業化に向けた実施計画を策定することにあった。リーダー会議の認定を受けるには，①作業部

会での幅広い支持が得られていること，②そのプロジェクトを実行する人材（チャンピオン）のコミットメント（確約）が得られていること，③ビジネスプランが詰まっていること，④地場経済に変化 (significant difference) を持ち込めることの四つの要件が満たされていなければならない。

リーダー会議は建設的な方法をプロジェクト決定プロセスにもたらした。議論が紛糾してしまうリスク，プロジェクトが一握りのグループにより決定されてしまうリスクを回避できた。

1993年2月，部会は3回目の最終会議を終える。翌3月のサンノゼ・コンベンションセンターで開かれる公開発表会 (public briefing) で各プロジェクトを発表する。同時期，リーダー会議は，「『21世紀のコミュニティの青写真』に取り上げるプロジェクトは確固とした実行計画の策定が大前提であり，43プロジェクトの連携・統合にはリーダー会議が積極的に関与し支援する」ことを決定し発表する。4カ月後，プロジェクトは13に絞り込まれていった。

1993年6月，部会は，それぞれのプロジェクトを，目的，行動計画，スケジュール（里程標の設定），5年後の成果予想などを盛り込んだシリコンバレーの地域計画『21世紀のコミュニティの青写真』に結実させた。

13のプロジェクトを目的別に列挙すると以下の通り。

● インフラ整備のためのプロジェクト：
① スマートバレーインク
② 21世紀の労働力（教育，職業訓練）
③ シリコンバレー技術会社
● ビジネスコストの削減のためのプロジェクト：
④ 法規制フォーラム
⑤ 租税財政政策審議会
⑥ ヘルスケア・タスク・フォース
● 企業立地維持・拡大のためのプロジェクト：
⑦ 防衛宇宙コンソーシアム
⑧ シリコンバレー・グローバル・トレードセンター
⑨ 経済開発チーム
● 成長と産業の支援のためのプロジェクト：
⑩ 環境パートナーシップ
⑪ ソフトウエア産業連合
⑫ 企業ネットワーク（TEN）
⑬ 新事業インキュベーター

NPO法人，JVSVNの設立 モーガンとハマーの就任

『21世紀のコミュニティの青写真』を実行に移すため，ジョイントベンチャーを法人化することになる。非営利団体，JVSVN（ジョントベンチャー・シリコンバレー・ネットワーク）が設立される。アメリカのNPO（カリフォルニア州

法人法では NPC: nonprofit corporation と呼ばれる）の組織は，わが国とは異なる。一般企業と同様，意思決定機関としてのボード（理事会）と執行機関としての執行役（ボードが指名）で構成される。NPO のボードは民間企業のボード（日本的には取締役会）に比べ任が重いとされる。民間企業は市場や銀行から資金を調達することができるが，NPO の資金調達は寄付や補助金に頼るしかなく，ひとえに理事会（ボード）の人たちの双肩にかかっている。

NPO の社会的意義を認知し，その活動資金を集めることができるのは，理事会の人たちである。NPO の理事の要件として，四つの W が指摘されている。知（wisdom），影響力（wallop），富（wealth），そして何よりも汗を流してくれること（work）である。

JVSVN の理事会は人事委員会を組成し，早速 JVSVN の社長（CEO）の人選に取り掛かった。人事委員会の委員長は，スタンフォード大学のビル・ミラーが就任。1993 年 7 月，当時州の上院議員をしていたベッキー・モーガンに白羽の矢が立てられる。彼女はそもそも学校の先生。頭角をあらわし，郡政府の首長（スーパーバイザー）を務め，その後州の上院議員に推され，議員歴 9 年のベテラン政治家となっていた。バンクオブアメリカ（アメリカの巨大商業銀行）で働いていたこともある。ビジネスと公共セクター双方を理解できる人物であった。40 歳を過ぎてスタンフォード大学のビジネススクールにチャレンジし卒業している。ミラー教授とはその時からのつきあいである。知識・経験・学歴とも申し分ない。

ベッキー・モーガンは，偶然だがこのプロジェクトの発案者ジム・モーガンの夫人である。この人事は夫君の知らないところで行われた。ビル・ミラー教授に，この経緯について聞いたことがある。「真っ先にベッキーが良いのではと思った。人望があるし，実行力がある。民間の経験もある。何よりも野心がないところが良い。この仕事に邁進してくれると思った。確かに上院議員だが，仕事に何か悩んでいる節があった。絶対に受けてくれると思った。夫君ジムに会う機会があったので，ベッキーに頼んでいるのだが，と言ったことがあるが，彼は彼女のことにはまったく関与していないふうであった」。

ベッキーは，上院議員を辞し数人のスタッフしかいない組織，JVSVN の最高執行責任者（CEO）に就く。彼女は就任に当たって次のように述べている。「JVSVN は大変エキサイティングで，挑戦に値する事業です。地域社会の変革を実践できる場だと思って引き受けた。広大なカリフォルニア州は，地域ごとに活性化しなければいけないと感じていた。なかでも，何千もの企業が集積するシリコンバレーこそが，その実験の場所に最

もふさわしいところだと考えた。そして裏切られることはなかった」。

ベッキーは，夫ジムに同行して日本を訪れたことがある。貴重な時間を割いて話をしてもらった。「小学校の校長先生だ。やさしくて偉ぶることがない，気さくな普通の人だ」。参加した日本人は口をそろえてそういった。シリコンバレーを再生させた有名な NPO の社長。どんな偉そうな人が現れるのかとみなが思っていた。会って拍子抜けしたようだった。「10 万円でもよいので寄付をお願いしたい」NPO の会長として寄付のお願いも忘れない。日本のお偉方に慣れているわれわれは，異質な彼の地のリーダーを目の当たりにして驚いてしまった。

彼女は，地域コミュニティのリーダーとして尊敬されている。質の高い政治家（legislator）として評価も高い。JVSVN が，統制の取れない市民活動になるのではと危惧する向きもあった。JVSVN が地域の信頼感や存在感を得て行動に移すには，その社長（CEO）にはベッキー・モーガンをおいてほかには考えられなかった。JVSVN は素晴らしい人材を得て走り出すことになる。CEO は決まった。

JVSVN の理事会の議長（会長）は，民間部門と公的部門の両部門から議長を出すべきである。ジョイントベンチャーの生みの親であるジム・モーガンはそう考えている。共同議長方式である。彼は民間企業からの共同議長が決まるまでの間，暫定の共同議長職を承諾する。公的部門の共同議長は，シリコンバレー最大のコミュニティであるサンノゼ市の市長のスーザン・ハマーがすでに就任を承諾してくれている。

ベッキー・モーガンとスーザン・ハマー，この二人の女性が，地域をまとめていくことになる。共和党と民主党の 2 人の女性がリーダーシップをとって地域コミュニティの再生ドラマが進行することになる。

エド・マクラッケンの共同議長就任

さて，シリコングラフィックス社のエド・マクラッケンである。彼は急成長する魅力的な企業のトップとしてはソフトな話しぶりで物静かな，ユニークな存在である。彼は創造性の発揮できる企業風土の醸成に努力した。自由でカジュアル。彼は，ヒューレット・パッカード社で学んだワンダリング・アラウンド（現場を歩きコミュニケーションを図る）経営を実践している。従業員は気楽に社長に意見を述べる。シリコングラフィックスの経営陣は，個室ではなくて仕切りのない大部屋にいる。このような空間づくりも開放的なコミュニケーションに役立っている。彼は，ヒューレット・パッカード社時代に，株主と顧客に加え，従業員そして地域コミュニティの重要性を学んで

いる。ヒューレット・パッカード社の中米グァテマラ工場の建設に関与した。工場進出の成功は人材の確保だけではない。地域コミュニティ全体の質の向上を考えなければいけない。グァテマラ進出は壮大な計画であった。「シリコンバレーでも同じことができるのではないか」とマクラッケンは考え始めている。

「われわれの目的は，株主の短期的利益の極大化ではない。むしろ長期的な価値のほうが重要だ。従業員，顧客，地域コミュニティに奉仕することは，それに矛盾しない。収益を長期的に確保することは，顧客の面倒を見ることであり，従業員に雇用機会を提供することであり，それは地域コミュニティに良い影響を与えることに繋がる。これらは，長期的な成長の土台である」。

彼がヒューレット・パッカード社で学んだことである。

エド・マクラッケンは，さらに次のように考えている。「情報化の時代の企業にとって，人材が最大の資源である。この資源は，毎夜地域コミュニティに帰り，翌朝，そこから出社する。最も先駆的な企業は人材をフリーランサーのように使うところだ。彼らはそれぞれ独立した優秀な企業家で，たまたま会社という枠の中で働き給与を食んでいるにすぎない。彼らは住む場所も働く場所も自由に選択できる。したがって，地域のコミュニティの質とバイタリティがきわめて重要になる。魅力的な地域コミュニティでなければ，優秀な人材は集まらない。また，地域コミュニティは人のひらめきやアイデアに大きな影響を及ぼすものである」。

エド・マクラッケンは真剣である。JVSVN の議長は，年に 4〜5 回の理事会への出席が必要で，JVSVN が仕掛ける事業（プロジェクト）の動向を把握し，監督し支援しなければならない。すでにジム・モーガンに頼まれて，38 人 CEO 会議に参加し，15 の作業部会の一つ，コンピュータ・コミュニケーション部会の議長も務め，スマートバレープロジェクトにも参加した。スマートバレーは情報・通信技術を使い新しいビジネスと地域コミュニティを創造する試みである。

エド・マクラッケンは，地域コミュニティの有名人である。地域コミュニティの信頼も厚い。ジョイントベンチャーの哲学を理解する市民企業家である。エド・マクラッケンの共同議長就任を，ベッキー・モーガンも強く求めている。彼は資金面でも支援できる心強いパートナーでもある。

1993 年 9 月 21 日エド・マクラッケンは，任期 2 年の共同議長の就任を決める。「シリコンバレーを動かしているパワー。それは技術の変化である。劇的変化が起きつつある。ICT 革命の進行だ。企業も産業も人間自身も常に変革し再生し続けないと競争に負ける。そんな時代が到来している。JVSVN に時間と能力を割く

ことは，シリコンバレーの再生のために働くことだ。今シリコンバレーは，民間企業と公共セクターが手と手を携えて協働（コラボレーション）作業を始めたところだ。これは全米の手本になる」。

コミュニティの反応はよかった。地元の新聞『サンノゼ・マーキュリー・ニューズ』は「JVSVN に対する信頼性を高め潜在能力が飛躍した。シリコングラフィックス社の社長エド・マクラッケンが共同議長を引き受けた」と報じている。JVSVN はこれからが正念場だ。13 のプロジェクトを計画から実行に移さなければならない。強いリーダーシップが今こそ求められる。JVSVN の成否について世論は，なお意見が分かれている。

再生プロジェクトの実践事例

13 のプロジェクトの一つ TEN (The Enterprise Network：企業家ネットワークによるベンチャー支援）を紹介する。

このプロジェクトは e ビジネスの創生に貢献した。その計画書は，目的，主たる活動，正当性，組織，現在までの実績，5 カ年のマイルストーン，5 カ年の成果などからなる。これはベンチャー企業の作成するビジネスプランに似ている。

● 目的：ベンチャーの成長を加速化する種々の資源を紹介し結合させる。そのためのネットワークを提供する

● 主たる活動：

①企業家，直々の（face to face）コーチング。

②企業家フォーラムの開催。企業家，関連産業の専門家や弁護士，会計士などのスペシャリストがパネラーとして参加，ビジネスアイデア，ビジネスプランなどについて問題点を指摘し的確な情報を提供する。

③新産業フォーラム。活躍する事業家を招聘し直面する課題・問題点などの情報収集の機会を提供，成功要因や課題解決のための戦略などについて語りあい情報を共有する。

④他の JVSVN プロジェクトの支援。

● 正当性：TEN の人材資源は，ベンチャー企業の意思決定を助け，ベンチャーにとり必須の資源へのアクセス時間を短縮する。これらを通じて成功確率を高める

①資金調達先の紹介。

②個人ネットワークへのアクセス。

③他のベンチャー企業や中小企業の紹介。

④地場ビジネスへの紹介。

⑤メンター関係の構築機会の提供。

⑥種々の関連協会の紹介。

⑦地域で開催される関連イベント，会議などの通知。

● 組織：

①税法 501（c）3 に基づく NPO。

②チャンピオン理事会を10から15人のメンバーで構成し，頻繁にミーティングを重ね，このプロジェクトの方針を立てリーダーシップを発揮する。

③2人一組でプロジェクトマネージメント・チームをつくり日々のプロジェクトデザインを提供する。

④TENの目的であるインプット，フィードバックと資源の提供を実際に行えるプロと学生ボランティアのネットワークを構築する。

●その時までの実績：

①サンタクララ大学にオフィスを設置。

②プロジェクトマネージメント・チームをリクルートし雇用。

③ベンチャーと資源提供者を使って事前調査を実施，これにより支援サービスの内容分野の特定化を図った。

④ボランティアベースでアドバイザリー委員会を始めた。プロジェクトの方針に関し重大なインプットとフィードバックを行った。

●5カ年のマイルストーン：あらかじめ検討をつけたベンチャー企業に対し，必要な資源を提供しベンチャー企業を次の段階へ駆動する。マイルストーンとしては

①対面コーチング（275社）

②月1回のベンチャー企業発表会（3～4社）

③産業を特定化したエグゼキュティブ（役員クラス）フォーラム（20人程度）の開催。

●5カ年目の成果：新規ベンチャーの成長率と失業率にプラスのインパクトを与える。

青写真の実現に向けて
プロジェクト・メーキング

1993年の秋，共同議長マクラッケンと社長ベッキー・モーガンは『21世紀のコミュニティの青写真』実現に動き出す。選ばれた13プロジェクト（イニシアティブ）を実行できる人材を発掘し，資金調達の途をつけ，組織を立ち上げさせなければならない。13のプロジェクトは四つのグループに分けて進められた。インフラ創生，ビジネスコスト削減，地場立地企業の維持・拡大，新産業成長支援グループである。

「JVSVNを単なるNPOプロジェクト事業の持株会社とはしたくなかった。新しいアイデアをつぎ込み自らも関与して実現に貢献する組織にしたかった。各プロジェクトの巣立ち（完全独立）が目的である」。ベッキー・モーガンは，プロジェクトリーダーの人事から取り掛かった。部会の議長には，引き続き実行組織の役員にも就任するよう依頼をする一方で，プロのリクルートも行った。

彼女の広範なネットワークを活かし人材を探しだす。彼らには，法人化するプロジェクトの役員となり，あるいはまた，

JVSVN本体の執行副社長になってもらわなければならない。これらの人材はリーダーたりうる人たちである。その能力を開花させなくてはいけない。ベッキーは，彼らの潜在能力を感じ取って，自らの判断で他の人には意外と映る人事を淡々と行っていった。

彼女は元教育者である。その人脈から学校区の元区長でその後民間企業の人材資源開発の要職にあった人物を説得。JVSVN最大の重要課題であった「21世紀教育イニシアティブ」のプロジェクトリーダーに選ぶ。また，マウンテンビュー市の副シティマネージャを三つのビジネス関連のプロジェクト，規制委員会，税制改正委員会とヘルスケア委員会の理事に就任させている。

JVSVNは各プロジェクトの独立化（別法人化）を推進するが，コアとなるプロジェクトについては外に出さないで本体の中に残す。地域再生のコアとなる機能を内部に取り込むことで，JVSVNは現場を持つ組織として機能していく。

JVSVNは，各プロジェクトの雑務をまとめて行う管理機能，プロジェクトの管理・監督（モニタリング）機能，そして人事機能を果たす。最重要事項はプロジェクト実現のための支援である。JVSVNの財産，コミュニティネットワークが活かされる。それはシリコンバレー特有のハンズオン型ベンチャーキャピタルの機能に似ている。

90年代アメリカまちづくりの潮流の一つはリージョン（広域圏マネージメント）である。行政区を越えた地域の連携である。それは河川流域などを中心に経済的・文化的・地理的・危機管理的な運命共同体として地域を捉え，コミュニティの集合体としての大コミュニティを構想するものである。市町村合併ではない。コミュニティの独立性は保ちながら，機能の統合を図り効率性を追求し全体のサステイナビリティを高めようとする考え方である。カリフォルニア州の北にあるオレゴン州では，従来の行政府を残しながら，特定の事業を実施すべく新しい広域の行政府を住民投票で誕生させている。

シリコンバレーではJVSV運動を通じて，広域連携を自然発生的にインフォーマルな形で実現させた。JVSVNは3郡27市をカバーし，シリコンバレーという広域地域の再生を成功させた。NPO法人JVSVNの日常業務としては，①シリコンバレー全体の調査を行うこと，②広域地域の問題についてフォーラムを開催すること，③地域間のコミュニケーションをコーディネートすること，④広域地域の測定できる目標をつくりベンチマーキングすること，が謳われている。

JVSVNは，コアとなるプロジェクトの要員として5人の専属スタッフを雇用しているが，組織は極力スリムにし，機能はアウトソース。外部の専門家である

コンサルタント・弁護士・会計士・ソフトハウスを巧みに取り込むかたちで経営を行っている。

1994年、ベッキー・モーガンはプロジェクト実行チームに対し、彼らの役割・意義を問うた。その後、毎春、各チームはJVSVNにプロジェクトの詳細な進捗状況報告書と今後の事業計画書を提出することになった。年次総会のある6月の理事会では、進捗状況報告と今後の事業計画がレビューされる。各プロジェクトが、JVSVNから独立するか、JVSVNの傘下で引き続き支援を受けるか、解散するか、その命運が決まる。評価基準は二つ。一つは強いリーダーシップが発揮され資金調達できているか、もう一つはJVSVNの理念に照らして重要であるかどうかという点だ。

理念に照らしてもはや重要でないと判断された場合は、リーダーが存在し資金が回るのであれば独立すればよい。つまりNPO化すればよい。さもなければ解散である。理念に照らしてなお重要であれば支援は続行される。その事業体が法的にNPOとして独立した場合でもJVSVN本体からの支援は継続される。事業性と政策性（有用性）のチェックが厳しく行われるのである。

**プロジェクトの評価
1995年の理事会**

1995年6月理事会では11の覚書が提出され承認された。

スマートバレー・プロジェクトは、NPO法人SVI（スマートバレー・インク）となり、JVSVNを離れ独立した。プロジェクトの自立性が高く、その意義も高い。ヒューレット・パッカード社の前社長ジョン・ヤングが会長になり、ネットワークジェネラル社（成功したベンチャー企業）のハリー・サールが社長になった。理事会は、ヤングを筆頭にシリコンバレーの優れたリーダー9人が理事に座った。SVIは全米に影響力のある人材と有能な経営者を得て世界に飛躍することになる。SVIはJVSVNから切り離され、ICT革命の先導役を果たし、eビジネスの苗床をも提供することになる。

JVSVNは、宇宙防衛コンソーシアム、企業家ネットワーク（TEN）、環境パートナーシップ、グローバル貿易センターの四つのプロジェクトを、JVSVNの傘下に置きつつ法人化（NPO）した。このうち三つは連邦政府からの補助金を得ている。

残る六つのプロジェクトは、苦戦しているが、なお政策性が高くJVSVNのなかの事業として継続された。21世紀教育イニシアティブ、ビジネスインキュベーション・アライアンス、税と財政政策、経済開発チーム、健康コミュニティと健康経済、規制効率化委員会である。これらのプログラムはJVSVNにとってきわ

めて重要であり，JVSVNからの資金支援が求められたものである。JVSVNの理事会メンバー，とりわけベッキー・モーガンの資金調達力に期待がかけられる。6月の理事会に先立って，二つのプロジェクト，シリコンバレー技術会社とソフトウエア産業連合は事業計画書を完成させることができず，解散となった。ソフトウエア産業は急成長し一大産業クラスタを形成しつつあったが，その連合の動きは盛りあがりを欠いた。リーダーが現れなかった。

　各プロジェクトチームに対してインセンティブを与え支援を続けるのは大変な作業である。モーガンとマクラッケンは苦労を重ねることになる。各プロジェクトチームの努力は評価しながらも最終的にはプロジェクトを中止せざるをえない場合がある。シリコンバレー技術クラスタはリーダーを得たが連邦政府の補助金がどうしても取れなかった。資金の目途が立たない。チームは解散するしかない。モーガンとマクラッケンはプロジェクトチームに苦渋の決断を迫ることになった。

　JVSVNは，協働（コラボレーション）と公民連携（PPP）の重要性を説いている。地域コミュニティの人たちがシリコンバレー再生という共通の目標をもって一丸となったのは，これが初めてであった。地域は団結（コヒージョン）を高めソーシャルキャピタルは強化されたと彼らはいう。

　1995年はインターネット・ビジネスが産声を上げた時期である。モザイクを作ったアンドリーセンを擁するインターネット・ブラウザ企業ネットスケープが株式を公開する。スタンフォードの学生ヤンとファイロがヤフーを立ち上げる（1996年4月公開）。新しい波が来た。そんな時代に衰退が懸念されたシリコンバレーは準備万端。その大波にいち早く乗ったのである。

主要プロジェクトの概要

　JVSVNは，1995年8月までに目に見える結果を見せた。何よりも沈みがちな市民のマインドを活性化したこと，地域のソーシャルキャピタルを強化したことが最大の効果であるが，主たるプロジェクトの成果は次の通りである。

① 地域教育制度改革：公立小中学校教育制度改革（チャレンジ2000運動），州最大の教育改革を実施。必要な資金総額2200万ドルのうち1500万ドルの域内調達に成功。

② 情報化コミュニティの創造（利便性の向上，生活の質の改善を図る）：スマートバレーインク（NPO）が地域コミュニティの触媒となって，来るべき情報化社会の実験の場を創り，新規事業，新産業の準備を行い，具体的にプロトタイプのデモなどを実施した。ビ

ジネス，教育，健康，政府の各分野で60以上のプロジェクトを生み出した。小中高等学校の各クラスにはインターネット接続をいち早く実現（祝日に市民が結集したネットデイというイベント）。そして，世界のeビジネスのテストベッドとなる。とりわけ，コマースネット・プロジェクトの存在は大きく，シリコンバレーを起点として世界を巻き込んでいった。

③行政許可手続きの簡便化（スマートパミティング）：シリコンバレーの3市1郡，1水道区が，JVSVNの規制緩和プロジェクトのグループの支援を受けて許認可手続きの短縮に成功。サニーバル市のケースでは110ステップを36ステップに圧縮した。それは産業界のトータル・クオリティ・マネージメントの手法も公的セクターに導入することになる。同市では，許可手続きの95％が1日で終了し，残る5％についても2週間以内に終結するようになった。eガバメントの先駆的事例としても有名になった。またJVSVNの提唱によりシリコンバレーのほとんどの行政区は共通の建築コードをもつようになった。

④企業の域外流出防止工作と地域内事業展開の支援：地域開発チームは移転を計画している5企業に対しアプローチして4企業の引止めに成功。3企業については地域内移転にとどめ六つの法律問題を解決した。

⑤中小企業輸出促進：世界貿易センター・チームは，海外取引サービスのための連邦政府の地方事務所をシリコンバレーに誘致する。誘致初年度からアメリカ60カ所の中で第二位の業績をあげる。54社が158件の新規市場の開拓に成功。うち18社は輸出がゼロからの成果であった。

⑥スタートアップ企業（ベンチャー企業のこと）成長支援：企業家ネットワーク（TEN）はシリコンバレー在の企業家による支援チームを31組組成した。彼らは，財政的支援，マーケティング，法律，経営の専門家たちである。彼らは，スタートアップ企業のメンターとなり事業計画や財政面での支援を行う。

⑦アメリカ液晶パネルコンソーシアムのシリコンバレーへの誘致：全米注目の的であった新産業創造のための液晶パネルコンソーシアムのシリコンバレーへの本部誘致に成功。それはJVSVN・サンノゼ市・カリフォルニア州政府のコラボレーションの賜物であった。

⑧アメリカ初の環境産業インキュベーター：環境パートナーシップ・チームの説得により，国防省は，環境技術産業育成のためのインキュベーター施設を地域のために提供。カリフォルニア州環境庁のワンストップ・サービスのための事務所も入居した。

⑨地域指標の策定と年次白書（インデッ

クス）の作成：シリコンバレー・コミュニティがめざすべきものを，指標化し，計測。毎年白書化するもの。経済・社会・環境の3分野から代表的指標を選び出し時系列で捉え，地域の豊かさ，生活の質の尺度として機能させている。GDP一辺倒の地域発展ではない，生活の質，住民の真の豊かさを希求するものである。地域フォーラムを毎年年初に開催し，その時発表される。地域リーダーの賀詞交換会のような行事として定着している。

JVSVN の成功
理想とする地域コミュニティ

JVSVN は停滞していた地域を新しい経済の波動に乗せることに成功した。1991年から始まった地域再生の市民運動は1993年にプロジェクトを始動させ地域に活力を蘇らせた。地域に自信を取り戻させた。ロバート・パットナムのいうソーシャルキャピタルが強化された。

地域の結束がシリコンバレーを一躍 ICT 革命のリーダーに押し上げた。シリコンバレーは，ICT 革命の世界のメッカとなり，世界の人材が集うこととなり，そして世界の富を集中させた。しかし，一方で，繁栄の副産物として大気汚染，交通渋滞，住宅など数多くの生活の質の問題に直面することになる。

ベッキー・モーガンは，引き続き JVSVN にいて，シリコンバレーの人たちが理想とする地域コミュニティがどのようなものなのか，そのコンセンサスづくりに邁進する。社会の進歩や環境の健全性を勘案した生活の質を定量把握する試みであるインデックス作成を慣例化し，さらに地域の中期計画として「シリコンバレー2010」を策定し発表している。それは，市民にアンケートをとり意見を求め議論を重ね，理想とするコミュニティ像を高らかに謳い上げたものである。理想とする社会はサステイナブル・コミュニティである。多様性に寛容で，経済的にも社会的にも革新を常に希求し，人間が居住するにふさわしい節度ある環境を提供するコミュニティをめざしている。英語的には inclusive（誰でも受け入れる），innovative（イノベーションを求める），livable（生きとし生けるものとしての人間が住む空間を創造する）をキーワードにあげている。

ベッキー・モーガンは，これらの偉業を成し遂げた1998年，彼女の60歳の誕生日を区切りにして引退した。教育活動，政治活動，地域活動と慌しく過ぎ去った数十年を振り返り，残された人生を家庭，家族のために生きたいと明言。彼女が大切にする家庭に戻っている。ジムの良き妻であり，良き母，良きおばあさんになっている。

時同じくして，一方の雄（雌），スーザン・ハマーも60歳を区切りに潔く政界

から引退した。ベッキーと同様，その後表舞台には一切姿をみせていない[3]。

1) 民間企業 28, 業界団体 15, 商工会議所 3, 弁護士 2, 会計士 2, NPO 2, 学校関係 1, 計 53 人。
2) 公的セクターの円卓会議には，このときサンノゼ，キャンベル，クパチーノ，パロアルト，イーストパロアルト，フリーモント，ギルロイ，ヘイワード，ロスアルトス，ロスアルトスヒルズ，メンロパーク，ミルピタス，モーガンヒル，マウンテンビュー，ニューワーク，サンカルロス，サンタクルーズ，スコットバレー，サニーバルの 19 市の新旧市長計 21 人，4 郡のスーパバイザー計 9 人，連邦上院議員 1 名，州政府上院議員 4 人，同下院 6 人，合計 41 名が参画した。
3) 参考文献は p.209-210 と同じ。

索　引

《A》
agape　5
assertion　95
associativeness　139

《B》
bonding　12, 140
bridging　12, 140
burn out　28

《C》
chartered cities　135
civic engagement　139
civicness　139
corporation　40
curiosity　18

《D》
Darwinian Sea　29
Death Valley　28
debt　30
den　22

《E》
embeddedness　120
EMS　64
equity　30
eros　5
exit　29

《F》
facilitation　95
flexibility　18

《G》
general law cities　135
getting involved　108
going private　25, 124
going public　25, 30, 124

《I》
inclusivity　120, 123

《J》
job description　40

《L》
LBO　54
LLC　20
LLP　20

《M》
M&A　29, 43, 54, 69
MBA　70
MOT　70

《N》
NPO　20, 21, 39, 111

《O》
objective career　24
optimism　18

《P》
persistence　18
philia　5, 6
PPP　50, 124, 222

《Q》
QOL　69, 95, 181

《R》
resilient, resilience　25, 189
risk-taking　18

《S》
SOHO　22, 41
subjective career　24
sweat equity　22

《T》
Think globally and act locally　95

《U》
unincorporated area　135
Urban Growth Boundary　160

《ア行》
アーバンビレッジ　132, 189
アーリー・リタイアメント　63
アーレント，ハンナ（Hannah Arendt）　95, 96, 105, 108, 109, 116, 123
アイデンティティ　157
アウトソース　64
悪党　50
アダムズ，ジョン（John Adams）　9
新しい公共　111
アナーキー　114, 119
アノミー　46
網野善彦　50, 125
アリストテレス（Aristoteles）　6, 8
アンダリーセン，マーク（Marc Andreessen）　16
委員会方式　33
一般財団法人　20
一般社団法人　20
今井賢一　57, 61
インキュベーター　22
ヴァン・マーネン，ジョン（John Van Maanen）　96
ヴィレッジホームズ　158
ウォーカブル　163
エコロジカル・フットプリント　189
エムシャパーク　89
エンジェル　22
エンプロイアビリティ　15
近江商人　127
オープンスペース　156
お上　99, 183

《カ行》
金子郁容　48
ガバナンス　136
カフェテリア大学　166
株式交換　43
カルソープ，ピーター（Peter Calthorpe）　154, 159
河上倫逸　105
監査役　33
ガンツ，ヒュー（Hugh Gunz）　96
カンティヨン，リチャード（Richard de Cantillon）　27
カンパニリズモ　89
ギアチェンジ経営　39
消えゆく手　62
規模の経済　64, 67
キャリア　6, 10, 21, 43
キャリア・インプリンツ　44
『キャリア研究ハンドブック』　96
キャリアプラン　23
教会法大全　101
勤勉革命　90, 176
クラウディングアウト　110
クランボルツ，ジョン（J. D. Krumboltz）　16, 165
クリステンセン，クレイトン（Clayton M. Christensen）　57
クリック，バーナード（Bernard Rowland Crick）　96, 121
クリック・レポート　122
経営判断の原則　33, 34
計画的偶発性理論　16
形式知　64
ゲイツ，ビル（Bill Gates）　17
ケイレツ　62
ケインズ，メイナード（John Maynard Keynes）　27, 190
ケリー，トム（Tom Kelley）　72
コアコンピタンス　35
恒常性　45, 162
コーポレーション　19
コールマン，ジェームズ（James Samuel Coleman）　139
国体の本義　127, 128
個人保証　31
コズメツキー，ジョージ（George Kozmetsky）　213
コミュニタリアン　12
コムーネ　189
コモディティ化　70
コラボレーション　19, 222

228

コルベット，マイケル（Michael Corbett） 131, 154, 158
コンパクトシティ 163

《サ行》
サードセクター 48, 49, 112, 114, 138
サステイナブル・コミュニティ 158, 161
サステイナブル・ディベロプメント 171
ザッカバーグ，マーク（Mark E. Zuckerberg） 16
産業クラスタ 25
三位一体 103
ジェイコブス，ジェイン（Jane B. Jacobs） 139
ジェネラル・パートナー 32
ジェファーソン，トーマス（Thomas Jefferson） 9, 136
事後監視・救済型 183
自己実現 21, 23, 41
市場の失敗 110
事前規制・調整型 183
自然人 42
市町村合併 103
執行役員 33
シティマネージャ 135
市民法大全 101
ジャパン・モデル 62
収益逓増 64
自由企業制度 45
私有財産制度 45
シューマッハー，エルンスト（Ernst Friedrich Schumacher） 186, 190
受託者 44
受託責任 31
種類株 20, 32
シュンペーター，ヨーゼフ（Joseph Alois Schumpeter） 27, 55, 68, 190
消極的自由 116
ジョブズ，スティーブ（Steven P. Jobs） 17
シリアル・ベンチャー 29
シリコンバレー・ウェイ 170
新株予約権 20
ステークホルダー 25
ストックオプション 20, 39
スピンアウト 44, 69
スピンオフ 44, 69
スマートシティ 68

スミス，アダム（Adam Smith） 27, 48, 61, 117
スモール・プレーヤー 20, 24, 25, 74, 161
摺合せ 66, 67
政府の失敗 111
セカンドベスト 46
説明責任 31
セラピー 7, 10
善管注意義務 33, 40
戦士市民 91, 106
創造的破壊 27, 55
ゾーニング 163

《タ行》
ターマン，フレデリック（Frederick Terman） 203
ダール，ロバート（Robert A. Dahl） 96
第三者割当増資 30
第三のイタリア 89
第三の道 111
ダイリュージョン 30
担保 42
地方分権 103
チャタヌーガ 88
チャンドラー，アルフレッド（Alfred DuPont Chandler, Jr） 61, 62
直接民主主義 49
忠実義務 33
敵対的買収 43
デクロワサンス 186, 188, 189
デューイ，ジョン（John Dewey） 126, 139
デランティ，ジェラード（Gerard Delanty） 105, 107
デル，マイケル（Michael S. Dell） 17
転換社債 32
統治客体意識 183
統治主体意識 183
トーヴァルズ，リーナス（Linus B. Torvalds） 16, 74, 75
トクヴィル，アレクシス・ド（Alexis-Charles-Henri Clrel de Tocqueville） 107, 118, 134
特別決議 30
トフラー，アルビン（Alvin Toffler） 208, 209
ドラッカー，ピーター（Peter Ferdinand Drucker） 15, 49, 52, 53, 114, 138

索引　229

《ナ行》
ナーバスネス　10
ナショナルミニマム　104
西尾幹二　119
ニューアーバニズム　151, 154
ネットワークの外部性　64, 67
ノブリスオブリジュ　125
ノマド　46
ノンリニア　23

《ハ行》
パートタイム　8
ハーバーマス，ユルゲン（Jürgen Habermas）　125, 127
バーリン，アイザイア（Isaiah Berlin）　115
ハイエク，フリードリッヒ（Friedrich Hayek）　115
バウンダリレス・キャリア　23
恥の倫理　52
パットナム，ロバート（Robert D. Putnam）　7, 139, 224
速水融　90
パルミサーノ・レポート　54
範囲の経済　64, 67
ハンレー，スーザン（Susan B. Hanley）　176
ヒックス，ジョン（John R. Hicks）　45
百姓　51
ヒューマンスケール　131
広井良典　187
ファントムマーケット　25
フォロワーシップ　12
福沢諭吉　184
フライブルグ　89
プラットフォーム　65, 68
フランチャイズ　34
ブルジョア市民　91
ブルデュー，ピエール（Pierre Bourdieu）　139
プロセス・イノベーション　62
プロテアン　23
ペストフ，ヴィクトール（Victor Pestoff）　112, 114
ペルソナ　13
ベラー，ロバート（Robert N. Bellah）　8, 9, 108, 117, 165, 166, 168
ベンサム，ジェレミー（Jeremy Bentham）　27
ベンチャーキャピタル　22, 32, 37, 38
法人実在　44
法による支配　97
法の支配　97
ボード　36-40
ポートフォリオ　23
補完の原則　107, 136
ホリスティック　166

《マ行》
マーケッタビリティ　15
マーシャル，アルフレッド（Alfred Marshall）　27
マーシャル，トーマス（Thomas Humphrey Marshall）　106, 107
マキャヴェッリ（Niccolò Machiavelli）　136
マッカーサー，ダグラス（Douglas MacArthur）　99
見える手　62
ミクストユース　131, 163
水呑百姓　51
三井高利　51
美濃部達吉　127
ムーア，ゴードン（Gordon E. Moore）　65
ムーアの法則　65
ムーンライト・ワーキング　19
無限責任　42
村　51
メンター　37, 38
モジュール　63-68
モンテッソーリ教育　180

《ヤ行》
山脇直司　127
ヤング，ジョン（John A. Yung）　221
ヤング・レポート　53, 199
有限責任　42
四つの P　35
四つの W　39

《ラ行》
ライフコース　22
ラトゥーシュ，セルジュ（Serge Latouche）　186, 188, 189
ラングロワ，リチャード（Rchard Langlois）　62, 63

リースマン，デイヴィッド（David Riesman）　7
リーダーシップ　12, 17, 19, 29, 122, 181
リナックス　16
リニア　23
リバタリアン　12
リフキン，ジェレミー（Jeremy Rifkin）　120, 171, 193
リベラルエデュケーション　105, 120
レプケ，ヴィルヘルム（Wilhelm Röpke）　45, 46
連帯保証　42

《ワ行》
和辻哲郎　128
渡辺京二　90, 176

〈著者紹介〉

小門 裕幸（こかど　ひろゆき）

　大阪府生まれ。京都大学経済学部卒，日本開発銀行（現日本政策投資銀行）に入行。国際金融をはじめ，経済調査，企業分析・融資業務や，まちづくり・地域振興，ベンチャー企業の支援にかかわる仕事などさまざまな業務に携わる。現在，法政大学キャリアデザイン学部教授。専門はベンチャー企業論，地域経営論など。
　主な著書に，『エンジェル・ネットワーク』（中央公論社，1996年），『キャリアデザインという自己変革・社会変革』（泉文堂，2012年），ほか。

《キャリアデザイン選書》
● アントレプレナーシップとシティズンシップ

2012年7月31日　　初版第1刷発行

著　者　小門 裕幸

発行所　財団法人　**法政大学出版局**
　　　〒102-0073 東京都千代田区九段北 3-2-7
　　　電話 03(5214)5540　振替 00160-6-95814
　　　整版・緑営舎／印刷・平文社／製本・根本製本
　　　© 2012, Hiroyuki Kokado

Printed in Japan

ISBN978-4-588-68005-2

笹川孝一編	生涯学習社会とキャリアデザイン	2600 円
川喜多　喬	人材育成論入門▼	2000 円
佐貫　浩	学校と人間形成▼	2500 円
児美川孝一郎	若者とアイデンティティ▼	2300 円
八幡　成美	職業とキャリア▼	2300 円
笹川　孝一	個人の時代の生涯学習　▼	続刊
上西　充子	職業選択とキャリア　▼	続刊
桐村　晋次	企業の人材育成とキャリアカウンセリング▼	続刊
山田　泉	異文化適応と教育▼	続刊
嶺　学	労働の人間化を求めて	2200 円
長山　恵一	依存と自立の精神構造——日本的心性の研究	6500 円
清成　忠男	21世紀の私立大学像	1800 円
清成　忠男	21世紀 私立大学の挑戦	1800 円

（消費税抜き価格で表示）

法政大学出版局

▼は《キャリアデザイン選書》